KB201251

天符弘益 천부홍익, 그리고 인류의 미래

天符弘益(천부홍익), 그리고 인류의 미래

글 · 지승

미래의 인류여, 홍익정신이여!

모든 존재하는 것들은 그 시작이 있다. 그래서 끝도 있는 법이다. 그러면 우리의 우주도 끝이 있는 것일까? 대답은 어렵지만 답은 있을 것이다. 지금까지의 서양문명은 육신 살림이요 겉을 살피는 바깥살림이었다. 과학의 힘으로 물질살림을 넉넉하게 하고 우주를 개발해서, 지구의 운명에 대해서는 크게 궁금한 것이 없다할 만큼 성과를 이룩한 것은 다 서양문명이었다. 그러나 그것으로 제 직분을 다한 셈이다.

이제 남은 것은 정신 살림이다. 여기 세 권의 책이 있다. 『거의 모든 것의 역사』와 『코스모스』, 그리고 『인류의 미래사』다. 나에게 이 세 권의 자료를 주면서 이 책을 쓰도록 권한 이는 우림雨霖 선생이다. 선생은 낙동강 가에 있는 6만 평의 야산을 개발하여, 러시아 바이칼의 바위돌과 중국 태백산의 돌, 그리고 백두산에 있는 수십 톤의 고인돌을 옮겨서 민족의 성지를 만드는 중이다. 이 자료들이 머금고 있는 감동은 나로서는 특별했다. 『인류의 미래사』를 제외한 두 책들은 한 마디로 우주과학이었고 은하계를 설명하는 내용들이었다.

항상 쪼개고 나누는 서양인들 버릇을 늘 시답잖게 평가해온 내가, 새 눈을 왈칵 뜨고 발견한 것은, 그 관습에서 비롯된 것이 바로 우주과학이었기 때문이다. 지금 발견된 은하만 해도, 우주에는 약 천 억 개의 은하계가 있다고 한다. 그 한 귀퉁이에 머물고 있는 우리는 사실상 우주의 한 티끌에 불과한 것이다. 지구의 나이가 45억 년이고 그중에 인간의 출현역사가 1~2백만 년이라 해도, 광막한 우주로 본다면 극히 하찮을 수밖에 없는 시간이다. 거기에 삶은 무엇이고 또 도덕이 어떻다고 아무리 강조해도 그저 시답잖은 하품이 나올 따름이다.

그러나 한편으로는 이럴 수도 있는 문제다. 인간이란 존재를 없애는데 필요한 것은 우주의 물방울 하나면 충분하겠지만, 우주가 그렇게 인간을 없앤다고 해도 인간은 우주보다 더 위대하다는 것이다. 왜냐하면 우주가 인간을 초월해 있음에도 우주는 그 사실을 전혀 모르기 때문이다. 이런 논리로 인간을 '생각하는 갈대'라 했던 사람은 파스칼이다. 파스칼이 아니어도 사람은 어차피 생각으로 사는 존재다. 생각이니 사람이니 삶이니 하는 것들이 모두 하나의 모티브에서 출발하고 있음에랴!

지금까지의 지구촌 살림을 이끌어 온 것은 서양문명이었다. 그들의 과학문명이 그렇다는 말이다. 그러나 정신 살림은 안 된다. 그것은 겉이 아닌 내적살림인 탓이다. 여기 『인류의 미래사』를 보아도 신통한 것은 없다. 피터 젠슨이라는 노학자를 주인공으로 내세워 10세의 손녀에게 쓰는 편지형식의 소설이 인류미래사다. 서기 2000년부터 2200년 사이의 역사를 예언하는데, 자본주의가 파멸하고 2044년에는 세계전쟁이 터져서 지구상의 모든 정치체제가 무너진다고 한다. 그 후는 사회주의체제가 지구를 점령하게 될 것이며, 사회주의도 이윽고 무너지면 무정부상태가 올 것이라는 이야기다. 결국 현실적으로는 아무 보탬이 안 되는 말 뿐이다.

우림 선생은 주장한다. 지구촌의 미래인류는 '홍익천부弘益天符' 정신으로 살아야 한다고. 그러니까 지금까지 외적인 육신 살림을 해온 것이 서양문명이었다면, 앞으로의 정신 살림은 우리의 동양정신이 맡아야 된다는 뜻이기도 하다. 나는 선생의 의견에 동의한다. 앞으로의 지구촌 살림은 그에 걸 맞는 새로운 형태의 내용이 나오지 않으면 안 될 것이다.

이 글은 예언서가 아니다. 그저 평범한 사람이 우연히 역사를 돌아보게 되었고, 그 역사에서 ᄒᆞᆫ민족의 웅혼한 기백氣魄을 발견했던 것뿐이다. 아시아의 동쪽 물가에 꼬부려 붙은 반도에 갇힌 조선족은 동서 문명의 뿌리를 사실상 한 손에 그러 쥔 불사신의 자손이다. 일찍이 바이칼의 ᄒᆞᆫ국桓國에서부터 홍익인세 정신을 세워왔고, 그 정신으로 문명을 창출했던 민족이다. 그 역사가 63,182년으로도 말해지고, 혹은 3,301년이라고도 했다. 『ᄒᆞᆫ단고기桓檀古記』가 전하는 기록이다. 나는 앞의 기록을 신뢰하는 쪽이다. 우림 선생과 나는 줄탁啐啄의 인연으로 서로 뜻이 통했을 뿐이다.

4353년 元旦

채운산 寓居에서 智勝 識

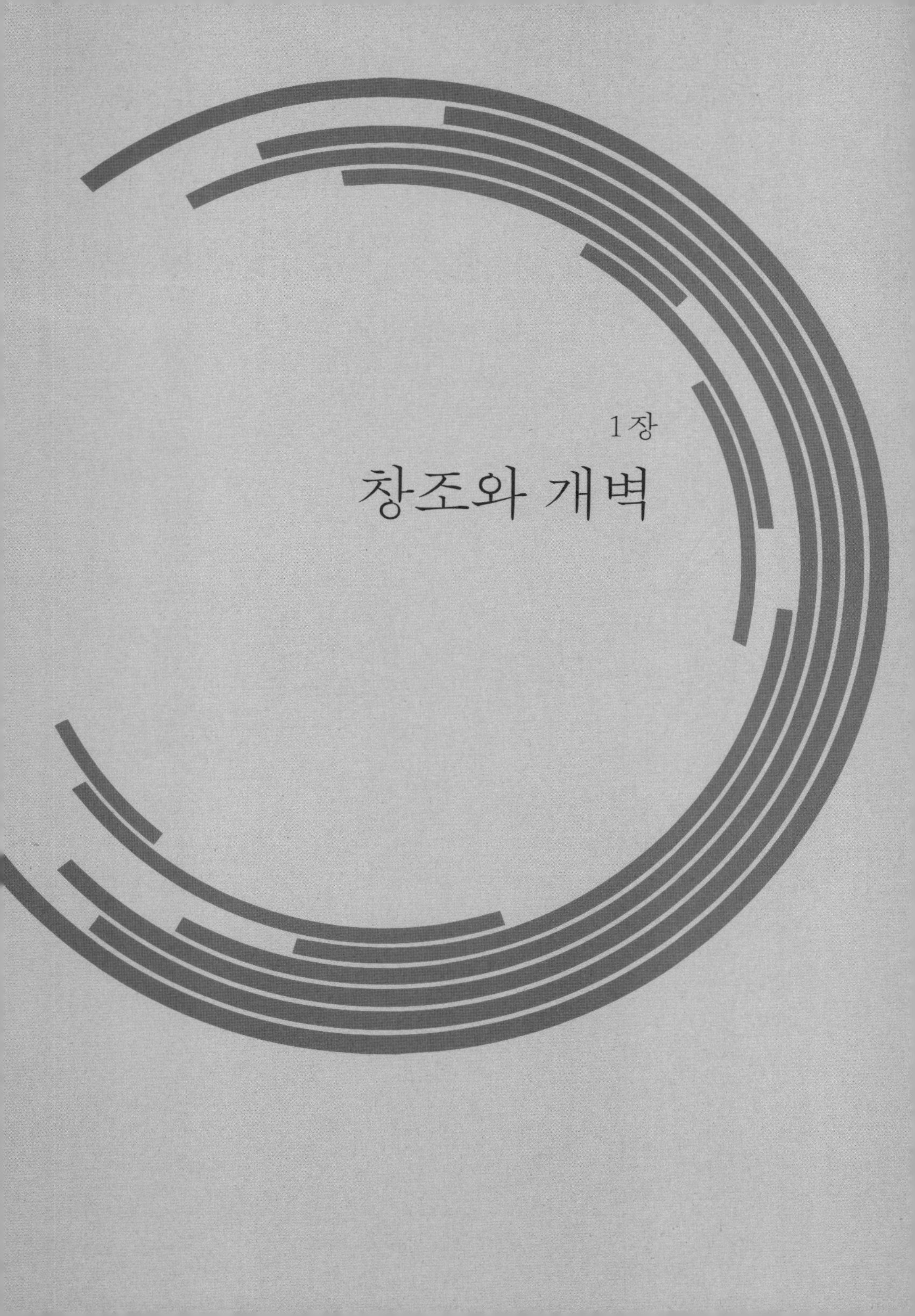

1장

창조와 개벽

창조와 개벽

30년 후

『유엔미래보고서 2050』이라는 책이 있다. 인류사회를 총체적으로 망라하고 가늠하는 유엔이 30년 후에 닥치는 인류운명을 예견하고 그 방책을 준비할 것을 권고한 책이다. 이 책에 의하면 이제 일자리가 필요 없는 시대가 오고 있다는 것이다. 은행이 없어지고 공무원이 없어지고, 그리고 모든 일자리가 부질없고 하릴없어지는 사회, 기본소득이 고르게 되고 월급 받는 사회가 아니어서 직장도 기업도 사라지고 가게나 마케팅도 없단다.

사람이 하던 일을 로봇과 인공지능에게 맡기고, 그것들이 벌어들이는 돈으로 다른 창의적인 일을 모색하는 이른바 메이커의 시대다. 법이라는 것은 고정되며 컴퓨터가 고정된 법을 외워서 필요한 형량을 알려주기 때문에 판사가 필요 없게 되고, 따라서 모든 법적지식은 무료로 보급된다. 법과 형량을 말하는 것은 범죄와 범법자만은 여전할 것이라는 암시이다. 그게 2050년이라는 것이다.

지구환경도 급변한다. 2100년의 해수온도는 섭씨 3도가 상승하고, 그렇게 되면 바다생물의 멸종이 뒤를 따를 것이며, 해수면은 98cm가 상승하고,

지구촌에는 난민이 10억이나 들끓게 된다. 그때는 최저의 출산율이 됨으로 현재 80%의 초·중·고가 사라지게 되며, 대학도 지금의 절반 이하로 줄어든다. 온라인으로 무료공개수업을 받을 것이고, 지금은 모자라는 주택도 그때는 남아돈다. 모든 에너지가 태양과 풍력으로 해결되며, 에너지가 바탕이 되는 기업과 석유를 쓰는 기업이 사라질 것이며, 해운과 항만과 조선사업도 없어질 것이고, 전기차가 사람을 실어 나를 것이다. 자동차가 내뿜는 대기오염이 사라진다는 뜻이다. 인류사 이래로 필연적이었던 정치도 정치인도 그렇게 되면 저절로 사라진다.

30년 후라면 코앞에 닥친 일인데, 그것을 믿기보다는 설마하니 하는 의구심이 먼저 앞선다. 지금으로서는 도저히 믿기 어려운 허황한 내용들이어서다. 그러나 유엔이 낸 보고서이고 보면 무시하고 지나치기에는 안 될 것 같은 막연한 불안감이 있는 것도 또한 사실이다. 믿어야 할까, 아니면 말아도 좋은가? 허나 그렇게 되어가는 조짐이 이미 나타나고 있다. 세계 곳곳에서 지진과 쓰나미 등의 자연재해가 급증한 것이다. 결국 인간이 발명한 과학은 자연 앞에서 무력할 수밖에 없다는 것인가? 그럴지도 모른다.

마치 아장아장 걸음발을 타는 아이가 한창 귀여울 때는, 아이가 어떤 짓을 해도 아버지는 웃음으로 바라보는 것에 비유될 수가 있다. 뜀박질을 할 만 큼 자라서 하는 짓에는 될 것과 안 되는 것이 생겨남으로 아버지는 아들을 근엄한 눈으로 바라본다. 그럴 때 아버지는 아들에게 도덕이란 것을 가르치고 사람으로서의 도리가 무엇인가를 훈육한다. 그런데도 아이가 행동이 지나쳐서 끝내 한계를 넘는다고 가정해보자. 말하자면 과학의 행위가 정도를 넘어서 자연을 거스르는 데에까지 미친 것이다. 아이의 성장은 그대로가 과학의 성장이다. 성장하는 것도 자연의 한 질서임으로 말릴 수가 없다.

그럴 경우 아버지는 마침내 회초리를 든다. 참을 만 큼 참다가 회초리를 들었으므로 무서운 얼굴을 할 수밖에는 없을 것이다.

혈거 시절의 인류가 차츰 머리가 깨어나면서 문명의 걸음발을 타다가, 한 걸음 씩 진보하여 과학을 발명하고, 그렇게 문화생활을 영위하는 동안 자연은 관대한 미소로 바라보았다고 할 수 있다. 그러나 그 과학의 진보가 지나쳐서 자연이 원하지 않는 쪽으로 발전해온 것도 사실이다. 로켓이 우주로 날아가고 줄기세포가 인간의 수명을 연장하게 되었다는 것을 말하는 것이 아니다. 그것은 서양문명이 우리들 인류의 기성관념을 낳았고, 서양문명의 후견인 노릇을 한 것이 기독교라고 할 때, 그 관념을 깨는 성서해석이 얼마든지 가능하기 때문이다. 인간을 신이 창조했다고 보는 서양인들의 관념을 조금 확대해서 진보적 생각으로 해석해보자. 그러면 신이 인간에게 자유를 허락했고 그 자유를 다치지 않는 것이 인간을 사랑하는 신의 율법이라고 가정한다면, 인간의 자유는 언제든지 우주개발에 나설 수 있고, 인간자신의 수명을 (신에게) 허락받지 않고 연장할 수 있다는 결론에 이를 수 있어서다.

신의 창조가 아니라 생명에 개벽설을 두는 동양도, 생명의 개벽은 한계가 없기 때문에 끝 간 데가 없는 것이 우주요 생명이라고 생각할 수 있다. 문제는 그렇게 과학의 편의를 이용하는 동안, 인간이 저지른 도덕적인 범죄가 적지 않았다는 점이다. 살인과 약탈이 습관처럼 되어서 태연히 죄를 짓고도 반성할 줄 모르는 서양문명의 체질을 이제는 염두에 두고 곰곰이 곱씹어 볼 일이다.

오늘의 문명은 갈 데 없이 서양인들의 문명이다. 동서의 문화는 분명하게 그 뿌리가 다르지만, 국가와 민족을 초월해서 그들 사회를 이끌어 가는 것은 그 사회의 법령인데, 그 법령의 기본이 되는 헌법은 저들 게르만 민족의 관습에서 유래가 되는 탓이다. 왜 하필 게르만인가? 그것은 로마*가 망하던 무렵 동고트니 서고트니 하고 쪼개지던 무렵부터가 시작이다. 고트족은 본래 게르만의 한 갈래다. 그들 고트족의 원주지는 스칸디나비아 반도다. 고트족이라는 명칭의 유래는 원주지에 있을 때 일부가 고틀란트 섬에 갈라져서 살았기 때문이라고도 하고, 대륙으로 건너갈 때 이 섬을 경유했기 때문이라는 설도 있다. 2세기 중엽 이후에 고트족은 다시 흑해 북쪽연안으로 이동하여, 동고트족은 드네프르 강 하구를 중심으로, 서고트족은 다뉴브 강 하구의 북안北岸에 정주하였다.

3세기 중엽 이후로 오면서 이들은 로마에 자주 침입하였으나 269년 클라우지우스에 의해 격퇴된 후로는 침입을 멈추었다. 민족 이동기에 접어들면서 서고트족은 에스파냐에, 동고트족은 이탈리아에 각기 그들의 나라를 세웠다. 흑해연안의 원주지에 남아있던 고트족은 훈족에 이어 슬라브족에게 흡수되었으나, 크림반도 동안東岸의 이른바 크림코트인들은 1475년 오스만제국에게 정복될 때까지 독립을 지켰다. 그러니까 3세기 중엽부터 1천2백년을 이들 고트인들은 유럽을 떠돌았던 셈이다. 그렇게 긴 세월을 떠도는 동안 그들의 생활관습은 자연스럽게 주변의 타민족들에게 영향을 끼쳤고, 그것이 훗날 영국헌법 기초의 근간이 되었으며, 이어 다른 여러 나라의

* 로마문명의 뿌리는 그리스문명이다. 그리스가 文을 바탕으로 자란 문명이라면 로마는 다분히 武를 숭상했던 것이다. 그것은 그리스 신화를 각색해서 써먹은 로마 신화에서 단적으로 드러난다. 로마는 힘은 세어도 내세울 문화가 없는 이를테면 씨름꾼 같았으므로, 같은 지중해의 지혜랄 수 있는 그리스문화를 뿌리삼고 자란 것이다. 그 로마문명이 8백 년 동안을 지속하면서 충분히 농익은 후에 유럽이 시작된다. 그러므로 유럽문명은 자연스럽게 로마문명의 연장이 되는 것이며, 유럽문명이 아메리카로 건너가서 오늘의 아메리카문화를 이룬 것이라고 볼 수가 있다.

헌법에서 숨을 쉬게 되었다는 이야기다. 동양의 헌법도 쉬운 대로 서양인들의 법을 모방했던 것이다.

동서의 피안

서양인들 관념의 기저에는 반드시 이분법이 깔린다. 이것은 동양인들의 관념과는 현저하게 다른 그들만의 한 특질이다. 우주의 생명현상을 통으로 이해하는 것이 아니라, 서로 상대되는 두 개의 개념으로 나누어 본다는 이야기다. 가령 생물과 무생물, 동물과 식물, 정의와 불의, 흑과 백으로 나누는 식이다. 사물을 바라보는 모든 면에서 그런 버릇이 아주 체질화 되어 있다. 그런 체질이 종교를 해도 기독교* 외에는 용납을 않는 것이다. 말하자면 창조주라는 절대자가 있고, 상대적으로 피창조물인 삼라만상이 존재한다는 식이다.

물론 사물을 이해하는 데는 이런 이분법이 중요하고 또 필요하다. 그러나 과학과 철학의 밑동이라고 할 수 있는 종교를 끌어대서 말의 시작을 삼는 것은, 총체적으로, 또 결론적으로 이야기를 쉽게 풀어가자는 뜻이 있기 때문이다. 기독교는 불교나 유교에 견주면 서로가 다른 초점이 쉽게 드러난다. 자기구원을 내면에서 찾지 않고 밖에다 구원해줄 대상을 설정한다는

* 기독교의 본뜻은 '기름 부은 자'를 가리킨다. 하나님께 기름부음을 받은 지도자로 메시야 시대의 예표(豫表)로 사용했다. 따라서 기독은 예수를 상징하는 말이다. 구약과 신약을 통틀어서 선지자와, 그 선지자의 한 사람인 예수를 가리키다가 드디어 예수로 낙착한 것이다.

점이다. 이것은 애니미즘이나 토템이즘이 진보한 것에서 더 될 것이 없다. 자연계의 모든 사물에 영혼이 존재한다고 믿었던 생각이 애니미즘이었다면, 자기네 씨족이나 종족과 특별한 관계가 있다고 여겨서 신성시했던 동물이나 식물이 그대로 토템이즘이다.

그러니까 인간이 어리석기만 할 적에는 보는 것마다 경이롭고 두려웠으므로, 사람보다 뛰어나다고 생각한 이상한 바위나 오래된 고목나무는 물론이고, 흐르는 구름과 호수 하늘과 태양 같은 모든 것에 영혼을 부여하고 그렇게 의미를 두었지만, 드디어 그런 것들이 허망하다는 생각을 하는 날이 온다. 말하자면 미몽의 어리석음에서 깨어나는 것이다. 그러나 아직 두려움은 있다. 깊은 어리석음에서 걸러지기는 했어도 두려움은 여전히 남은 상태다. 그 남은 두려움이 붙잡은 것이 토템이라는 말이다. 그러다가 토템도 마침내 넘어선다. 그런 관습이 익어서 최후로 찾아낸 것이 천지를 창조한 신이었고, 그 신에게 인간의 길흉화복을 전적으로 의지한 것이 기독교인 것이다.

이쯤에서 동양의 정신풍토에 대해서도 말해보자. 어차피 동서양을 비교하는 자리이므로 읽는 이들도 찬성해주기 바란다. 동양이라고 하면 얼핏 주역이 떠오를 것이다. 틀리지 않았다. 주역이 동양사상의 모든 것을 대표한다고 해도 거의 맞는 말이다. 그 주역「계사전繫辭傳」*에 우주가 처음 시작

* 주역에 딸려서 주역을 설명하는 글장이다. 원시 주역에는 주석(註釋)이 없었으나, 인문의 시대가 깊어지면서 차츰 어렵게 여기게 되자, 설명이 붙게 되었다. 괘사(卦辭)와 상사(象辭)는 문왕이 붙였고, 효사(爻辭)는 주공이 붙여서 주역을 쉽게 한 것이다. 그 후에 공자가 십익(十翼)을 붙여서 주역을 완성하는데, 계사는 그중의

되는 생명의 근원을 설명하는 이야기가 나온다. 하늘과 땅과 사람 몫의 세 부분으로 나누고 세세하게 설명한다. 먼저 하늘이다.

"하늘은 높은 것이고 땅은 낮게 된 것이어서天尊地卑 귀하고 천한 것이 자리를 잡는다貴賤位矣. 움직임動과 움직이지 않는 것靜이 분수가 있으니動靜有常 강剛하고 유柔함으로 결단斷되는 것이요剛柔斷矣, 제 처지를 따라서 무리가 모이고方以類聚, 만물은 서로 나뉘니物以群分 길하고 흉한 것이 생기는 데吉凶生矣, 하늘에 두면 상이라 하고在天成象, 땅에 있으면 형상이 된다在地成形, 그래서 변화가 나타나는 것이다變化見矣."

다음은 땅에 대해서다.

"이런 연고로 강유가 상마하는 것이며是故 剛柔相摩, 팔괘가 서로 부딪혀서八卦相盪, 북을 쳐서 우레 울고鼓之以雷霆, 젖음을 풍우로써 하며潤之以風雨, 일월의 운행으로日月運行 한 번 덥고 한 번 추우니一暑一寒, 건도는 남자 되고乾道成男 곤도가 성녀 곧 여자 된다坤道成女. 하늘은 큰 시작의 알림이요乾知大始, 땅은 만물을 이룸이라坤作成物."

마지막은 사람에 관해서다.

하나다. 아름다운 문장으로 주역을 풀어서 쓴 공자 덕분에 점복서였던 주역이 철학의 구실을 하게 된다.

"하늘의 소임은 쉬움으로 알게 하고乾以易知, 땅은 간편함으로 능하게 하는 것이니坤以能簡, 쉬우면 곧 알기가 쉽고易則易知, 간편하면 따르기가 쉽고簡則易從, 알기가 쉬우면 저절로 친함이 생겨나는 것이요易知則有親, 따르기가 쉬우면 곧 이루는 공이 있는 것이요易從則有功, 친하면 가히 오래할 수 있음이요有親則可久, 공이 있으면 클 수가 있고有功則可大, 오래할 수 있으면 그게 현인의 덕이요可久則賢人之德, 클 수가 있으면 그것이 현인의 일이니可大則賢人之業, 쉽고 간편함이 천하의 이치가 됨으로써 얻어지는 것이라易簡而天下之理得矣, (만물은 그렇게) 천하의 이치를 얻어서 제 자리를 얻음이요 그것이 적중한 것이다天下之理得而成位乎其中矣."

여기에는 애니미즘이나 토템이즘이 끼일 자리가 없다. 그저 하늘의 뜻을 따르고 땅의 은덕隱德으로 살아가는 원시적 인문人文이 나타나고 보일 뿐이다. 현대사회는 그 출발점을 서양인의 관념으로 시작을 삼는다. 그들의 과학을 배우고 종교를 받아들임으로써 자기정체성을 혼동한다는 이야기다. 그래서 원시原始라고 하면, 으레 야만野蠻을 함께 떠 올린다. 바늘에 실이 가는 것처럼 어느새 그렇게 되어버린다는 말이다. 그래서 돌도끼를 들고 짐승의 뒤를 좇는 미개한 인간을 동시적으로 떠 올리는 것이다. 여기에 문제가 있다.

앞에서 훑어 본 주역에는 어디에도 그런 흔적이 없다. 이제 주역이 말하는 생명의 질서가 무엇이었는지를 쉽게 풀어가면서 살피기로 하자.

하늘은 높고 땅은 낮은 것이어서 귀천貴賤이 자리를 잡는다고 말하는 하늘의 품성에는 굳이 설명하고 말 것이 없다. 귀천이라니까 얼핏 성리학이 양반은 귀하고 상놈은 천하다는 논리를 폈던 것을 떠올릴 수도 있다. 그러나 그건 인간이 만들었던 억지 당위다. 여기는 자연의 무위한 숨결을 말하는 대목이므로, 억지로 만든 인위 따위가 붙여질 수가 없다는 말이다. 그렇게 이해하면 천존지비天尊地卑의 하늘부분은 휑하게 열려있으므로 굳이 다른 말을 보탤 것이 없다.

"다만 강유가 상마剛柔相摩하고 팔괘가 들끓는다는八卦相盪 땅의 부분에는 설명을 둘 데다. 여기의 강한 것은 양陽을 지적하고 부드럽다는 유柔는 음陰을 말한 것이다. 음과 양은 우주에 가득 찬 에너지를 뜻한다. 그 에너지가 서로 부딪쳐서 비빈다고 했다. 이제 비로소 쿵! 하고 울리기 시작했다는 말이다. 곧 팔괘의 에너지가 서로 어울려서 바야흐로 무엇인가를 형성하는 것이다. 그것을 더 구체화한 대문이 다음에 온다. 우레로 북을 치며, 바람과 비로 적시는 가운데, 일월이 밤과 낮을 만들고, 여름은 덥고 겨울은 추우며, 하늘의 도덕은 끝까지 남성적이어서 이끌어 가고, 부드러운 땅의 도리는 여성적이어서 순종하게 되니, 하늘은 대시大始, 곧 시작을 알리는 조짐이요, 땅은 강한 하늘의 숨결에 순종하여 만물을 풍성하게 일구어낸다는 것이다.

그 다음은 천지의 호흡으로 살아가는 사람의 도리를 말했다. 하늘의 숨결은 끝까지 쉽게 하고, 땅은 될 수 있는 대로 간편하게 하는 법이다. 알기 쉬우니 따르기가 쉽고, 그러면 저절로 친하게 되고, 친하면 이루는 공功이 절로 생기게 된다. 친하게 되면 누가 끌지 않아도 오래할 수 있게 되고, 공적도 크게 드러나는 법이다. 그것을 본받는 것이 현인의 덕이요, 그 덕대로 하는 것이 또한 현인의 일業이다. 이렇게 간편하고 쉬운 것이야말로 천하의 이치가 아닌가. 이 천하의 이치를 가지고 만물은 각기 제 위치를 얻게 된다. 그것이 다만 가장 적중했을 뿐이다."

「계사전」의 첫 장에 나오는 이 뜻은, 생각한 바가 없이 저절로 이루어지는, 혹은 이루어지고 있거나 이루어내는 자연의 숨결을 설명한 것이다. 그 이상도 아니고, 그것 이하도 아니다. 우주생명은 그렇게 해서 저절로 개벽이 되었다는 말이다. 개벽에는 주인이 없다. 애쓰고 수고하는 조물주가 없는 것이다. 거기에는 과거도 현재도 미래도 없다. 그냥 무위하게 벌어지는 현상만 있을 뿐이다.

이쯤 해놓고 이제 우리의 『환단고기桓檀古記』의 기록을 보자. 『환단고기』가 우리에게 처음 소개되던 해가 단기 4312년(서기 1979)이었는데, 세상에 나오자마자 위서 시비에 휘말렸다. 그때를 휩쓸었던 광란의 바람을 잊을 수가 없다. 그 바람은 그 후 30여 년간 계속되었는데, 그 바람이 잦아들 무렵 모 매체에서 나에게 위서 시비에 대해 논해달라는 원고청탁이 있었다.

『환단고기』는 위서인가?

아는 이들은 알겠지만 나는 『환단고기』를 살림살이 삼아서 『우리 상고사 기행』이란 책을 낸 바 있다. 팔 년간을 서토 대륙을 밟고 다녔고, 확인된 사실만 기록하는 내 주관이 그런대로 투영되었다고 자평한다. 그러나 이 글에서는 이미 뱉어낸 주제는 가능한대로 피해 볼 생각이다. 최소한 같은 내용을 같은 목소리로 복사하지는 않겠다는 말이다. 『환단고기』는 배달민족사의 보물창고다. 그러므로 책에서 못 다 한 이야기를 얼마든지 이끌어 낼 수가 있는 것이다. 그래야 내 책을 아는 이들도 읽어 줄 것 아닌가. 그러나 이 한마디는 하고 넘어가자. 『흔단고기』를 위서로 매도하는 세력들을 향해서다.

어느 시대에서나 생각이 바른 사람이라면, 한 번 뿐인 제 일생을 어떻게 살지, 무엇을 경영하면서 무슨 생각으로 살아야할지를 문제 삼기 마련이다. 굳이 철학이라는 고급스런 말을 보태지 않아도, 사람은! 사람 된! 사람으로의 자존감 때문에! 누가 그런 것을 생각해보라고 한 적이 없어도 스스로 그런 것을 고민한다. 여기에 사람의 참값이 있다고 나는 믿는다.

일찍이 맹자가 그에 대한 답을 한 적이 있다. 그러니까 "군자君子는 무엇을 생각하고, 어떤 것을 일삼으면서, 처신을 어떻게 해야 되는가"를 순수한 열정을 가진 젊은 제자가 솔직한 심정으로 물었던 것이다. 맹자의 답은 이렇다. "죽은 뒤에도 잊혀 지지가 않는 사람, 그게 진정한 군자의 삶이다死而不忘者壽矣." 맹자의 답은 어떤 경우에나 대쪽같이 단호한 것이 특징이다. 여기서도 그렇다. 전혀 망설임이 없이 튀어나온 말이지만 충분히 만세의 귀감이 될 만한 답이다. 구체적이고 시시콜콜한 이야기를 묻는 제자의 생각을 뛰어넘는 강력한 대꾸다.

오늘 자국의 역사를 끝까지 일천한 쪽으로 몰고 가려는 친일사학의 부류들이, 만일 맹자에게 '실증사학'을 주장하면서 저들의 당위를 고집한다면, 맹자가 무슨 말로 답을 할 것 같은가? '너희는 홍익인세를 입에 담을 자격이 없는 놈들이다' 할까? 그에 대한 직답은 오히려 피하자. 그러나 이 말은 해야겠다. 과거 우리나라 유교선비들은 공자·맹자를 맹목적으로 존숭尊崇만 했지, 공자·맹자의 진정한 가르침을 몰랐다. 그러니까 유교경전 속에 든 알갱이나 뼈다귀는 다 놓치고, 그저 갓 쓰고 도포 입는 것이 한갓 유교로 착각했다는 이야기다. 소중화小中華가 되려고 내 조상의 얼과 혼을, 내 핏줄의 어엿하고 미끈한 정신이나 기상을, 그것들로 이루어낸 전통이며 문화를 쉽게 포기해버린 그들의 작태를 오늘 우리가 어떻게 평가하는가? 그런 썩은 선비들에게 공자·맹자가 이런 문제를 냈다고 가정해보자.

'내가 만일 너희 국토를 침범하는 일이 있다면 어떻게 하겠느냐?' 한다면, '그거야 창칼을 들고 맞싸워서 사정없이 몰아내겠습니다' 해야 공·맹의 바른 제자다. 그래야 공·맹이 합격점수를 준다. 그런데 공·맹의 거탈만을 존숭한 조선의 선비들은 제 나라를 통째로 들어다가 공·맹에게 바치고 거기에 빌붙은 꼴이었다. 창피하고 부끄럽지 않은가? 이것이 반드시 지난 시절 유가의 선비들한테만 해당하는 이야기일까?

장승과 벅수

천하대장군天下大將軍이니 지하여장군地下女將軍이니 하는 장승을 알 것이다. 부릅뜬 두 눈에 가량이 안 닿는 널찍한 콧구멍 하며, 도깨비 얼굴에 써렛니를 하고 길가에 서서 금방이라도 호령을 날릴 듯한 표정으로 행인을 내려다보는 장승을 말하는 중이다. 그러나 그 장승은 무섭다기보다 이상한 친근감으로 다가서는, 우리 민족의 혈관 밑에 잠재된 그리움이라는 것이 옳을 것이다. 해마다 정월보름이 되면 마을사람들은 산에서 나무를 베어다가 장승을 만들어 동구洞口에 세우고, 풍물을 치면서 걸쭉한 재담으로 한 해 동안의 '마을 안녕'을 빌었었다. 그러니까 동네사람들이 만들어 세운 장승이 그 마을의 수호신이었던 셈이다.

장승은 어떤 절차를 거치면서 만들어졌을까? 판소리의 적벽가 중에,

싸움에 진 조조가 화용도華容道로 쫓겨 갈 적에 화용도 장승을 만나자 너무 놀라서 기절초풍을 하는 대목이 나오는데, 정신을 수습하고 나서 장승이 대체 어떤 물건이냐고 묻자 장승의 실체를 낱낱이 드러내는 장승의 사주四柱가 나온다.

먼저 깊은 산중에서 자라난 나무가 나무꾼의 도끼질에 속절없이 눕혀지는 대목에서 시작을 하는 데, "이내 팔자 무상하여 무주공산에 자라나서 시비 없이 늙잤더니, 도끼질로 꽝꽝 찍어 장작나무 뒷간 가래 가지가지 다한 후에, 그 중에서 곧은 도막 목척木尺으로 열두 자를 먹줄 놓아 톱질하여, 웬 놈의 얼굴인지 방울 눈 주먹코에 주토朱土칠 많이 하고, 써레이빨 개털수염 뱃바닥에 새기기를…" 결국 장승은 '십리 오리 표하자고 나무로 세운…' 그 시절 이정표였던 것으로 기록되고 있다.

그러나 우리한테는 이정표로서의 장승보다는 동네 어구의 장승이 우선적으로 다가선다. 박정희가 새마을운동을 하면서 전근대적 유물이라 괄시하는 바람에 갑자기 천덕꾸러기로 전락했고, 기독교가 미신으로 치부하여 부끄럽게 여겨서 많이 없애버린, 그러나 지금도 어느 사찰 입구에서나 우연찮게 만나는 장승을 말하는 중이다. 반세기 전만 해도 장승은 늘 우리 곁에 있는, 그래서 결코 귀하달 수가 없는, 아무데서고 만나는 허물없는 친구였다고 할까?

장승과 한 켤레를 이루는 것으로 '벅수'가 있다. 장승은 나무로 만들지만 벅수는 재료가 돌이다. 돌이라 쉽게 부서지지 않는 덕분에 옛것이 많이 살아남은 것도 그런 까닭에서일 것이다. 지리산 실상사 어구에 서있는 벅수는 꽤나 알려진 터지만, 서울의 복판 인사동 네거리에도 단단한 재질 때문에 살아남은 벅수가 있다. 박정희 시절 장승은 수난을 당해지만, 벅수는 수명이

길어서 유형문화재가 되는 광영을 안기도 했던 것이다.

내가 자라난 전라도 정읍시 칠보면 백암리에도 마을입구 논귀에 서있는 벅수가 백제 때 것으로 밝혀져서, 역시 동구 밖 느티나무 아래의 남근석과 함께 지방보물로 승격된 사실이 있다. 소문을듣고 일삼아 찾아 갔더니, 두 점 문화재를 한 곳에다 나란히 모시고 아주 융숭한 대접을 하는 표시가 첫눈에 보였다. 그러나 이런 경우가 어디 그 마을뿐이랴. 이제 그 벅수와 장승을 새삼스럽게 설명해야 할 만큼 세태가 변했으니, 내가 나이를 먹은 것인가. 아니면 내 알던 세상이 수상쩍게 변해진 것인가.

장승이 머금고 있는 홍익인세

길섶에 잡초처럼, 혹은 나뒹구는 돌멩이처럼, 무심코 지나치기나 했지 아무도 여겨 보려고를 않던 벅수가 문화재 대우를 받는 것은 열 번 다행스런 일이 아닐 수가 없다. 언제나 그런 법이다. 물에 사는 고기가 물을 잊고 살 듯, 허공을 나는 새가 허공을 모르듯, 너무 편안한 나의 일부는 내가 오히려 의식하지 못하는 법이다. 40여 년 전에 『25시』의 작가 게오르규가 한국에 왔을 때 이런 말을 했었다.

"나는 내 소설 속에서 '미래의 빛은 동방에서 온다' 했지만, 그것은 단순한 영감에서 나온 소리다. 그러나 내 영감이 틀리지 않았다는 것을 이 나라에 와서 이 나라의 산하山河를 보고 확신한다. 미래의 인류를 구원할 빛은 분명히 이 나라에서 올 것이다. 그것도 이 골짜기에서 시작될 것이고 통도사에서 싹틀 것이다."

이것은 한국 불교만이 아닌 한국인 모두에게 던진 희망의 메시지였다고 당시의 나는 생각했다. 게오르규의 깊은 지성이 내다 본 것은 희망이 몰수된 절망적 시대의 몸부림이었을 것이다. 잠수함 안에 기르던 토끼가 이미 산소부족으로 죽었고, 이제 한 시간 후에는 인간이 토끼 흉내를 내면서 질식할 차례라고 『25시』는 예언했으니까. 문명이라는 바보는 무엇 하나 그럴 만한 것을 만들지는 못하면서도, 모든 것을 한꺼번에 파괴시킬 수는 있는 대기를 유포시켰다. 그 대기 속에서 지성은 독을 마시고, 과학과 수학으로만 사육되어 신앙과 신화를 모르는 절름발이로 커버린 사회. 게오르규는 이런 시대를 깊이 탄식하던 중에 한국을 오게 되었고, 우리가 모르는 한국의 산하를 발견했으리라.

자연이라는 개념을 산과 하천으로만 일러온 우리 풍토는 삼천리강산이 어디라 없이 '순이順伊야!' '남이南伊야!' 부르는 소리 들릴 듯한, 우리의 맥이 뛰고 혈관 같은 젖줄이 흐르는 터라, 우리야 우리 것을 잊은 채 오히려 무심할 수 있다. 그러나 통도사를 에워싼 늙은 소나무와 깊숙이 가라앉은 시내 계곡에서 올라오는 솔바람 소리와 함께 송진내 나는 오솔길을 걸으면서 낯선 이방인은 벼락 맞은 것처럼 어떤 영감에 부딪쳤을 것이다. 천 육백년 한국 불교의 맥을 깊이 이으면서 수많은 불조佛祖들을 배출해낸 통도사의 살아있는 얼을, 그것이 엉기고 응어리져서 차라리 산이 되고 강이 되어버린 우리의 산 혼을 그가 만났던 것 아닐까?

그렇다면 민족의 산 혼으로 살아남아서, 동구마다 수호신으로 서있고, 호젓한 산길과 복잡한 나루터에서 어김없이 이정표로 서있던 장승은, 실은 우리의 핏대 밑에 앙금으로 가라앉은 우리의 자화상이었다. 그래서 도깨비 키로 내려다보는 퉁방울눈이 무섭기보다 도리어 친근감으로 다가서는 것이다. 여름날의 소낙비를 선 자리에서 죄 맞아야 하고, 가을서리 겨울눈을 피하지 못해서, 성난 듯 원망하듯 그러나 꼼짝없이 제 자리를 못 떠나는 장승은, 바로 우리가 잃고 있는, 혹은 잊어버린 홍익인세弘益人世의 얼굴이던 것이다.

장승이 우리 문화에 나타나는 것이 언제부터였을까. 그것은 어느 시기에 우연히 나타났거나 어떤 동기를 가지고 나타난 문화가 아니라, 하늘과 땅이 열리고 생명이 개벽을 시작하던 때에 미리 준비된 것이라고 「삼신오제본기三神五帝本紀」는 설명한다. 좀 지루하게 여겨질지는 모르지만 여기서 「삼신오제」 첫 장이 어떻게 열리는지 옮겨보자. 이 경전은 한문 투의 문장이 아니다. 질박한 조선의 얼이 그냥 내비치는 소박한 언어로 이루어지고 있다. 읽는 이들은 이 점을 간과하지 않기를 바란다.

"「표훈천사表訓天詞」에서 말한다. 대시大始에 위·아래·사방은 일찍이 아직 암흑으로 덮여 보이지 않더니, 옛것은 가고 지금은 오니 오직 한 빛이 있어 밝더라. 상계上界로부터 문득 삼신三神이 계셨으니 곧 한 분의 상제上帝시라. 주체는 일신一神이니 각각 신이 따로 있음은 아니나, 쓰임은 삼신이시라. 삼신은 만물을 끌어내시고 전 세계를 통치하실 크나큰 지능을 가지셨더라.

그 형체를 나타내지 않으시고 최상의 꼭대기의 하늘에 앉아계시니, 계신 곳은 천만억토千萬億土요, 항상 크게 광명을 발하시고, 크게 신묘함을 나타내시며, 길한 상서祥瑞를 내리시더라. 숨을 불어 만물을 만드시고, 열을 내뿜어 만물의 종자를 키우시며, 신묘하게 행하시어 세상일을 다스리시니라.

아직 기氣 있기 전에 먼저 물을 낳게 하여, 태수太水로 하여금 북방에 있으면서 사명司命으로서 검은 색을 관장케 하시고, 아직 기機 있기 전에 먼저 불을 낳게 하여, 태화太火로 하여금 남방에 있으면서 사명으로서 붉은 색을 관장케 하시고, 아직 질質도 있기 전에 먼저 나무를 낳으시더니, 태목太木으로 하여금 동방에 있으면서 사명으로 푸른색을 관장케 하시고, 아직 형形도 있기 전에 금金을 낳아, 태금太金으로 하여금 서방에 있으면서 흰색을 관장케 하시고, 아직 체體도 있기 전에 흙을 먼저 낳더니, 태토太土로 하여금 중앙에 있으면서 노란색을 관장케 하니라.

이에 하늘 아래 두루 있으면서, 오제五帝의 사명司命을 주관하는 바, 이를 천하대장군 天下大將軍이라 한다. 지하에 두루 있으면서 오령五靈의 이름을 주관하는 바, 이를 지하여장군地下女將軍이라 한다."

「삼신오제」 첫 글장은 여기까지다. 그러나 내친김에 삼신이 무엇인지, 또 오제는 무엇인가를 마저 보기로 하자. 삼신은 하늘과 땅과 사람을 말한다. 주역에서 삼효를 기본 획으로 삼는 것이 곧 천·지·인 삼재三才를 상징한다는 것은 누구나 아는 상식이다. 우리의 태극기가 사방을 버티는 네 개의 괘효로 되어있는 것이 그것의 표상이다. 그런데도 여기서 삼신을 보자는 것은, 「삼신오제본기」가 설명하는 바가 약간 다르게 나타나고 있어서다. 그 다르게 나타나는 것이 삼신의 성정性情이다. 풀어서 말하면 삼신의 기능이라는 뜻이다. 「삼신오제본기」의 두 번째 글장은 이렇게 말하고 있다.

"생각건대 저 삼신을 천일天一이라 하고, 지일地一이라 하고, 태일太一이라 한다. 천일은 조화造化를 주관하고, 지일은 교화敎化를 주관하며, 태일은 치화治化를 주관하느니라.

생각건대 오제五帝는 흑제黑帝 · 적제赤帝 · 청제靑帝 · 백제白帝 · 황제黃帝를 말하나니, 흑제는 생명이 다함을 주관하고, 적제는 빛과 열을 주관하고, 청제는 낳고 기름을 주관하고, 백제는 성숙成熟을 주관하며, 황제는 조화調和를 주관한다. 또 생각건대 오령五靈은 태수太水 · 태화太火 · 태목太木 · 태금太金 · 태토太土라 하나니, 태수는 영화롭고 윤택하게 하며榮潤, 태화는 녹이고 익히며鎔煎, 태목은 경영하고 쌓아두며營築, 태금은 재량하여 자르며裁斷, 태토는 씨 뿌려서 기름을 주관한다主稼種. 이에 삼신은 곧 오제를 감독하고 명령하사, 각각 넓혀서 나타나도록 하며, 오령으로 하여금 보전하여 완성하게 하도다."

이것 외에도 사람의 삶과 죽음이 무엇이라는 내용, 눈에 보이는 것들의 삼라만상이 제 각기 어떤 호흡과 리듬으로 '지고 새는지生滅'를 설명하는 이야기로 채워지고 있다. 그야말로 주옥같은 내용으로 채워지고 있는 글장이어서, 인류사 전체를 놓고 가늠한대도 다시 유례가 있을 것 같지 않은 배달민족만의 고유의 숨결이다. 그러나 이야기를 풀어가다가 필요하면 그때 다시 끌어내기로 하자.

그러니까 「계사전」에서는 생명의 시작을 단순한 무위로만 말했으나, 여기 『환단고기』는 주역의 무위가 어떻게 구체화 되었다고 설명하고 증명한다. 곧 하늘과 땅과 사람의 삼신이 어떻게 벌어졌고, 어떻게 직분이 나뉘었는가를 말한 것이다. 처음에 삼신이 있었고, 뒤를 이어서 오제와 오령이 차례로 나타난다. 오제·오령을 따라서 봄·여름·가을·겨울이 생겼으며, 그렇게 생명이 질서대로 일어섰다고 말한다. 그 질서를 직접적으로 틀어쥐는 것이 삼신의 명령과 감독 아래 있는 천하대장군과 지하여장군의 장승인 것이다.

이 장승의 직분을 다른 말로 요약한다면, 오제의 사명을 주관하는 천하대장군은 하늘의 도道를 주관하는 직분이었고, 오령의 이름을 주관하는 지하여장군은 땅의 호흡인 덕德을 맡는 직분이었다는 말이다.

서양인의 창조와 동양의 개벽

신의 창조설을 말하는 서양인과는 달리, 동양에서는 삼라만상이 자연이라는 한 바탕에서 태어났음을 강조한다. 그것이 창조설과 다른 개벽설開闢說이다. 다시 말해 만물은 신에 의해 창조된 것이 아니라, 스스로 개벽된 것이므로 일체가 동등하다는 논리에 닿는다. 개벽에 선후는 있을지언정 자격에 높낮이는 없다는 주장일 수 있다는 이야기다. 이것이 생명을 바라보고 설명하는 동양과 서양의 차이인 것이다.

개벽설과 창조설은 영원히 합쳐질 수가 없는 쌍갈래 평행선처럼 근본이 다르다. 나타나는 문명이나 문화의 성향이 그래서 다른 것도 어쩔 수가 없다. 창조설을 주장하는 서양문명은 직접적이고 빠른 반면, 동양문화는 늘 우회적이고 곡선적인 것도 그래서다. 동양문화가 여성적이라면 서양은 남성적이다. 직선적이고 공격적인 남성문화는 하는 짓이 늘 급하고 서두른다는 특징이 있다. 그에 비해서 느리고 곡선적인 동양문화는 서두르거나 조급함을 드러내지 않는다.

가령 어느 곳에 급한 일이 터졌다고 가정해보자. 서양인이라면 무조건 먼저 현장으로 달려간다. 도착해서 일을 수습하는 식이다. 동시에 엉성한 실수가 따를 수 있다. 현장에서 필요한 연장이나 도구를 놓고 왔기 때문이다. 그러나 동양인은 그렇지가 않다. 충분히 생각한 다음에 움직여도 늦지 않다는 뱃심이 체질화 되어있다. 그래서 느릴 밖에 없다. 대신 실수가 따르지 않는다. 그 현장에 닿기 전에 수습을 미리부터 생각했기 때문에 허둥거릴 이유가 없는 것이다.

이런 동·서양의 차이는 어디서 오는 것일까? 그들이 의지한 자연환경 곧 풍토에서 온다. 그것은 먹을 것을 넉넉하게 내주는 동양풍토와, 항상 먹을 것을 찾아서 헤맨 서양풍토가 현저하게 달랐기 때문이다. 먹을 것이 적으면 일어서서 부지런히 찾을 수밖에 없지만, 넉넉하고 풍족하다면 앉아서 기다려도 되는 까닭이나 이유가 충분하다. 그런 넉넉한 이유와 까닭이 저절로 결정하는 일이다. 생각해보라. 이치가 그렇지 않은가?

서구문명이 남성적인 것도, 그 문명을 배태한 유럽이라는 풍토가 5천km가 넘는 강줄기 하나가 없다는 것으로 말해질 수 있다. 그것은 비옥한 들판이 없다는 뜻이다. 들판이 모자란다는 것은 결국 먹을 것이 부족하다는 이야기와 맞통한다. 가령 여기에 사과가 열 개 있다고 가정해보자. 그러면 먹을 사람도 열이면 된다. 하나 씩 나누면 모자라지 않기 때문이다. 그러나 사람이 사과보다 하나나 둘이 많다면 어떤가? 다툼이 생길 수밖에 없다.

그거야 부족한대로 조금씩 나누면 될 일이라고 할 수도 있다. 그러나 이것은 한 때의 들 점심자리나 소풍을 나온 자리가 아니다. 집에 가도 먹을 것이 모자라기는 매 일반이다. 일상의 생활이 늘 그런 곳이다. 아버지도 그렇게 살았고 할아버지 때도 그랬다. 아니 사람의 역사가 시작된 이래로 늘 그래왔다.

그럴 경우 누가 가지고 누가 못 가지는가? 먼저 힘 센 놈이 제 몫을 주장할 것이다. 힘은 없어도 머리가 좋다면 그럴 듯한 명분이나 핑계를 만들어서 몫을 챙겨갈 수 있다. 머리도 없고 힘도 없는 놈이 문제다. 그들은 비상하게 꾀를 짜서 힘과 머리 중의 하나에 붙어야 할 판이다. 먹을 것은 당장의 생존과 직결되는 문제이기 때문이다. 어떻게든 제 몫을 가져가야 그와 가족이 굶지 않을 것이다. 그래서 필연적으로 그들의 굴절어가 파생된다. 굴절어屈折語는 고립어孤立語와 다르다. 달라도 대조적으로 다르다.

고립어가 단순한 생각과 관념만을 나타내는 언어라면, 굴절어는 비교가 될 정도로 기교가 심하다. 고립어는 말의 변화가 있을 필요가 없다. 무엇보다 그들 사이에는 주고받는 관계에 있어서 이해타산을 많이 하거나 감정의 표시가 그다지 중요하지 않아도 되는 탓이다. 이것은 처음부터 단일한 문화권에서 살아온 사람들의 언어다. 중국어가 이에 속한다.

고립어에 비해 굴절어는 감성보다 이성을 앞세우는 언어다. 그것은 다양한 사람들이 다양하게 섞이는 복잡한 사회에서 발전해온 결과물이다. 피차의 환경과 생활이 다른 사람들이 어깨를 부딪치면서 살아야 하므로, 서로의 기분과 감정이 닿지 않도록 조심할 수밖에 없는 분위기에서 나온다. 굴절어가 파생되는 데는 두 가지 조건이 있다. 먹을 것이 적은 것도 그렇지만, 그들이 믿는 신이 서로 달랐다는 것도 지나치지 못할 문제다.

다른 신을 믿는다는 것은 서로의 신앙이 다른 것이요, 그들이 한 뿌리의 사람이 아니라는 증거다. 근본이 다르므로 같이 살 수가 없다. 서로가 주는 것 없이 싫은 감정을 가지기 때문이다. 이것은 결코 작은 문제가 아니다.

이유가 있어서 싫다면 문제를 오히려 해결할 수가 있다. 그러나 까닭이 없다. 얼굴만 마주치면 덮어놓고 싫고 미운 감정이 생기는 것은, 바로 그들이 믿는 신이 다르다는 이유에서 온 것이요, 드러내서 말한다면 신앙이 다른 데서 온다. 제정일치祭政一致 시절에서부터 짚어보기로 하자.

같은 신을 믿는 사람끼리 뭉쳐서 사는 사회다. 그러나 부족한 물자 때문에 다른 신을 믿는 사람들과도 만나야 된다. 어차피 만날 수밖에 없도록 판이 짜여서다. 가령 이쪽 물가에 사는 사람들이 저쪽 계곡에 사는 사람을 만난다고 할 때, 그들은 먼저 언행을 조심해야 했을 것이다. 무심하게 던진 말 한 마디가 상대의 기분을 덧낼 수도 있고, 생각 없이 한 행동이 저들 신을 노엽게 했다면 어떤 결과가 될까? 그것은 곧 불화와 전쟁의 불씨가 될 우려가 있었다. 그래서 상대의 기분을 다치지 말아야 하고, 그러면서 목적을 이루어야 했던 것이다.

제정일치를 벗어나서도 풍토가 메마르기는 마찬가지다. 정착해서 뿌리를 내리는 것이 아니라 먹을 것을 찾아서 떠돌 수밖에 없다. 봇짐을 메고 먹을 것 입을 것을 찾아서 몸을 눕히다보니 국경이 있을 리가 없고, 그래서 하루하루가 고단하다. 만나는 상대가 약하면 힘으로 누르지만, 강하면 비굴한 웃음으로 달랬다. 그렇게 항상 먹을 것에 비상한 관심을 가져야 하고, 돈이 되는 것이면 무조건 챙겨두어야 살아갈 수 있다. 그것이 아주 습관이 되고 생활이 되는 것이다. 어디서 누구를 만나더라도 언행은 늘 조심스럽다. 상대의 기분은 다치지 않으면서 제몫은 반드시 챙겨야 되는 풍토의 언어. 그래서 굴절어가 기발한 위트와 유머어가 튀는언어로 발전한 것이다.

감성보다는 이성을 앞세우는 언어가 굴절어다. 그들은 감정을 앞세워 자기주장을 하다가 손해를 보는 일이 없다. 울컥울컥 치미는 감정을 다스리지 못해 마구잡이로 말을 쏟아내고, 종당에 가서 손해를 보는 일이 거의 없는 사람들이다. 동시에 아무리 위급한 상황을 만나더라도 허둥거려 정신을 못 차리는 대신 냉철한 판단으로 여유를 보인다. 그만큼 논리적이고 합리적이지 않으면 그들은 살아남지 못했을 것이기 때문이다. 그래서 굴절어가 고립어와는 전혀 다른 특별한 언어로 발전해온 것이다.

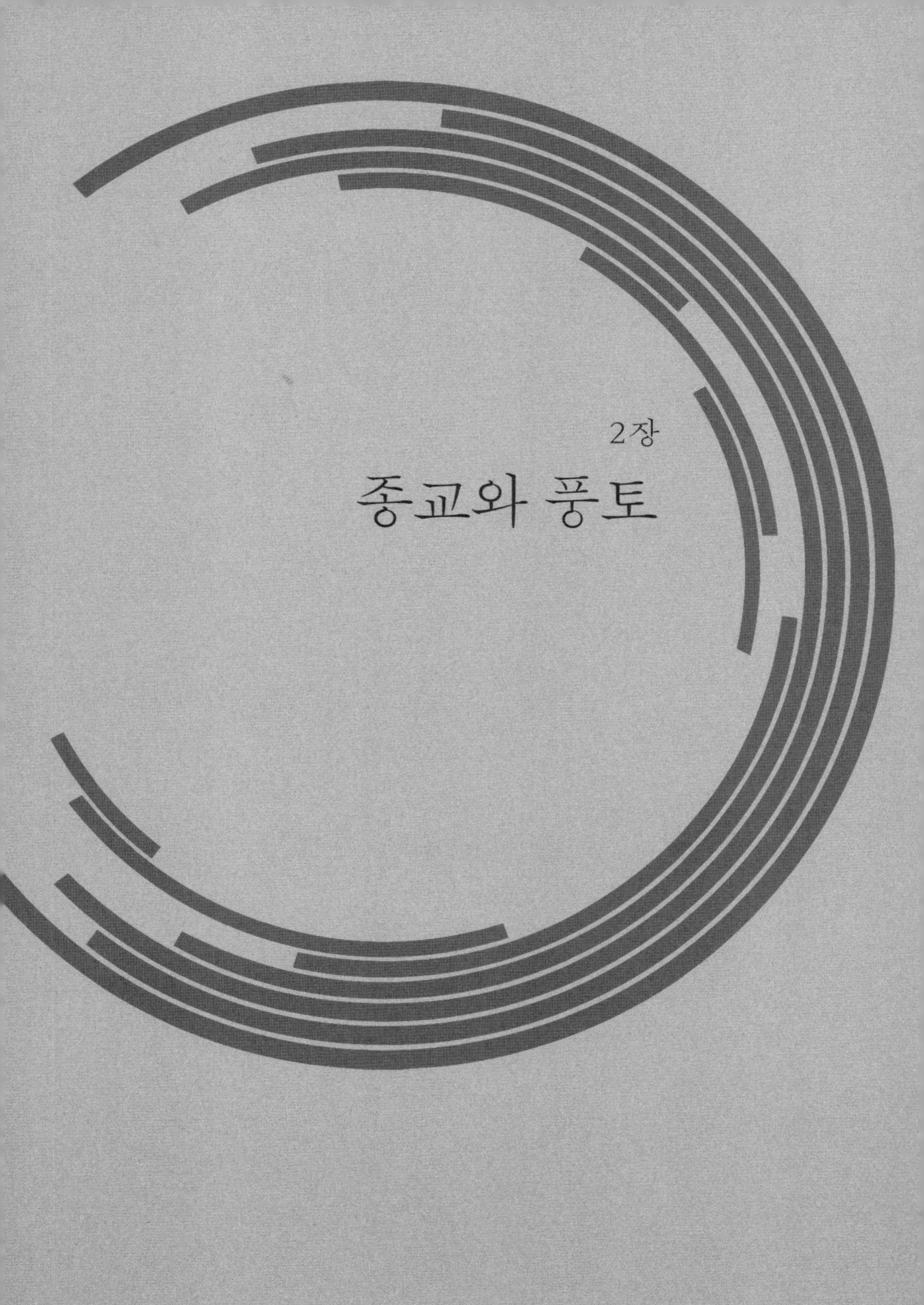

2장

종교와 풍토

종교와 풍토

풍토와 리듬

풍토와 언어관계를 말했지만, 굴절어나 고립어 혹은 교착어 같은 문법이나 어법이 다른 언어만 그런 것은 아니다. 같은 문화, 같은 풍속 안에 살고 있는 사람이라 하여도 얼마든지 언어는 다를 수가 있기때문이다. 가령 한국사람 끼리도 전라도 사람과 충청도 사람, 그리고 경상도 사람 말의 결이 서로 다르다. 그들이 의지한 산하山河가 달라서다. 그러니까 그 지방 말은 그 지역의 산하환경이 다른 데서 오는 것이라고 할 수 있다.

이 대목을 풀어서 말해보자. 우리가 아무 데서고 흔히 부르는 〈아리랑〉이 있다. '아리랑 아리랑 아라리요 / 아리랑 고개를 넘어간다' 하고 부르는 〈아리랑〉만 있는 것은 아니므로, 정확하게 말하면 팔도민요가 가락이 다르다고 해야 옳다. 이제 그것을 비교해보자. 먼저 경기민요다.

'도라지 도라지 백도라지 / 심심산천에 백도라지 / 한 두 뿌리만 캐어도 / 대바구니 철철철 다 넘는다 / 에헤요 에헤요 에헤요 / 에야라 난다, 지화자 좋다 / 얼씨구 좋구나 내 사랑아.'

이것은 산세보다 한강의 물줄기에서 건진 가락이다. 경기지방의 말투가 사분사분한 리듬이어서, 여성적이고 사교적인 것으로 말해질 수가 있다는 데서 그렇다. 이 물줄기의 가락이 발전하면 '단다라 단다라 단다라…' 하는 서양악보의 리듬으로 될 수 있다.

다음은 충청도민요다.

'천안 삼거리 흥 / 능수야 버들은 흥 / 제멋에 겨워서 흥 / 척 늘어졌구나 흥'

여기 흥하고 능치는 콧소리는, 무언가로 흠을 잡을 흉집은 있는데, 그것을 한 번 꼬집고 싶은데, 그러나 직접 흉을 보지 못할 적에 쓰는 이를테면 '얼레꼴라리'일 수가 있다. 그러니까 무슨 썸싱이 틀림없이 있다는 뜻을 그렇게 표현하는 것이다. 직접적이지를 못한 충청도의 점잖은 기질을 드러냈다고 볼 대목이다.

다음은 전라도 아리랑이다.

'아리 아리랑 스리 스리랑 아라리가 났네 / 아리랑 음음음 아라리가 났네 / 세월이 가는 건 바람결 같고요 / 청춘이 가는 건 물 같이 흐르네 / 아리 아리랑 스리 스리랑 아라리가 났네. / 아리랑 음음음 아라리가 났어.'

여기 '음음음' 하는 대목도 그렇다. 충청도 사람이 '흥' 하던 것을, 전라도 사람들은 '음음음' 하고, 다소 리드미컬하게 표현했을 뿐이다. 그것은 산세山勢에 촉矗한 재주가 흐르는, 그래서 그 산의 재주를 타고나는 전라도 사람들의 '끼'에서 나온다. 한 방법으로 미술품의 선線으로 말해질 수가 있다. 옛 신라인들이 불사佛事를 할 적에 백제인들을 불러다 썼던 데는 까닭이 있었다. 신라인들이 표현 못하는 짓을 백제인들은 능히 해냈기 때문이다. 무엇을 두고 하는 말인가?

백제불상과 신라불상의 차이로, 백제인들의 뛰어난 예술 감각을 말할 수가 있다. 신라불상은 대체로 웃음이 환하다. 보름달 같아서 더 갈 데가 없는 웃음이라는 말이다. 사람으로 비교하면 남자의 세계를 이미 알고 이해해버린, 그렇게 마흔을 넘긴 여자에 비길 수 있는 웃음이다. 난숙하고 풍염하지만, 그래서 더는 감추어 둔 데가 없고 기대할 것도 없는 웃음인 것이다.

그러나 백제의 불상은 다 웃지를 않고 여지를 충분하게 남긴다. 말하자면 갓 시집 온 새색시의 부끄럼이 있는 웃음이다. 보름달로 말하기에는 많이 모자라는, 아직은 초승달 같은 것이다. 꽃으로 말하면 만개하기 전의, 부끄럼의 여지를 넉넉하게 머금은 수줍은 미소다. 그래서 더 파볼 것이 있고, 그렇게 설레고 기대가 되는 것이다. 백제인들의 몸에는 그런 선이 흐르기 때문에 신라인들이 자기들의 불사에 굳이 백제의 장인들을 불러서 썼다. 불국사 석가탑이 그렇고, 지금은 볼 수 없는 황룡사의 구층탑이 그런 대표적인 예다.

경상도는 〈밀양 아리랑〉을 부른다. 전라도가 〈진도 아리랑〉을 부르는 것은 한려수도의 물결 리듬을 따른 것이지만, 동해의 거친 파도와 백두대간에서 내린 태백산맥 같은 굵은 준령을 끼고 사는 경상도는 말의 억양부터가 다르다. 높은 산골짜기를 휘감는 바람과, 망망한 바다에서 철썩이는 파도는 우선 그들의 말투부터를 '니캉 내캉…'하고 바꾼다는 이야기다. 그래서 〈밀양 아리랑〉도 전혀 그런 톤으로 부르는 것이다.

'날 좀 보소 날 좀 보소 날 조금 보소 / 동지섣달 꽃 본 듯이 날 좀 보소 / 아리 아리랑 쓰리 쓰리랑 아라리가 났네 / 아리랑 얼씨구 아라리가 났네 // 정든님이 오셨는데 인사를 못 해 / 행주치마 입에 물고 입만 빵긋 / 아리 아리랑 쓰리 쓰리랑 아라리가 났네 / 아리랑 어리 얼씨구 아라리가 났네.'

마지막으로 〈정선 아리랑〉이다. 산이 많아서, 아니 골짜기가 많아서 그렇겠지만, 토박이 강원도 사람들은 소리를 했다 하면 으레 돌 살에 긁히는 여울물 소리를 끌고 나온다. 그들 목구성이 내는 여울지는 물소리는 강원도 사람만의 특유의 것이다. 타지 사람이 아무리 〈정선 아리랑〉을 잘 한다 해도, 돌 살에 긁혀서 넘어가는 여울물 소리가 없는 한 그 소리는 어쩔 수 없는 낙제점수다.

'눈이 올라나 비가 올라나 억수장마 지려나 / 만수산 먹장구름이 막 날아드네 /아리랑 아리랑 아라리요 / 아리아리 고개고개로 날 넘겨주게 // 아우라지 뱃사공아 나 좀 건너주게 / 싸릿골 올동박이 다 떨어진다 / 아리랑 아리랑 아라리요 / 아리아리 고개고개로 나를 넘겨주게.'

종교와 풍토의 역학관계

말의 억양이 달라지고 민요가 지방마다 다른 것은, 산세의 호흡이 다름으로 그렇게 된다고 설명했다. 다시 말하면 자연환경의 풍토가 그렇게 결정을 한다는 뜻이다. 그런 관점으로 동·서 문화가 서로 다른 차이점을 관찰하면, 이 논리적 관점이 놀랍도록 맞아 들어간다는 것을 깨달을 것이다. 얼른 말하면 불교나 기독교 같은 세계적인 문화도 그것을 벗어나지 못 하기 때문이다. 예를 들면 예수를 인도 사람이라 하고 석가모니를 이스라엘 사람이라 한다면, 대개는 고개를 저을 것이 빤하다는 이야기다. 그것은 공자가 중국인이고, 소크라테스가 그리스 사람이라는 점에서도 매 한가지다.

이제 차분히 그들의 인물됨이 그 풍토의 소산이라는 것을 증명해보자. 먼저 예수다. 예수가 태어난 히브리 – 이스라엘 – 는 면적이 2만 7천 평방킬로미터에 불과한 땅이다. 우리나라 강원도의 크기를 조금 웃도는 국토다. 그렇게 비좁은 땅이 몽땅 초원이라고 해도, 그들 열두 지파*의 부족들을 기르기에는 결코 넉넉할 수가 없을 것이다. 그런데 그게 하필 사막의 땅이다. 내려쬐는 불볕 아래서 언제나 더운 숨을 몰아쉬지 않고는 살아갈 수가 없다. 한마디로 너무 메마르고 강팍하기 때문에 먹을 것이 적을 수밖에 없다는 말이다.

구약성서를 읽어보면 그들이 어떻게 살았는지가 한 눈에 보인다. 척박한 땅에 붙어사는 이들이 하는 짓은, 겨우 양이나 염소 몇 마리를 고단하게 지팡이로 거두는 일이다. 사막의 돌 틈서리에 여기저기 보이는 풀을 찾아서,

* 오늘의 유대민족과 아랍민족은 아브라함의 자손들이다. 이스마엘이 아랍민족의 조상이면, 이삭은 유대민족의 조상인 셈이다. 이삭에게는 야곱이라는 아들이 있었다. 여기서 말하는 열두 지파는 모두 야곱을 아버지로 해서 생겨나는 것들이다. 이들 열두 지파 중에서도 특별히 유다와 에브라임이 중요한 위치를 차지하는데, 유다 지파는 다윗과 솔로몬을 내고, 그 줄기에서 예수가 나오기 때문이다. 에브라임은 모세와 그의 후계자인 여호수아를 내고, 가나안의 비옥한 땅을 차지하여 이스라엘의 북왕조를 확립한다.

긴 지팡이를 들고 부지런히 설쳐대지 않고는 당장에 생활이 어려울 수밖에 없는, 그야말로 천혜의 형벌을 받은 땅이다. 그러다가 푼돈이 모이면 돈을 전대에 넣어서 차고 이웃나라로 장사를 떠나는 것이다. 오늘의 유대인들* 이 제 이웃을 상대로 고리대금을 하는 것은, 그 적부터 익힌 버릇이지 않고는 달리 설명할 길이 없다.

기독교가 하는 짓을 보아도 그렇다. 그들이 신의 사랑을 말하고, 예수가 원수를 사랑하라 했다고 가르치는 설교는 차치하고, 그들이 실제적으로 관심을 가지는 것은 사회적 현상에 대해서다. 누가 생산을 하고, 누가 분배를 하는가. 누가 더 갖고, 누가 뺏기고 있는가에 대한 관심이 끝까지 주가 되고 목표가 된다. 그래서 정치에 눈을 대고 분배와 권력의 구조에서 눈을 떼지 못 하는 것이며, 작은 몫으로 가난하게 사는 민초들의 삶을 보듬는 것이며, 통치자의 횡포에 분노하고 맞서는 것이다.

앞에서 풍토와 사과를 비례해서 이야기 했지만, 생산량에 비해 먹을 것이 턱없이 적은 저들 히브리에서는, 그래서 끝까지 먹는 것에 대한 관심이 클

* 2003년 9월에 뉴욕에 있는 쌍둥이빌딩이 아랍인들의 비행기 테러로 무너진 것은 세기적 사건일 것이다. 그 건물 안에 엄청난 금괴와 달러를 쌓아놓고, 아메리카는 물론 세계의 금융을 주무르던 유대인의 은행을 겨냥했다는 것은, 아랍인과 유대인이 아브라함(에브라임)의 자손이라는 점에서 여러 가지를 생각하게 한다. 돈에 인색해서 수전노를 자처하는 유대인들이 고리대금으로 살아가는 이유를, 유럽의 어느 나라도 자기들에게 살아갈 땅을 허락하지 않으므로 방법이 없어서 그렇다고 한다는 것이다. 그러나 유대인이 가는 곳에는 반드시 그 나라가 망하게 되는 철칙이 있어서 어느나라도 국토를 허용하지 않고 있다. 옛 이집트가 그랬고, 바빌로니아가 그랬고, 로마 역시 유대인들의 이간질로 망했던 것이다. 지금도 세계의 모든 나라에 전쟁을 부추겨서 무기장사를 하는 것은 유대인들이다. 그들은 결코 가깝게 할 이웃이 아닌 것이다.

수밖에 없다. 유대인들이 고리대금으로 살아온 것이나, 그 유대가 지금 세계의 금융을 쥐락펴락 하는 것이나, 수전노 소리를 듣도록 돈에 악착한 것 등은, 모두 그들의 풍토조건이 천형적으로 나쁜 데에서 기인하고 있다는 말이다.

다음으로 불교가 나오는 인도와 석가모니에 관해서다. 인도는 본래 먹을 것이 문제되지 않는 풍토다. 간지스의 젖줄이 실핏줄마냥 깔린 힌두스탄은 3백만 평방킬로미터가 넘는 초원이다. 그 땅에서 나는 엄청난 양의 먹을거리 자원은, 한 번도 그곳 사람들에게 궁핍을 겪거나 다투게 한 일이 없을 만큼 충분했다. 말하자면 밥은 열 그릇인데, 먹을 입은 서 너 사람에 지나지 않았던 것이다. 소유와 분배에 비상한 관심을 가지는 기독교와는 달리, 팔만대장경을 다 뒤진다고 해도 먹고사는 이야기가 비치지 않는 것은, 그것이 문제가 되지 않았기 때문이다.

대신 그들이 문제를 삼는 것은 언제라도 인간의 구원에 관해서다. 아득한 베다 시절부터 그래 왔다. 그리고 그 구원을 외부나 밖에서 찾은 기독교와는 달리 인간의 내면에서 찾았다. 이것은 오직 깨달음에다 방점을 두는 불교가 증명하는 대로다. 흔히 서구문명이 돈을 중심으로 하는 정신에서 번창했고, 그래서 인생의 목표를 잘 먹고 잘 사는 기름진 행복에 두었다면, 몸뚱이를 기름지게 먹여 살리는 것이야말로 어리석음이라고 치부하는 것이 바로 불교의 핵심이다. 동시에 이것은 힌두스탄의 정신이기도 한 것이다.

공자가 태어난 중국이라는 나라도 먹을 것이 문제되지 않는 땅이다. 당장에 31만 평방킬로미터가 넘는 호북 평원에서 쌀과 밀이 쏟아지는 덕분이다.

밥은 열 그릇인데, 사람은 늘 대여섯에 불과하다. 그러니까 너 댓 그릇이 항상 남아도는 셈이다. 그것은 전쟁의 역사에서 드러난다. 밥은 언제나 남아도는 형편이라 밥을 다투는 전쟁이 없었다. 먹을거리가 적어서 전쟁을 일으키는 서양인들과는 판이하게 상황이 달랐던 것이다.

먹을거리가 적은 서양에서는 다툼질의 원인이 언제나 먹을 것을 위한 것이었다면, 동양에서는 도덕적인 명분을 위해 전쟁이 발발했다. 임금 된 자가 주색에 빠져서 백성을 돌보지 않는다거나, 제사의 격格이 예법에 맞지 않았다고 할 때 그것이 전쟁을 일으키는 명분이었던 것이다. 그것은 패전국에서 취하는 전리품에서 나타난다. 서양인이라면 물자를 몽땅 털어오고, 패전국의 국민을 아예 노예로 삼는다. 그것을 당연하게 알았다. 발에다 쇠고랑을 채우고, 채찍을 들어서 생산업을 돕게 만드는 것이다. 그리고 그 생산된 것들을 탈취했음은 물론이다. 서양인의 역사에 '노예경제시대'가 등장하는 것이 그것이다. 그러나 동양은 기껏 제기祭器를 몰수하는 것에서 그쳤다.

중국에서 전쟁을 많이 한 것은 춘추시대春秋時代를 잇는 전국시대戰國時代였다. 전쟁을 얼마나 했는가 하면, 252년 동안 178개의 나라가 무려 450회의 전쟁을 치른다. 그러나 먹을 것을 놓고 싸운 것이 아주 없는 것은 아니지만, 대개는 명분 때문에 싸웠다. 그 명분에 걸맞게 가장 자존自尊이 되는 제기를 들고 온 것이다. 이 제기라는 것이 간단하지가 않다. 그 때 사람들 생각으로는 하늘에 제사지내고 조상제사를 받드는 것이 무엇보다 큰일에 속했다. 나라를 세워도 나라의 제사 터를 마련하고야 건국을 서두를 만큼 제사는 각별한 행사였다. 밝달나라가 신시神市라는 제사 터를 두었던 것처럼, 신시라면 곧 밝달나라를 상징했다. 그래서 자존심을 짓밟는 행위로 제기를 몰수했던 것이다. 제기를 빼앗긴 국가는 마지막 자존을 빼앗긴 거나 한가지였다. 그래서 와신상담臥薪嘗膽의 이齒를 갈고, 제기를 찾아야 했음은 물론이다.

서양에서는 패전국을 노예로 삼았다면 동양은 오히려 그 반대였다. 패전국의 국민에게는 오히려 세금과 부역을 면제하고, 충신과 효자를 표창했다. 사람의 도리인 예禮를 끝까지 실천하는 것이 옳다고 판단했던 것이다. 이것은 그들의 정치가 덕치德治였음을 뜻한다. 덕치는 하늘의 뜻을 따라서 정치 행위를 하자는 생각이다. 하늘의 뜻을 따랐기 때문에 늘 제사를 모셔서 정성을 다했고, 혹시 모자라는 행위가 있어도 제사의 정성으로 보상을 받으려 했던 것이다.

이렇게 동양과 서양의 판도가 확연하게 다른 것은, 생명을 이해하고 받아들인 태도나 자세가 근본에서 달랐다는 이야기다. 서양인은 오직 사람뿐이다. 그것도 들판에 홀로 선 사람이다. 그는 언제라도 혼자 생각하고, 혼자 결정하고, 혼자 행동한다. 물론 그들도 신에게 기도하고 그 신에 의지한다는 것을 모르지 않는다. 그러나 따지고 보면 그 신이라는 것도 한때의 애니미즘이나 토템이즘의 버릇에서 크게 벗어나지 않는 관념이다. 다시 말해 애니미즘과 토템이즘의 연장선상에서 지금도 머물고 있다는 이야기다. 곰곰이 따져보라. 그렇지 않은가?

그러나 동양은 다르다. 사람을 삼라만상의 중심에다 세우고는 있지만, 그 사람은 혼자가 아니다. 늘 삼라만상과 함께 있고, 만물은 땅의 숨결과 더불어 있는 것이며, 땅은 하늘과 함께 있다. 한마디로 사람은 천지와 함께 하는 존재라는 말이다. 하늘과 땅으로 더불어 있는 것이 사람이다. 이 문제는 이쯤 해 두자. 뒤에 다시 펼치게 되어 있어서다.

공자를 말하다가 이야기가 빗나왔다. 공자의 가르침인 유교를 두고 흔히 종교가 아니라고 말한다. 종교는 사람의 완전한 살림을 위한 도덕에서 나온 학문이다. 그 학문이 신으로부터 나오지 않았기 때문이라는 주장인데, 그 기준은 서양인들이 정한 것이다. 그러나 종교의 참 뜻이 무엇일까? 꼭 신이 등장해야 종교일 수가 있는가? 그렇지 않다. 글자로 보면 교학敎學의 종가宗家를 가리킨 말이 그대로 종교宗敎다. 무슨 뜻일까? 사람만이 종교를 가지는 것이어서이다.

사람의 살림에는 짐승 하고 달라서 두 가지가 있다. 짐승에게는 육신뿐인데, 사람은 두 가지라는 뜻이다. 정신 살림과 육신의 살림이다. 먼저 육신이 있으니까 의식주를 필요로 한다. 그것을 위한 학문이 있는 것이다. 농학이나 수산학 등을 포함한, 먹고살기 위해서 준비된 일체의 실용학문이 이에 속한다. 그런가 하면 정신 살림도 있다. 문학이나 예술은 정신적 살림이지만 철학이나 역사학도 정신 살림 분야다. 이 두 가지 살림을 종합한 것이 종교인 것이다.

공자 이후 2천 년이 넘도록 유교 살림을 해온 것이 중국인들이다. 그렇다면 그동안 중국은 공산주의처럼 종교가 없는 사회였을까? 아니다. 그들이 하늘의 뜻을 따르고, 그 하늘에 제사를 모셔왔다면 이미 훌륭한 종교생활을 해온 셈이다. '내 앞에 다른 신을 두지 말라'는 야훼의 율법을 따라 인간 이외의 모든 신과 정신적인 것들을 무시해온 기독교보다는, 오히려 훈훈한 인간적인 체온이 느껴지는 훌륭한 종교라고 할 수가 있다. 그 유교의 뿌리는 원래 바이칼 민족의 『천부경』에서 나온 것이다. 이것도 뒤에서 펼쳐질 문제다.

다음으로 살필 것은 소크라테스를 배출한 그리스 풍토에 관해서다. 지금까지 살펴온 공자, 석가, 예수가 모두 그들 풍토의 사람이었듯이, 소크라테스 역시 어쩔 수 없는 그리스 사람이다. 먼저 풍토의 조건부터 살펴보자. 그리스는 면적이 13만 평방킬로미터 남짓한 땅이다. 초록색 들판은 해안선을 따라 그려지는 약간이다. 그리고는 국토의 대부분이 핀두스 산맥이다.

그러나 지중해에서 불어오는 바람의 조건이 달랐다. 그것은 같은 지중해 연안인데도 사시사철 더운 바람을 마시고 살아야 되는 예수의 이스라엘과는 풍토가 현저하게 다른 것이다. 이스라엘은 항구도 없다. 항구라고 하면 겨우 낚싯배를 묶어둘만한 포구가 기껏이지만, 그리스는 큰 배를 정박할 수 있는 항구가 충분했다. 더욱이 지중해에서 불어오는 바람의 영향이 매우 특별하게 닿는 축복의 땅이었다.

풍토風土의 조건은 무엇보다 바람이 우선이다. 바람으로 생명이 숨을 쉬는 탓이다. 그 풍토에서 미려한 바람을 맞이하는 덕분에 아름다운 그리스 미술품과 철학이 쏟아져 나올 수가 있었던 것이다. 오늘 서양문명이 그리스에서 출발하고 있다는 것이 학계의 정설이듯, 서양철학도 그리스에서 출발된다.

흔히 최초의 철학자로 아리스토텔레스를 꼽고, 그의 스승이었던 플라톤을 철학의 창시자로 친다. 그러나 플라톤이 소크라테스의 영향을 받았다면, 소크라테스는 디오게네스를 뿌리로 삼아야 할까? 아무튼 그리스 땅에는 이런 인물과 사상가들이 즐비했다는 것을 말하자는 것이다.

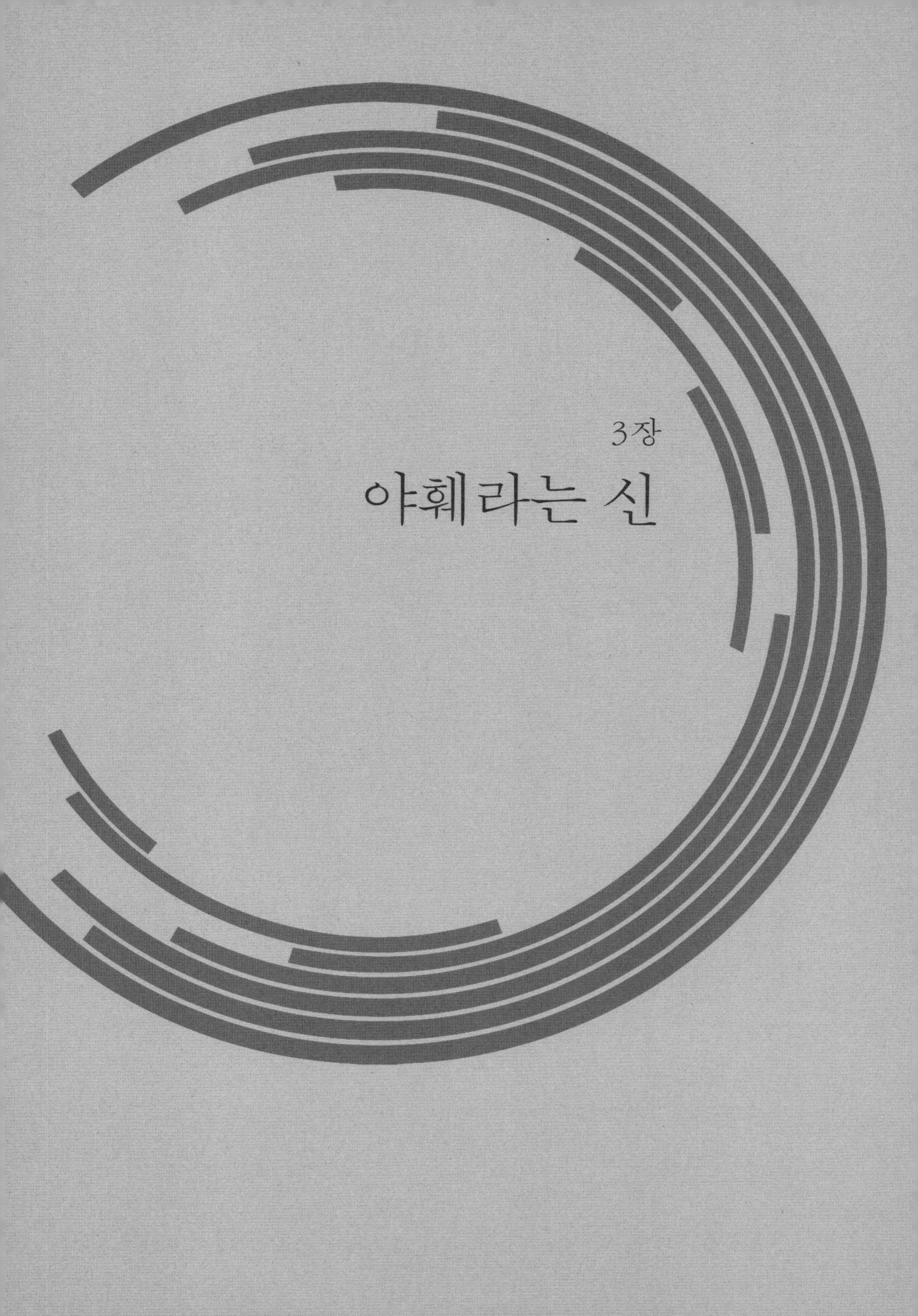

3장

야훼라는 신

야훼라는 신

서양의 충돌

지금의 지구촌은 동양문명과 서양문명이 뒤섞이고 있어서, 콩이니 팥이니 따질수가 없도록 판이 돌아간다. 마치 산골에 흐르는 시내물이 냇물로 합쳐지고, 냇물이 흘러서 강물로 흡수되다가 마침내는 바다로 흘러들 듯이, 원시의 씨족이 부족사회가 되고, 부족이 커져서 민족이 되고 국가가 되어서, 각자의 울타리 안에서 국가살림을 경영해온 것으로 말해질 수가 있다. 그러나 그 국가의 그물도 찢어져서 드디어 쓸모가 없게 되는 날이 있었다. 인류의 진화를 따라 사회도 차차로 자라온 것인데, 최후의 국가라는 그물을 찢은 것이 어느 때쯤일까?

1·2차 세계대전을 치르고 나서다. 국가라는 그물은 찢어졌지만, 흐르던 물들은 아직 강물로 흐르고 있었으므로 바다에 닿은 것은 아니었다. 그 강물은 자본주의와 공산주의라는 이념을 지키고 있었기 때문이다. 그 기간이 대개 한 세기 남짓을 계속했다. 그러다가 공산주의가 무너진다. 두 개의 이념 중에 하나가 무너졌으므로 남은 이념이 승리를 했어야 옳은데, 자본주의에서는 이겼다는 말이 없다. 이겼다는 소리보다는 오히려 자본주의 자체를

비판하는 자성의 목소리가 끊임없이 흘러나오는 중이다.

마침내 강물이 바다에 닿은 셈이다. 그러나 그 바다는 아직 혼돈의 상태다. 혼돈의 상태인 것은 강물이 진정으로 바다에 융화되지 않았다는 증거다. 강물이 아직 융화를 거부하는 것은 제 개성을 강조하기 때문이고, 그 강물에 흡수된 냇물과, 냇물 속에 흘러든 시냇물들의 개성이 아직 살아있는 탓일 것이다.

이 부조리한 합리를 설명하기 위해서는 그리스 신화가 필요할지도 모른다. 동서가 하나로 합쳐진 금세기 문명을 그리스가 모른다고는 안 할 것이기 때문이다. 그리스 신화는 창조도 개벽도 아니다. 개벽도 창조도 아니므로 혹시 답을 내놓을지도 모르지 않은가? 그리스 신화神話*는 이렇게 시작된다.

* 신들의 이야기가 아니다. 神은 원 뜻을 申에 두고 있다. 구름 속에서 깨지는 번개를 형상한 것이다. 있기는 분명 있는데 증거로 내놓지는 못한다는 의미다. 여기에 示가 보태졌다. 示는 제상 위에 얹힌 희생을 가리킨다. 곧 천지신명한테 제사를 드리는 모습이다. 이 示가 申과 합쳐져서 神話라는 완전한 뜻을 이루는 것이다. 가령 사람은 어머니 배 속에서 열 달을 채워야 태어난다. 그 열 달 안에 핏덩이로 엉겨서 사람이 되기까지의 진행과정이 있는 것이다. 그러니까 태초에 생명이 물속에서 태어나 처음에는 아메바에서 세쪽이가 되고, 다음에 물고기로 진화하고, 네 발 짐승으로 변해져서 양서류가 되고, 원숭이 과정도 거치고, 직립하는 인간이 되는 과정이 있는 법이다. 이것을 요령 있게 설명할 웅변은 어차피 없다. 그래서 사람은 그냥 다리 밑에서 주워온다고 얼버무린다. 어머니 가랑이 밑에서 주워온다는 말을 그렇게 하는 것이다. 마찬가지로 혈거의 인류가 역사문명으로 오는 광막한 시간을 어림하는 것도 그렇다. 구름 속에서 번개가 깨지는 것은 피차가 아는 일이다. 그것을 내놓고 증명하기가 어려울 뿐이다. 그래서 신화라고 말한다. 혈거에서 역사로 나오기까지의 과정이 그랬듯이, 어머니 태 안에 있던 소식도 어렵기는 일반이다. 그러나 신화가 그 사람들의 과거역사를 증명하는 데서는 빠질 수가 없는, 뿌리역사라는 것도 틀림없는 사실이다.

대지의 신 가이아는 창공의 신 우라노스를 낳아서 부부가 된다. 부부에게서 자식이 생기는 것은 정해진 이치다. 그런데 이 자식들이 우라노스의 눈에는 괴망怪妄하기 짝이 없었다. 우선 티탄이라는 열두 아들은 산을 집어던질 만한 거인들이었는데, 거기다 퀴클롭스 삼형제가 더해진다. 천둥과 번개와 벼락으로 일컬어지는 신들이다. 이어 백수거인 – 눈이 백 개인 거인 – 으로 불리는 괴물 셋을 더 낳는다. 꼴을 보고 있던 우라노스는 제 자식이자 형제이기도 한 이 괴물들이 무슨 짓을 할지 몰라, 가이아의 음문을 열고는 캄캄한 지옥에다 모조리 가두어버렸다. 말하자면 태어난 탯집에 다시 묻어버린 것인데 거기서 불화가 시작된다.

가이아는 가만히 있었을까? 제 몸 속에 있는 쇠를 캐내어서는 커다란 낫을 하나 만들어 시간의 신인 크로노스 손에 쥐어주면서 가만히 복수를 당부했다. 크로노스는 하늘과 땅이 한 덩이로 엉기는 밤중을 기다려서 제 아비이자 형이기도 한 우라노스의 거대한 남근을 설컹 잘라버렸다. 남근을 잘린 우라노스가 마침내 새벽하늘로 변해지면서 이제 사내구실을 못하게 된 제 운명을 생각하고 크로노스에게 한마디 예언을 남긴다.

> "아들이면서 동시에 아우이기도한 크로노스여! 이제 대지의 여신 가이아는 네 차지가 되는구나. 너 또한 내가 당하듯 네 자식에게 죽임을 당하는 운명이 될 터인즉 부디 그대의 아들을 조심하도록 하여라."

그래서 우라노스의 예언에 겁을 먹은 크로노스는 태어나는 아이를 모두 삼켜야 했던 것이다. 그러다가 대지의 여신 가이아가 갓난쟁이 제우스를 대신하여 헝겊으로 싼 돌덩이를 건넸고, 그것을 눈치 채지 못한 크로노스는 지금까지 해온 제 관행대로 돌을 삼킨다.

그것은 애초부터 소화되지 않는 돌덩이를 먹을 것으로 삼킨 크로노스처럼, 제가 삼킨 것들을 다시 토해내야 할지도 모른다. 그렇다. 시간의 신인 크로노스는 아버지이자 형이기도 한 천공의 신 우라노스를 제거하고, 그의 권좌를 대신하는 것이 운명적으로 비극이었다.

크로노스에게 삼켜질 운명이 아니었던지, 돌덩이를 대신하고 살아남은 신이 바로 제우스다. 그는 벼락을 쥐고 앉아서 올림포스를 통치하는 신들 중의 신인데, 신들 사이에 서열다툼이 생기는 것도 늘 그것 때문이다. 크로노스가 토해서 다시 세상구경을 하게 된 신들은 당연히 제우스의 윗자리를 요구했지만, 제우스는 제우스대로 자기가 아니면 그대들은 아직도 크로노스의 뱃속에 있을 것이 아니냐고 맞받았던 것이다.

여기서 신들의 서열에 끼어들어 왈가왈부로 어째보자는 생각은 한갓 망념妄念이다. 우리가 지적하는 것은 그렇게 서열로 인해서 벌어지는 신들의 불화가, 꼭 신들만의 불화는 아니라는 생각이 들어서다. 어쩌면 바다에 들어서도 제 출생지를 못 떠나는 냇물들처럼, 우리도 같은 불화를 겪는 것이 아닌가 싶어서다. 그렇다면 우리의 불화는 우리대로 해결을 보아야 할 것이다. 제가 태어난 둥지에서 어떻게 자라왔고, 무슨 독을 어찌 먹어서 그 독으로 변했는지, 어떻게 멋모르고 흐르다가 강물의 물줄기에 싸잡히게 되었는지를 되짚어 보자는 이야기다.

서양의 신 야훼

독은 처음부터 천지를 창조했다는 그들의 신 야훼에게 있었다. 아니 야훼의 속성에 내재하고 있었다. 천지만물을 자기가 만들어냈다고 큰소리치고, 기분 따라서 삼라만상 위에 군림하는, 그 철딱서니가 없는 태도가 하마 틀려 있기 때문이다.

이런 교만한 자세나 태도가 동양에는 아예 없다. 없는 것이 아니라 그런 생각 따위가 처음부터 붙여지지 않는다. 앞에서 스쳐 본 대로 '숨을 불어 만물을 만들고, 열을 내뿜어 만물의 종자를 키워내는…' 창조능력을 대신하는 삼신이나, 그 삼신의 명령을 받들어 춘하추동의 사계절이며 상하사방上下四方을 장악하는 천하대장군과 지하여장군이 오직 기氣에서 함께 출현하기 때문이다. 함께 출현하는 거기에 무슨 창조주가 있으며, 창조물이 있을 것인가. 그저 만물은 서로가 조화로 어울릴 뿐이다. 조화에는 높낮이가 없다. 높낮이가 없어서 이름이 조화이다.

그렇게 헤아릴 때 서양신의 창조는 출발부터가 모순으로 시작된다. 창조라는 말 자체가 엉터리고 틀렸다는 말이다. 창조라는 그들 말을 좇아가면서 부조리한 사건을 몇 개만 골라보자. 합리적인 이치로 본다면 성서 전체가 위험할 수 있다. 그 불합리한 점을 일일이 지적하고 고발하는 것은, 피곤하기도 하지만 역시 할 일이 아니다. 부질없기 때문이다. 경우가 그러하므로 대개의 사람들에게 회자 되는, 대표적일 수 있는 사례 몇 개만을 보자는 이야기다.

먹지 말라는 선악과를 먹고 지상으로 쫓겨난 인간－아담과 하와－이 카인과 아벨이라는 형제를 둔다. 카인은 농사꾼이 되고, 아벨은 양을 치는 목동이다. 이들이 자기들의 첫 수확물로 야훼에게 번제-제사-를 드리게 되는데, 카인은 밀 이삭을 드렸고, 아벨은 양을 바쳤다. 번제의 속뜻은 자기들의 번제물에 우선적으로 축복을 기대하기 때문일 것이다.

그러나 여기서 문제가 터진다. 야훼는 아벨의 양고기는 흠향을 했지만, 카인의 밀 이삭은 쳐다보지를 않은 것이다. 화가 난 카인은 그 일로 동생 아벨을 돌로 쳐 죽인다. 죽여 놓고 시침을 떼고 있는데 야훼의 음성이 먼저 묻는다.

"카인아, 네가 아벨을 어떻게 했느냐?"

그러자 카인이 퉁명스럽게 대답한다.

"내가 내 아우를 지키는 자입니까?"

볼멘소리가 나오는 것은, 아우를 죽인 책임이 절반은 먼저 야훼에게 있다는 뜻일 게다. 카인의 대꾸가 공손할 수 없는 것은 나름대로는 까닭이 있다고 보인다. 형제끼리 살인을 하도록 실마리를 제공한 것은 바로 야훼였기 때문이다. 천지를 창조했다는 전지전능의 신이 한 짓거리 치고는, 아무래도 공정할 수가 없어서다. 기름 냄새를 풍기는 양고기에는 환장했지만, 풋내가 나는 밀 이삭에는 접구조차 안했다면 불공평한 처사일 수밖에 없다. 속통이 좁다는 평가를 받을 만하다.

두 번째 사건은 아브라함에게 아들 이삭을 번제물로 바치라고 명령하는 대목이다. 이삭은 백 살이 되어 얻은 아들이어서 눈에 넣어도 아플 것 같지 않은 자식이다. 그런 이삭을 야훼는 당신에게 번제물로 바치라고 한 것이다. 기가 막힐 일이었다. 그러나 아브라함은 망설이지 않았다. 야훼의 충실한 종인 아브라함은 마침내 이삭을 데리고 모리아 땅에 있는 번제 터까지 간다. 거기서 칼을 들어 이삭을 막 잡으려 드는 순간, 그때까지 꼴을 지켜보던 야훼가 아브라함의 동작을 멈추게 한다. 여기까지다. 이것 이상은 본질에서 벗어나는 군더더기일 터이므로 더는 말할 필요가 없겠기 때문이다.

이 사건은 사려 깊은 아브라함의 신심信心을 의심하여, 그의 본심을 시험해본 대목이다. 그러나 우리는 이를 통하여, 제가 창조한 제 창조물을 다 믿지 못하고 의심하는 야훼의 바닥마음을 보게 된다. 역시 천지창조를 한 큰 신이 취할 행동은 아닌 것이다. 아니다. 여기서 야훼가 인간의 자유를 시험했다면, 그건 인간을 자기와 같은 급으로 대우했다는 해석이 가능하다. 그러나 그렇게 보이지가 않기 때문에 속이 얕은 질투의 신으로만 보이는 것이다.

세 번째는 '노아 방주'를 통해서 보는 야훼의 일방적인 횡포다. 노아는 인류의 시조인 아담의 10대손에 해당하는 자다. 그 10대손에 닿기까지 속 얕은 야훼는 무던히 속을 끓인다. 인간이란 것들이 자기 생각대로 움직여주지 않기 때문이다. 첫 인간 아담과 이브에게 야훼가 내려준 것은 '선택의 자유'라는 큼직한 선물이었다. 이 대목이야말로 야훼가 '창조의 신'일 수 있는, 배포 큰 아량과 정의를 실현한 유일한 사랑이었다고 칠만 하다. 에덴의 동산 가운데 '보암직도 하고 먹음직도 한 열매'는, 먹는 날에는 정녕 죽으리라고 선언된 '선악의 열매'다.

그러나 인간은 뱀의 꾐에 넘어가서 끝내는 그 열매를 먹게 된다. 먹으면 죽는다 했으나, 죽는 것이 아니라 자신들이 벌거벗었다는 엉뚱한 사실을 깨닫는다. 벌거벗은 것을 깨닫게 한 열매는, 실은 눈이 밝아지는 지혜의 열매였던 것이다. 지혜의 눈이 밝아지는 것을 두고, 하필 죽는다고 겁을 준 야훼는 거짓말쟁이이기도 하고, 범죄를 미리 막으려는 선각자이기도 하다. 그러나 그런 이야기가 아니다.

사과*를 먹고 범죄자가 된 아담과 이브는, 그 죄 값으로 하릴없이 천국의 땅 에덴에서 쫓겨난다. 그러니까 축복에서 쫓겨나는 것은 그들이 스스로 선택해서 지옥으로 간 것이라고 해석할 수 있다. 선악과로 상징되는 이 자유는, 천국을 선택하든 지옥을 선택하든 결국 '인간의지'가 결정하는, 책임이 따르는 '선택의지'였던 것이다.

이 '자유'는 신이 인간에게 준 선물이기는 하지만, 이 자유야말로 신 자신이 율법을 세워서 지켜내야 할 절대의 성역에 해당했다. 그 자유는 방종이 아니므로 절대의 책임이 따른다. 인간이 잘못된 것을 선택할 경우 야훼는 책임을 물어 죄를 줄 수가 있다는 말이다. 그러나 인간의 자유를 다칠 수가 없는 자신의 율법은, 인간이 아무리 잘못된 선택을 해도, 신은 차라리 울고 있을지언정 인간의 자유만은 영원히 다칠 수가 없다는 뜻이다. 그런데 노아 시절을 당하면서 마침내 야훼 자신의 율법을 깨고 인간의 자유를 침범하기로 든 것이다. 말할 것도 없이 이것은 있을 수가 없는 일방적인 폭력이다.

* 성서에 사과라고 밝혀진 대문이 있는 것은 아니다. 다만 남자의 목울대에 도드라진 부분을 두고 '아담애플'이라고 칭하는 것에서, 사과라는 것이 간접적으로 증명될 뿐이다. 여자는 사과를 마음 놓고 다 삼켰기 때문에 흔적이 없지만, 먹지 말라는 계율을 어기게 되는 남자는 양심의 가책으로 마지 못 해 삼키다보니 사과가 목에 걸리게 되었다는 것이다. 그러나 성서가 '보암직도 하고 먹음직도 한…' 으로 표기한 동산 가운데 있는 열매는, 사과가 아니라 포도였던 것은 아닐까? 우리의 『부도지(符都誌)』에는 지유를 마시고 살던 인간이, 지유 부족으로 포도를 먹고 탯자리를 떠나는 이야기가 있어서다. 누구의 생각으로도 포도가 사과보다는 훨씬 더 그럴 듯한 표현일 것이다.

인간을 징벌하기로 마음먹은 야훼는, 오직 신심 깊은 노아에게만 방주를 준비시킨 다음, 세상의 짐승들 암수 한 쌍씩만 방주 안으로 피신시킨다. 징벌 후에 올 세상을 미리부터 염려해서다. 그런 후에 40일 동안이나 장대비를 퍼붓는 것이다. 드디어 온 세상이 물에 잠기는 물바다가 된다. 높은 산까지 그 물에 잠긴 기간이 무려 150일이다. 살아서 움직이는 생명이 없게 된 것은 물론이다. 그렇게 성깔을 부린 후에 비를 그친다. '노아 사건'을 통해서 드러나는 것이 무엇인가. 피 창조물인 인간은 창조주 앞에서 오금을 못 펴는 나약한 존재이고, 그래서 끝까지 불안에 떨어야 되는 스스로의 운명을 안 것뿐이다. 단단히 겁을 주려던 야훼의 공갈이 제대로 먹힌 셈이다.

마지막으로 우스 땅에 사는 '욥'을 통해서 보는 사건이다. 욥은 자식도 여럿이지만 막대한 재산도 있어서 동방사람 가운데서는 가장 큰 자였다. 그가 시험에 들게 된 것은 무슨 잘못이 있어서가 아니다. 단지 욥의 신앙심을 시험해보자는 악마의 제안 때문이었다. 아무 잘못도 없는 욥은, 그래서 야훼와 사탄의 하릴없는 '시험의 노리개'로 내쳐지는 것이다. 야훼의 허락을 얻은 사탄은 마음 놓고 욥을 파멸시킨다. 그에게서 자식들을 차례로 빼앗고, 많던 재물을 빼앗고, 최후에는 건강까지 뺏는다. 그랬으면 시험에서 미끄러지고 야훼를 향해 원망을 퍼부을 만도 하련만, 그러나 욥은 역시 욥이었다. 폐허가 된 재산의 잿더미에 주저앉아서, 악창이 창궐하여 진물이 흐르는 몸뚱이를 기왓장으로 긁으면서도, 입에서 나오는 것은 저주가 아니라 야훼를 향한 찬송이었고 그리움이었다. 그렇게 시험을 통과한 욥이 전보다 배나 되는 재산으로 야훼의 보상을 받았다는 것은 이제 의미가 없다.

지적하고 싶은 것은, 아무 잘못이 없는 사람을 그렇게 지독한 시험대상으로 삼아도 좋으냐는 점이다. 또 아무 의미도 없이 단순한 시험의 제물로 죽어간 욥의 자식들의 목숨 값에 대해서다. 그들의 귀한 생명이 속절없이 살아져간 것에 대해서는 왜 아무 말이 없느냐 하는 점이다. 그리고 야훼가 인간에게 선물로 준 선택의 자유가, 사탄과의 한때 시험놀이의 제물로 전락해도 좋으냐는 대목에 관해서다. 이러고도 야훼가 진정한 사랑의 신일 수가 있는가?

살펴본 대로 야훼의 신격은, 천지를 창조했다고 내세우기에는 우리의 기준에도 턱없이 모자란다. 첫 번째 카인과 아벨의 사건을 통해서 나타나는 야훼는 그 마음자리가 공정하지가 못했다. 형제간에 살인이 생기도록 조건을 만들고 있어서다. 아브라함이 아들 이삭을 번제물로 삼으라고 시험을 보는 것은, 제 창조물인데도 속마음을 의심했다는 혐의에서 자유로울 수가 없는 대목이다. 역사를 넘어서는 큰 인품만 해도, 큰 인품으로서의 무게나 그릇이 충분히 감지되는 법이다. 말하자면 천하를 담아낼 만한 그런 위엄과 품격이 갖추어진다는 뜻이다. 하물며 세상만물을 창조한 창조주에 이르러서는 더 말할 것이 없다.

노아의 방주 사건도 그렇다. 당신의 기분에 안 맞는다고 스스로의 율법을 깨뜨리고 있다. 40일 동안이나 장대비를 퍼부어서 지상의 생명들을 쓸어버리는 거기에는, 이미 인간의 자유 따위가 보이지가 않는다. 스스로의 율법을 박살 내는데 무엇이 돌아다보였겠는가. 한갓 속 얕은 당신의 내면만 들킨 꼴이다. 욥을 사탄에게 내주어서 시험을 보게 하는 것에서도 크게 다르지 않다. 무엇보다 사람의 생명을 귀하게 여기는 야훼가, 그 생명을 한때 심심풀이로 없앴다고 하면 어찌 되는가? 욥이 악창이 창궐하여 진물이 흐르는 몸뚱이를 기왓장으로 긁고 있었다는 것을 말하는 것이 아니다. 사탄이 없앤 그 자식들의 생명은 어디다 두었느냐고 묻는 것이다.

이 대목에서 느끼는 인간의 위치는 신의 노리개나 부속물에 지나지 않는다는 사실이다. 인간에게 자유를 준 것은 신의 사랑이 틀림없이 옳지만, 가장 기본적인 인간의 생명을 가지고 악마와 도박을 놀았다는 것은, 그 야훼가 결국 인간을 노리개로 창조했다는 평가를 피할 수가 없기 때문이다. 따라서 신 앞에서의 인간은 자유에 대한 감사도 느낄 필요가 없는, 노예나 부속품 같은 존재에 지나지 않는다는 점이다. 오히려 인간을 심심풀이로 창조했다는 데 생각이 미치면, 모종의 복수심마저 치밀기도 하는 것이다.

그리스 철학

서양인들의 종교가 히브리 땅의 기독교로 통일을 보았다면, 그들의 철학은 그리스에서 싹 튼 것으로 말해질 수 있다. 결국 지중해를 중심해서 동과 서로 나누어지는 두 개의 땅에서 서양인들을 지배하는 문명이 싹이 올라와서 자란 셈이다.

같은 지중해 연안이어도 그리스와 히브리는 풍토가 다르다고 말했다. 히브리*는 벌겋게 드러난 사막에서 더운 바람이나 마시고 사는, 메마르고

* 히브리(hebrai)의 어원은 헤부루(hebrew)에서 출발한다. 사막에 몸을 붙이고 사는 사람들은 범법자를 감옥에 가두는 대신 성 밖으로 추방시켰다. 그것은 죽음으로 직결되는 감옥 이상의 형벌이었다. 그렇게 쫓겨난 자들은 성안으로 잠입해 도둑질로 살거나 굶주려 죽는 수뿐이었다. 헤부루는 성안에 있는 사람들이 그렇게 내몬 사람들을 지칭하는 말이었다. '훔치는 자' '쫓겨난 자' '도둑놈' '나쁜 놈' 이런 뜻이다. 그 헤부루들 집단이 커진 것이 히브리다.

척박하기가 이를 데 없는 땅이다. 사과는 열 개뿐인데, 먹을 입은 언제나 두 셋이 더 많다. 그에 비하면 그리스는 나은 편이었다. 역사시대 초기에 벌써 세 개의 민족이 자기들의 성안에서 살았다는 것을 보면, 그리고 서구문명이 그리스에서부터였다는 것을 보면 그런대로 사람이 살만한 땅이었음을 알게 하는 것이다.

그리스 문명이 위대했다는 것은 소크라테스와 플라톤 같은 훌륭한 스승들이 있었다는 데서 비롯된다. 특히 플라톤의 이데아 철학은 오늘 서양철학의 아버지라 해도무방할 것이다. 이데아 철학을 뿌리로 아리스토텔레스 철학이 나왔고, 그로부터 모든 서양철학은 번성해서 가지를 쳤기 때문이다. 번성해서 가지를 치기 전까지는 그들의 철학도 자연의 호흡에 기초했다는 것을 주시해야 한다. 이 부분에 조금 눈을 대보기로 하자.

플라톤의 이데아Idea를 한마디로 정리하면, '눈에 보이는 모든 것은 보이지 않는 것의 그림자'라는 말이 된다. 그러니까 자연철학이다. 그러나 육안으로 보이는 것은, 심안의 눈으로 보아야 한다는 식이다. 이것은 소크라테스가 표현했던 애지愛智의 사상에서 나온다. 평생을 '너 자신을 알라'고 가르쳤던 소크라테스의 인간 사랑과, 그리스의 첫째 덕목인 지혜가 합쳐져서 이루어낸 말이다.

플라톤의 이데아를 비판하고 나온 것이 아리스토텔레스의 철학이다. 같은 자연철학이면서도 다르게 분류되는 것은, 플라톤이 초감각적인 이데아에 눈을 댔다면, 아리스토텔레스는 인간의 감각이 직접 느끼고 감지할 수 있는 현상세계를 중시했다는 점에서 다르다. 같으면서도 다른 두 개의 사상이, 이렇듯 팽팽하게 맞서면서 균형을 유지했던 것이다.

그들 철학은 궁극적으로 인간의 삶을 중시한다. 처음에는 자연에서 출발했지만, 연구의 대상이 차차 인간으로 옮겨진다. 그러면서 영혼을 생각하게 되었고, 인간의 윤리 쪽으로 방향을 바꾼다. 그러다가 신을 말하게 되었고, '나는 생각한다. 고로 존재한다COGITO ERGO SUM'고 말한 데카르트가 등장한다. 거기서 서양철학은 플라톤 이후의 큰 전환점을 맞이한다. 그 후 다시 칸트가 합리론과 경험론을 통합하게 되고, 헤겔과 마르크스의 변증법이 나오고, 니체와 베르그송의 생철학이 나온다. 끊임없이 새롭게 변하고, 그 변화 속에서 가치를 추구하는 것이 서양철학이다.

그들 철학은 지금 이 순간에도 변하고 발전하는 과정에 있다. 그러나 아무리 발전을 꾀하고 변화해본들 결국은 철학일 뿐이다. 도토리 키 재기요, 그것이 그것이다. 플라톤의 이데아 철학이 서양철학의 아버지였다면, 중년에 와서 데카르트 철학이 조금 신통하다 할 뿐이다. 우주와 생명을 통으로 보지 못하고 언제나 쪼개고 나누어서 보는 서양인들 버릇이, 앞으로도 그러리라는 것은 거의 확실해서다.

서양철학이 이렇게 되는 까닭을 근본에서 추어보자. 그들의 철학이 처음 그리스에서 움터 유럽 전역으로 번져서 발전했다고 할 때, 그 철학은 자연스럽게 그 유럽의 풍토를 닮게 된다는 것이 나의 주장이다. 인도에서 석가모니가 나오고 히브리에서 예수가 나와서 기독교를 만들고 불교가 태어났듯, 철학이라는 문명의 학문도 그렇다는 이야기다. 지도를 놓고 유럽을 보자. 러시아의 절반밖에 안 되는 땅에 수십 개의 선들이 오밀조밀하게 국경선을 긋고 있는 것이 유럽의 형편이다.

국토의 모습이 이렇듯 세밀하고 복잡하게 분포되는 것이 벌써 아시아와 비교된다. 그 국토에 몸 붙이고 사는 사람들의 언어가 달라지기 때문이다. 언어의 특성에 대해서는 앞에서 말했을 것이다. 중국인의 고립어가 단순하게 생각이나 마음먹은 바를 나타내는 것이면, 굴절어는 말의 형태가 수시로 달라지고 바뀌면서 제몫의 이익을 놓치지 않는 언어라는 것을. 그 굴절어가 유럽인들의 언어라는 것을.

철학을 말하다가 왜 갑자기 언어가 나오는가. 모든 문화가 그 풍토의 소산이듯이 언어 또한 풍토의 산물이어서다. 철학이나 언어나 앞에서 살핀 대로 서로 풍토를 닮는다는 뜻이다. 그러니까 오밀조밀해서 먹을 것이 적게 나는 유럽 풍토는, 먹을 두고 서로 다투는 사이에 저절로 된 굴절어를 구사하면서 생활하는 것이고, 그러다보니 동양에서 같은 판이 큰 생각을 못하게 되는 것이고, 그렇게 쪼개고 나누는 것이 습관화하다 보니, 그 버릇에 따라 철학도 시절 기류에 그때그때 합류하면서 달라지고 있다는 말이다. 우주생명을 통으로 보는 동양에서는, 천체의 호흡으로 파악한 주역이 있어서 철학 노릇을 대신한다. 주역 이야기라면 뒤에 기회가 다시 온다.

4장

동양사회와 인간

동양사회와 인간

동양의 풍토

세계를 동양과 서양으로 나눌 때, 서양이라고 하면 얼핏 유럽과 아메리카를 떠올리게 되고, 동양 하면 아시아를 연상한다. 맞다. 그러나 이 자리의 동양은 오리엔트의 동방을 말한다. 고쳐서 말하면 극동을 말하고, 한문문화권의 중국과 대만, 조선반도, 일본을 가리키는 말이다.

아시아문화는 동방문화東方文化다. 한문문화를 대표하는 말이므로 토를 달 사람은 없을 것이다. 그 동방문화를 곧 한문문화라고 여기는 것은 대중의 감각이기도 하다. 그러나 그 감각은 틀려있다. 바로 볽달의 조선족이 만들어낸 문화이기 때문이다. 더 자세하게 말하면, 한문문화漢文文化는 조선족이 세운 문화요, 더 파고들면 볽달문화요, 더 깊게는 바이칼 민족의 문화다. 그러니까 한국 사람은 조선족이고, 조선족은 볽달 – 배달 – 민족이고, 볽달나라倍達國의 뿌리는 바이칼에서 첫 나라를 시작한 흔국桓國 민족이라는 말이다. 이제 그것을 설명하려고 한다.

수많은 글자창제

한문은 조선족이 만든 글자다. 더 자세하게 말하면 붉달나라 시절에 나온 글자가 한문이다. 한문 이전에 녹도문鹿圖文이 있었다. 녹도문만 있던 것이 아니다. 산목算木이 있었고, 투전목鬪佃目이 있었고, 서산書算이 있었고, 용서龍書가 있었고, 우서雨書가 있었고, 화서花書가 있었다. 그 외에도 많은 글자가 있었다. 그 풍속은 붉달나라 시절을 지나서 단군조선 시절까지 이어졌던 모양이다. 그러다가 제3세 단군왕검*인 가륵嘉勒 왕검 때 '삼랑을보륵'이란 신하에게 영을 내려, 글자들이 너무 많으므로 특별히 38자를 정선精選토록 한 일이 있었다. 그때 정선된 글이 가림다加臨多문이었다. 후에 한글의 모태가 되는 글자인 것이다.

얼마나 많은 글자들이 있었는가는 다음 글장에서 나타난다.

"경자 2년, 아직 풍속이 하나같지 않았다. 지방마다 말이 서로 틀리고, 형상으로 뜻을 나타내는 참글眞書이 있다 해도, 열 집 사는 마을에도 말이 통하지 않은 경우가 있고, 백 리 되는 땅의 나라에서도 글을 서로 이해하기 어려웠다. 이에 삼랑을보륵三郎乙普勒에게 명하여 정음正音 38자를 정밀하게 골라서 이를 가림토加臨吐라 했다."

* 단군조선에서는 왕을 단군왕검(壇君王儉)으로 불렀다. 제정일치시대였으므로 무당을 뜻하는 당골과 정치를 뜻하는 왕을 합쳐서 '당골레임검'으로 부른 것이다. 그 단군왕검들이 47대가 이어진다.

이것은 일산일수一山一水면 한 개의 나라가 있던 시절의 이야기니, 밝달나라의 풍속이었을 것이다. 그 얽히고설킨 시절의 풍속이 단군 시절까지 내림을 했었다고 보인다. 한문漢文만 조선족이 만든 것이 아니고, 동방문화 모두가 밝달문화다. 아니다. 오늘의 세계문화가 모두 우리의 바이칼에서 흘러진 문화다. 이런 주장을 하는 데는 움직일 수 없는 확고한 심증이 있어서 하는 말이다.

바이칼 동쪽에 있던 환국은 통으로 부를 때의 이름이었고, 나누어서 부르면 12연방의 나라였다. 그 땅이 넓어서 동으로는 2만 여리요 남북으로는 5만 리였다. 나라가 존속했던 기간을 7세나 되는 환인천제들이 통치했는데, 6만 3천 182년이라고도 하고, 3천 301년이라고도 했다. 어느 것이 맞는지는 알 수가 없다는 것이다. 『환단고기』에 나오는 기록이다. 어쨌거나 여기서 인류의 문명이 싹이 튼 것만은 사실인 듯싶다. 그 쪼개서 부르는 나라 이름에 수메르가 있기 때문이다. 내친김에 살펴보기로 하자. 비리국, 양운국, 구막환국, 구다천국, 일군국, 우루국, 객현환국, 구모액국, 매구여국, 사납아국, 선비국, 수밀이국 등이다. 여기서 말하는 수밀이須密爾는 그리스 문명을 배태한 수메르Sumer다.

왜 하필 바이칼에서 환국을 시작했는지는 '천지개벽'에서부터 시작될 문제다. 그러나 뒤에 기회가 있으면 그때에 하기로 하자. 지금 하던 이야기가 끊기면 판이 식으면서 달라질 수 있기 때문이다. 그런데 이런 유장한 민족이 어쩌다가 반도 안에 올챙이가 되었나? 유교 때문이다. 공자·맹자를 수입해서 그릇되게 섬기다보니 정신의 뼈다귀가 다 빠졌고, 그 결과가 성리학이었고, 성리학을 떠받들다가 왜놈의 식민지가 되었고, 거기서 친일파가 생겼고, 다시 미군정이 들어서면서 친미파가 생겼고, 그들이 보수를 자처하다가 이 꼴이 된 것이다.

역사를 잃어버린 민족

문제는 우리에게 유구한 전통의 문명이나 역사가 전해지지 않았다는 데 있다. 그 위대했던 역사와 빛나는 전통의 맥을 잇지 못하고 중간에 그만 끊긴 것이다. 역사의 맥이 끊긴 민족에게는 떳떳하게 내세울 자존이 없는 법이다. 그들은 스스로가 힘없는 민족일 수밖에 없다. 이제부터 마음을 다잡고 그 기가 막히는 역사의 사닥다리를 추어 보기로 하자.

문제의 시작은 신라의 삼국통일에 있었다. 통일을 위한 김춘추의 당나라 외교부터가 발단이다. 당나라를 찾은 김춘추는 당태종* 앞에 무릎을 꿇고 "소국이 상국에 조공을 바치고 싶으나, 인방의 나라가 길을 막고 있으니 원컨대 길을 터주소서" 하고 좁쌀 짓을 했다. 함께 데리고 간 법민法敏과 인문仁文 두 아들에게는 신라의 옷을 벗기고 당나라의 옷을 입혔다. 돌아올 적에는 당태종이 쓴 『해동사』를 가져다가 신라귀족들에게 읽힘으로써 모화의 병균을 수입해 퍼뜨린 것이다.

* 고구려를 침공했던 이세민을 말한다. 안시성 싸움에서 왼쪽 눈을 잃고 돌아간 그는 울분을 삭이면서 『해동사(海東史)』를 쓴다. 본디 자기들은 높이고 남들은 낮추는 버릇이 있는 것이 중국인들이다. 그런 것이 없다고 해도 이세민의 붓이 곱게 돌지는 않았을 것이다. 분김에 멸시와 폄하로 일관했으리라는 것은 미리 짐작된다. 그것을 가져다가 신라의 귀족들에게 읽게 했다.

삼국통일은 김춘추를 잇는 문무왕*이 하게 된다. 13만이나 되는 당나라 군대가 5만의 신라군과 연합하여, 겨우 5천의 백제결사대를 짓밟은 것이다. 그렇게 무너진 백제다. 이 지점에서 할 말이 있다. 당나라 군사 중에 설인귀薛仁貴라는 자가 있었다. 그는 고종의 총신으로 당을 떠나기 전에 고종으로부터 가만히 밀명을 듣는데, 그것은 백제의 사고를 불태우라는 령이었다.

당시의 전쟁은 지게 되면 어차피 불바다를 못 면하는 판이다. 불바다 속에서 살아남을 것은 아무것도 없다. 사고가 아니라 책 한 권도 건지지 못할 것이다. 더욱이 군사 면에서 18만대 5천이라면 지는 것이 뻔하다. 숱한 세작細作들에 의해서 하루에도 수 십 번 씩 정보가 날아오기 때문이다. 그런데 왜 고종은 안심이 안 된 사람처럼 굳이 불지를 것을 명하는가. 그것은 조선의 역사를 뿌리째 없애려는 음모에서 시작된다. 그 음모의 시작은 놀랍게도 공자에게서 내림된 것이었다.

더디더라도 공자의 「행장기」가 필요한 대목이다. 공자는 일생 동안 다섯 권의 책을 짓는다. 『시전詩傳』, 『서전書傳』, 『역경易經』, 『예기禮記』, 『춘추春秋』 이렇게 해서 다섯이다. 이 중에 역사서가 둘 있다. 『서전』과 『춘추』다. 『춘추)』**가 유명하게 된 것은 그 서슴없는 직필 때문이었다. 어떤 경우에도

* 형제 집에 불을 지르고 이룩한 신라통일은 족히 부끄러움이다. 열 번을 생각해도 답은 그렇다. 첫째 고구려의 너른 국토를 당나라에게 다 내주고 대동강 이남으로 바짝 줄어든 영토를 생각해보라. 그러면 당나라와 싸울 생각이라도 있었나? 싸울 생각은커녕 당나라 문물을 수입하는 데 더 열을 올렸을 뿐이다. 그가 호국용이 되겠다고 원력을 세운 것도, 고구려 땅에 대한 미련이 있어서가 아니다. 동해에서 기껏 노략질을 하는 왜구들을 의식해서 한 말이던 것이다.

** 은공(隱公)으로부터 애공(哀公)에 이르는 12공들이 242년 동안 통치했던 노나라의 역사서다. 동이·서융·남만·북적이라고 쓴 것은 바로 공자의 『춘추』다. 동서

명분에 맞지 않으면 죄를 주었다. 임금이고 신하고를 가리지 않았다. 그래서 천하의 난신적자가 『춘추』 앞에서 벌벌 떨었다는 고사가 전해지는 것이다.

그러나 『춘추』에는 함정이 있다. 공자 조상의 사당이 노나라에 있어서 공자가 『춘추』를 짓는다. 자기의 자존의 위해 지었으므로 남들이 알아서는 안 되는 일체를 숨겼다. 은공으로부터 애공에 이르는 242년 동안, 노나라에는 신하에게 시해 당한 임금이 다섯이었고, 쫓겨난 임금도 있었다. 그 부끄러운 사실을 미끈하게 숨긴 것이다. 그래 놓고 말했다.

"세상이 다 덕이 있다고 떠받드는 존경을 받는 사람尊者은 허물을 말해서 안 된다. 또 어질다고 소문난 현자賢者도 허물을 말해서는 안 된다. 또 제 조상親者의 허물은 드러내는 법이 아니다."

이렇게 해서 세상으로부터 쏟아질 질타의 책임에서 비켜 선 것이다. 『춘추』가 노나라의 자존을 드러내는 책이라면, 『서전』*은 중원을 위해서 썼다.

남북의 변두리 민족은 모두 문화가 없는 오랑캐들이고, 국토의 중심에 사는 자기들만 고급문화가 있대서 중원(中原)이라 중국이라 높였다. 중원이나 중국은 뜻이 같다. 세계의 중심이고 복판이란 말이다.

* 공자가 중국인의 자존을 높이기 위해서 저술한 책. 3,240편의 사료를 모아서 겨우 59편으로 정리했다. 한마디로 허위의 위서다. 그것은 '우공(禹貢)'편에서 증명된다. 요임금 당시 9년 홍수로 황하와 양자강, 회수, 한수의 물이 넘쳐서 천하가 물에 잠겼다. 우(禹)가 홍수를 막기로 들어 13년 동안 산을 수 없이 뚫고 물길을 돌려서 거친 흙탕물의 홍수를 다스리는데, 그 일은 현대판 중장비로도 힘든 작업일 수밖에 없다. 그것을 산태미와 가래로 막아냈다는 것이다. 말이 안 된다. 또 요(堯)는 천자가 아니라 작은 고을의 지방장관에 해당했다. 오늘의 산서성 림펀(臨汾)시 요도구(堯都區)가 그가 다스린 지역이었다. 요·순을 천자로 묘사한 것도 허위다.

목적이 있으므로 첨삭이 있을 수밖에는 없다. 어떤 목적인가. 중원을 높이자는 것이다. 그 중원의 자존은 하夏·은殷·주周 3대에 있다. 3대의 문화를 높이자는 것이 공자의 목적이었다.

그러나 결론부터 말한다면 『서전』은 매우 위험한 위서다. 목적에 충실하기 위하여 사실을 너무 많이 호도하고 왜곡한 것이다. 마치 제가 보고 싶은 것만 보고, 듣고 싶은 것만을 듣도록 사실을 오도하는, 오늘의 「조선일보」 같은 책이 『서전』이라고 보면 맞다. 그것은 국민의 알 권리를 제 사적인 이익과 맞바꾸는 중대범죄다. 중원을 높이려는 생각에 붙잡혀 그런 사이비 역사책을 만든 것이다.

공자가 『서전』을 지을 때 모은 자료가 3,240편이었다고 한다. 그런데 오늘 『서전』을 조사해보면 겨우 59편이 있을 뿐이다. 그 많은 사료들을 모두 폐기하고 곡해해가면서 제 말하고 싶은 것만으로 편집하고 날조했던 것이다. 공자 당시의 3대문화는 삼황오제*의 숨결이 아직 살아 있을 때였다. 시퍼렇게 살아서 중국문화 속에서 숨을 쉬고 있었으므로, 그 삼황오제를 덮는다면 천하의 선비가 입을 가리고 웃었을 것이다. 그런 삼황오제가 왜 비치지 않는가.

물론 공자는 그 대목에서 곱씹어가며 생각했을 것이다. 자기가 드러내고 싶은 것은 오직 중원의 자존이다. 그것이 자칫하면 동이족의 역사가 될 위험이

* 중국의 문명을 처음으로 일으킨 이가 삼황이고, 그 문명을 계승하고 발전시킨 이들이 오제다. 모두 붉나라 신하요 동이족의 사람이었다. 삼황오제에 다해서 처음 기록한 사가는 원나라 증선지다. 공자로부터 1천 3백 년 후의 사람인데 중국역사의 『18사략』 첫 장에 비로소 등재된다. 증선지가 아니었다면 삼황오제는 캄캄하게 묻혔을 것이다.

있었다. 그런 고민의 끄트머리가 요·순이었을 것이다. 요·순은 증선지가 처음 밝혀서 말한 삼황오제에 들어있다. 그러나 우리 쪽의 『부도지符都誌』*는, 오행법을 창시하여 부도의 법을 어지럽힌 요堯를 용서할 수 없는 인물로 평가한다. 순舜** 역시 요에게 동조하는 어리석은 인물이다. 그 요·순을 태평성대의 표상으로 만든 것도 공자였다. 『서전』에서 그렇게 만든 것이다.

요堯***가 폭돌한 인물이었다는 것은 바로 그 이름에서 나타난다. 그가 주창했던 오행법이 제왕의 법이었음을 증명하기 때문이다. 곧 금金·목木·수水·화火·토土의 오행에서 중앙에 있는 5土가 밖에 있는 다른 수에 영향을 미치거나 제어하는 식이다. 土가 곧 제왕인 것이다. 그래서 요堯는 우뚝한 대臺 위에 흙이 세층으로 겹쳐서 쌓여 있다. 세층의 흙은 당시 천자를 상징하는 궁전의 섬돌을 가리킨다. 궁전의 섬돌이 세 층이었다는 말이다.

* 신라의 눌지마립간 때 사람인 박제상(朴堤上)이 저술한 역사서 『징심록(澄心錄)』 15지 중의 첫 책. 『삼국유사』보다 840년이 앞서는 이 책에는 민족의 개벽신화가 수록되어 있다.

** 『부도지』에는 유호씨(有戶氏)의 아들 유순(有舜)으로 되어 있다. 순의 동생이 유상(有象)이다. 이로써 본다면 有는 그들의 족성(族姓)이다. 「천자문」에서 제순유우(帝舜有虞)라 한 것은 '임금 순은 有씨 성으로 虞라는 벼슬에서 출발했다'는 뜻이다.

*** 부도의 법은 천지만물에는 다 수(數)가 있다. 그 수가 1에서 9까지다. 서로 움직이고 도와서 조화를 이루는 법이다. 그런데 요가 주창한 오행법(五行法)은 중앙의 5가 다른 숫자를 장악하는 것이 옳다 하여 5를 움직이지 않는 제왕의 수라 하였다. 이것이 요의 오행법이다.

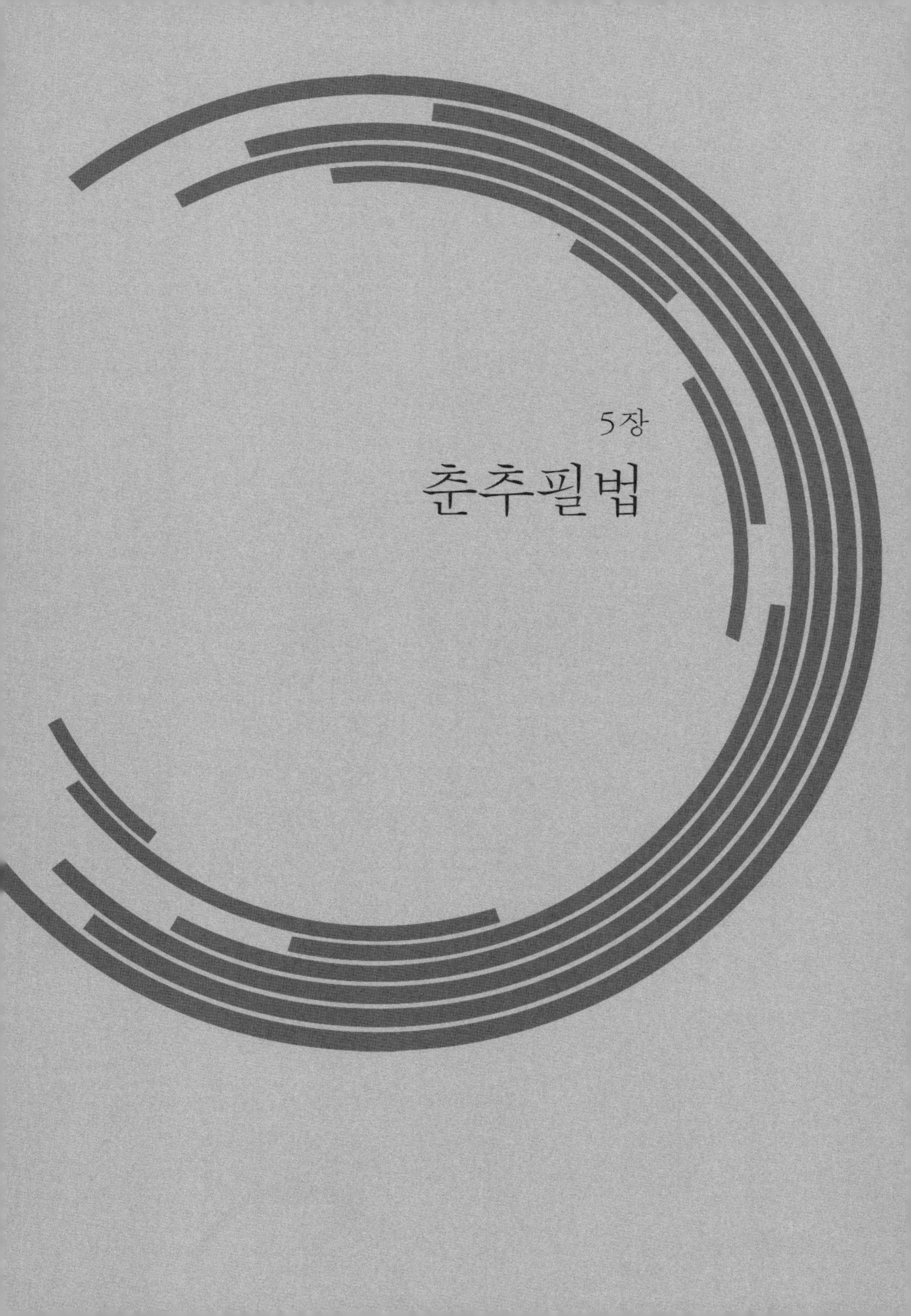

5장

춘추필법

춘추필법

역사와 자존

공자의 시절에는 역사를 쓰는 사관이 따로 있었다. 물론 공자는 사관이 아니다.그런데도 역사를 썼다. 이것은 분수를 넘어서는 주제넘은 짓이었다. 주제넘다는 것을 모를 공자가 아닌데도, 스스로 분수를 넘어서면서까지 무리한 짓을 한 것이다. 견딜 수 없는 자존 때문이었다.

『춘추』가 그렇지만 『서전』도 자존에서 엮은 것이다. 자존은 곧 자존심으로 말해진다. 자존심은 배타排他나 교만이 아니다. 다만 자기를 확립하자는 정신이다. 천지간에 나라는 것이 생겨난 이상 나 자신의 힘으로 살아간다는 강한 신념, 그게 자존심이다. 위대한 개인이나 위대한 민족은 필경 다른 것이 있어서가 아니다. 오직 자존심에서 결정되는 법이다. 공자도 그랬다. 자기라는 긍지와 품위를 남다르게 지키고 싶었던 것뿐이다. 그래서 자기뿌리가 있는 노나라를 높인 것이고, 자기들이 살고 있는 중원 땅을 자기 손으로 정리해서 세운 것이다.

그런데 우리는 어떤가? 우리에게 공자와 같은 자존이 있는가? 『춘추』와 『서전』을 짓는 그런 열성이 있는 민족인가? 물론 『서전』이나 『춘추』는 엉터리다. 그러나 그런 거짓말을 세우면서까지 자기들을 드러내는 자존심은, 특히 우리로서는 사줄만한 것이다. 그 공자의 학설이 2천 년을 넘는 세월을 중국을 지배했고, 우리의 유교는 그 공자를 섬기다가 거덜이 나게 만들었다. 땅으로 넘어진 자는 땅을 짚고 일어나라는 말이 있다. 이것은 진리다. 그렇다! 땅으로 넘어진 우리는 그 땅을 짚고 일어서야 한다. 역사를 잃어버린 민족이므로 역사를 짚고 일어설 준비를 하자는 말이다.

물론 우리에게 역사는 없다. 기록된 역사는 전쟁의 불구덩이에다 넣었지만, 그러나 아주 잃은 것은 아니다. 우리도 잊고 살았지만 피 속에 흐르는 민족의 정신이 있는 것이다. 홍익인세의 정신이다. 낯선 종교가 들어와도 내칠 줄을 모르고, 혁명의 와중에서도 약탈을 모르는 것이 홍익인간 정신이다. 이 홍익정신을 바탕으로 지나간 역사를 살피면, 거기서 앞이 보일지도 모른다. 길이 보일지도 모른다.

그 길을 찾자면 우선 반성부터 해야 한다. 반성하는 마음으로 더듬어 찾지 않으면 아무 것도 찾을 수가 없다. 이것도 진리다. 그저 반성을 위한 반성을 하자는 것이 아니다. 무엇을 어떻게 잘못했는지를 알아야 반성을 하고 참회를 할 수가 있다. 그러자면 우리가 잃어버린 것이 무엇인지를 먼저 알아야 한다. 우리는 우리가 위대한 뿌리를 가졌었다는 것을 모르고 있다. 그 뿌리부터 확실하게 아는 일이다.

민족의 창조성

개벽신화에 의하면 우리 민족은 파미르에서부터 시작되었다. 거기서 검둥이 흰둥이 할 것 없이 섞여 살다가, 천산산맥을 타고 알타이 산맥을 넘어서 바이칼에 닿은 것으로 되어 있다. 우리 민족은 천지개벽이 음악으로 시작했다고 말한다. 개벽의 시작을 음악에다 대는 것은, 무엇보다 훌륭하고 특수한 자질을 타고났다는 이야기다.

『삼국유사』에서 음악의 소양에 대해 말한 것이 보인다. 하늘에 두 개의 해가 나타나자 그 괴변을 노래로 다스렸다고 한다. 마누라가 간통하는 현장을 잡고도 도끼를 찾는 것이 아니라 노래를 부른다. 그러자 역신疫神이 모습을 나타내어 "이 지경을 당하고도 노여워하지 않으니, 진정으로 놀랍습니다. 앞으로는 당신의 형상이 있는 곳이면 결코 들어가지 않겠습니다" 했다는 것이다. 처용處容의 경우다.

산길에서 도둑떼를 만나자 경황 중에 노래를 불렀는데, 도둑들이 모두 감동해서 함께 산을 내려와 양민이 되었다는 영재永才도 있다. 이것은 노래를 부른 사람만이 아니라, 노래를 듣고 감동한 사람도 음악에 대해 알고 있었다는 이야기다. 또 뱃사람 곽리자고가 백수광인을 만나 만들어지는 〈공무도하가公無渡河歌〉도 그렇다. 마치 준비된 세트처럼 공후箜篌가 등장한다. 그 중에서도 백미는 단연코 세상의 모든 근심과 괴로움을 잠재운다는 〈만파식적萬波息笛〉일 것이다.

이렇게 음악에 대한 소양이 풍부한 것이 우리 민족이다. 음악에서 천지개벽이 되었다고 했지만, 공자도 자신의 사상체계는 예禮로 시작해서 악樂에서 매듭 된다고 했다. 타고난 바탈부터가 이렇게 예사롭지가 않은 사람들이, 더욱이 산에서 자란 것이다. 파미르에서 바이칼에 닿는 길이 모두 산이었다는 말이다.

산이 사람을 보듬어 기르는 조건은 들판과 다르다. 들이란 것은 계절이고 기상氣象이고 대개 변동이 없지만, 산은 크게 다르기 때문이다. 우선 디디고 있는 환경에서 같을 수가 없다. 들판은 단순한 평지지만, 산이라는 곳은 능선과 계곡이 언제나 끊임없이 겹쳐오기 마련이다. 거기에 당장 시시각각으로 변화하는 기상도 문제다. 우선은 쾌청하지만 언제 변덕을 부릴지 알 수가 없어서다. 불시로 앞이 안 보이도록 짙은 안개가 막아서고, 난데없는 소낙비가 퍼부을 수도 있다. 사나운 천둥소리가 까닭 없이 심장을 옥죄이게 만들고, 벼락에서 떨어진 불길이 숲을 태우면, 인간의 양심은 지은 죄가 없어도 저절로 무언가를 반성하고 돌아보게 만든다. 이런 일이 늘 일어나는 곳이 산인 것이다.

그래서 산은 사람을 거듭나게 만드는 생명의 풀무간이다. 헌쇠 도막이 풀무간에 들어가면 새 연장이 되어 나오 듯, 산은 사람을 생명의 망치로 때려서 새 사람을 만든다. 그래서 도를 닦는 동양의 수행자들은 예로부터 산을 찾았다. 도가 산에 있어서가 아니라, 산이 때리는 생명의 망치질에 저부터 달라져야 했기 때문이다. 그런데 우리는 수 만 년을 산을 타면서 산에서 자라온 사람들이다. 산마다 다른 호흡과 조건이 심장에 배이고 핏줄로 흐르면서 숫제 산이 된 민족이다.

절집에 가면 산신각이 있다. 대웅전 뒤에 산신각을 두는 것은 이 사람들이 산에서 자랐다는 증표다. 마치 집에 세대주가 있고 세대주 위에 그 집의 할아버지가 있는 것처럼, 작은 산신각이 대웅전 뒤에 서는 것이다. 그래서 대웅전에는 불교의 그림자가 비치지 않는다. 산신각은 그 자체로서가 산인 탓이다. 생명의 풀무간이라는 말이다. 석가모니도 산을 찾아서 부처가 되었는데, 거기에 무슨 입김을 넣겠는가.

그래서 우리 민족이 창조적인 것이다. 한글 같은 우수한 글자가 다 산의 정신에서 나왔지만, 고려청자나 측우기나 서양보다 2백 년을 앞서는 금속 활자나, 『동의보감東醫寶鑑』 같은 책이 다 산의 창조성에서 나왔다는 이야기다. 특히 건축물에서 보는 예술의 선이 남다른 것도 그렇다. 서양의 건축이 대표적으로 직선을 긋는다면 우리의 지붕 선은 곡선으로 표현된다.

곡선과 직선

동양과 서양의 문명이 다른 것은 한마디로 선에서 결정된다고 할 수가 있다. 서양이 직선적인데 반해 동양문명은 곡선적이다. 이 선의 차이 역시 풍토에서 나온다. 얼른 말해 진흙을 한 덩이 개서 그 진흙으로 인형을 만든다고 가정해보자. 서양인이라면 눈도 코도 입도 저 닮은 서양인형을 빚을 것이다. 아프리카 토인들은 아프리카 사람처럼 빚을 것이고, 아시아인은 틀림없이 아시아 형태의 사람을 만들어낸다. 무심하게 하는 짓들이지만, 그들의 손에서 흐르는 선의 감각이, 이미 그것 이상은 아니기 때문이다.

그 선의 차이에서 직선적이고 성급한 서양문화가 태어나는 것이고, 부드럽고 여성적인 동양의 문화가 결정된다. 부드럽고 여린 동양문화가 성급하고 빠른 서양문화에 뒤질 것은 사실이다. 오늘 서양문화가 지구촌을 덮는 것은 비단 헌법의 기초에서만 그렇다는 것이 아니다.

대체적으로 서양의 기류가 사람들의 풍속 전반에 흐르는 것이 사실이다. 예전 같으면 아파트 같은 집에서 산다는 걸 꿈도 꾸지 못했을 것이다. 그저 터를 고르고 나무를 깎아서 짓는 초가집이거나, 형편이 좋으면 기와집에서 살게 마련이었다. 그러던 사람들이 너 나 없이 아파트에서 살고 있다. 길바닥에 아스팔트가 깔리는 것도 색다른 풍경에 속한다. 그 아스팔트로 포장된 길을 자동차가 달린다. 역시 예전 같으면 말을 타거나 두 다리로 걷거나 가마를 타는 것이 고작이었을 것이다. 이 모든 것이 성급한 문화가 미친 덕분이다.

뿐이 아니다.로켓이 우주로 날아가고, 그렇게 사람들의 희망도 커졌고 배포가 커진 것도 서양문화의 영향이다. 지구촌 구석구석이 그것에서 벗어나지 않고 골목골목이 그런 바람으로 넘쳐난다. 모든 것이 그들의 과학으로 이루어졌고, 과학의 성급함으로 이루어낸 것들이다. 그렇게 풍요로움이 넘치고 있다.

육신의 살림에서만이 아니다. 정신면에서도 부족한 것은 없다. 육자배기나 판소리라야 소리예술로 치던 민중이 유행가에 차츰 귀를 기울였고, 그렇게 다시 유행가가 굴절하면서 변천하게 되었고, 드디어 텔레비전에 맛을 들이면서 절정으로 치닫는다. 보는 문화도 시절 따라 달라진다. 달라지는 것에 변화가 생기고, 속이 깊어지는 것도 자연의 질서다. 컴퓨터가 나오자 모든 것이 믿어지지 않을 만 큼 빠르고 엉뚱해졌다. 주머니 속의 휴대전화기로 사진을 찍는 것쯤은 이제 신통할 것도 없는 세상이다.

그러는 동안에 달라지는 것이 있다. 숱한 정보가 쏟아지고 그 정보를 줍다보니, 미처 소화하지 못하는 정보는 늘 있게 마련이다. 소화하지 못한 정보를 해석하고 소화하느라 딸리고 모자라는 지식은 정신이 흐려질 수밖에 없게 되고 몽롱해지는 것이다. 도대체가 뒤죽박죽이니 옳고 그르고 판단이 안 선다. 정신의 뿌리가 뽑힌 사람들은 자기가 앉아 있는지 서있는지조차 모르고 허둥댄다. 그야말로 망가진 세상에서 살고 있는 꼴이다. 정신을 못 차리는 혼돈이다. 문제는 사람들이 이 혼돈을 감지하지 못하는 데 있다. 그게 직선문화의 세상이다.

그러나 곡선문화라면 이야기가 달라진다. 느리고 부드러웠으므로 서두르지 않을 것이다. 침착한 여성을 닮았으므로 서두르지 않는다. 그 부드럽고 여성스러움은 직선적이고 거친 남성의 기질을 쉽게 포용해서 녹여버리는 특성이 있다. 그것이라면 이런 혼돈현상이 빚어지지 않았을 것이다. 혼돈을 맞는 대신에 너그럽고 여유 있는 생활을 하고 있을 것이다. 그러나 이렇게 풍족하고 넘치는 데에 까지는 이르지 못했으리라는 것도 미루어 알 수 있는 일이다. 오늘 아프리카나 아마존 밀림에 사는 원주민들의 생활에서 우리는 그렇다는 것을 읽는다.

반드시 아마존 밀림과 아프리카 토인이 아니어도, 우리는 주변에서 가끔 그런 여유를 가진 사람들을 발견하게 된다. 휴대전화 가지기를 거부하고, 가지고 있어도 전화기의 기능을 다 몰라서 통화에만 겨우 매달리는 사람들이 있다. 문자를 어떻게 보내고 받는가를 아직도 모르는 사람들이다.

그런 사람 중에 일모一毛 조영호趙泳鎬*가 있었다. 대학도 나왔고 필명도 있었는데, 나하고 속리산 토굴에 사는 중에 성남에 사는 아내가 이사를 한 일이 있다. 단독주택에 살다가 아파트로 옮겼으므로 엘리베이터를 타야 했다. 그런데 그것 탈 줄을 몰라서 이틀을 두고 제집을 걸어서 드나들었다는 것이다. 비교적 말이 적었으나, 쓸데없는 말은 없는 편이었다. 그는 묵객답게 옛 역사나 고사성어에 능했다. 나는 타인과 그를 비교해서 말할 경우 곧잘 이런 표현을 즐겼다.

* 내 지인이다. 신석정(辛夕汀) 선생의 손때 묻은 제자로 시인이자 서예가였다. 만해선사를 기리는 만해재단에서 한국에서 제일 큰 종을 만들어 놓고, 한문과 한글을 섞어 쓸 서예가를 찾을 때 뽑힌 사람이다.

"엘리베이터를 탈 줄 모르는 일모는 그래도 들을 말을 하지만, 엘리베이터 잘 타고 다니는 사람들한테서는 들을 말이 없다."

하필 내 친구 이야기를 왜 하는가? 이런 사람들한테서는 항상 여유를 느낄 수가 있어서다. 달걀이 제 껍질을 다 채우지 않는 공간을 두기 때문에 병아리를 깔 수 있듯, 그들한테서는 그런 여유가 발견된다. 복잡하지 않고 단순한 두뇌의 소유자에게서만이 느끼는 특징이다. 주역은 논리가 간단하고 쉬운 것이 천하의 이치라고 주장한다.

"단순하고 간편하면 질박하고, 질박하면 알기가 쉽고, 알기 쉬우면 따르기 쉽고, 따르기 쉬우면 통하게 되고, 통해지면 친하게 되고, 친하면 오래할 수 있다. 그래서 큰 공적을 이루는 것이요, 크고 오래하는 것이 현인의 덕이다. 다시 크고 오래할 수 있는 것이 현인의 일인 것이니, 쉽고 간편한 것이 천하의 이치다. 천하의 이치를 얻어서 만물은 제자리를 지키는 것이요, 그렇게 적중할 뿐이다.(乾以易知 坤以簡能 易則易知 簡則易從 易知則有親 易從則有功 有親則可久 有功則可大 可久則賢人之德 可大則賢人之業 易簡而天下之理得矣 天下之理 得而成位乎其中矣)"

일모뿐이 아니라 세상에는 뜻밖에 이런 사람들이 더러 있다. 한글날 텔레비전에서 뒤늦게 한글을 배우는 할머니들을 소개하는 장면이 있었다. 아직 한글을 모르는 사람들이 있는 것이다. 대개가 팔구 십 세의 할머니들이었으나, 개중에는 오륙 십 대의 어머니들도 있었다. 한글을 깨우치면서 세상이 환해졌다고들 야단이었다. 한글을 모르고 살았던 내 어머니가 아직 있었던 것이다. 그러나 그런 이야기가 아니다.

내 어머니는 무식했지만 이치에 틀리는 말은 할 줄 몰랐다. 할머니 역시 그랬다. 그분들이 사람의 경우에 어긋나거나 이치에 틀리는 말을 하는 것을 들은 적도, 본 적도 없었다. 그래서 세상이 어수선하지 않았고, 그 어른들의 품안에서 자란 우리가 세상을 정직하게 이해할 수 있었던 것이다. 말하자면 허위나 거짓말을 몰랐기 때문에 단순할 수 있었다는 이야기다. 너무 많은 지식을 축적하고 그것 때문에 거짓이 많아지는 현대판 어머니들의 세태를 보면, 오히려 무식하고 단순했던 내 어머니들의 시대가 차라리 그리워지는 것이다. 오늘 같이 쏟아지는 정보를 미처 소화하지 못하는 세태에서 느끼는 아쉬움이라는 말이다.

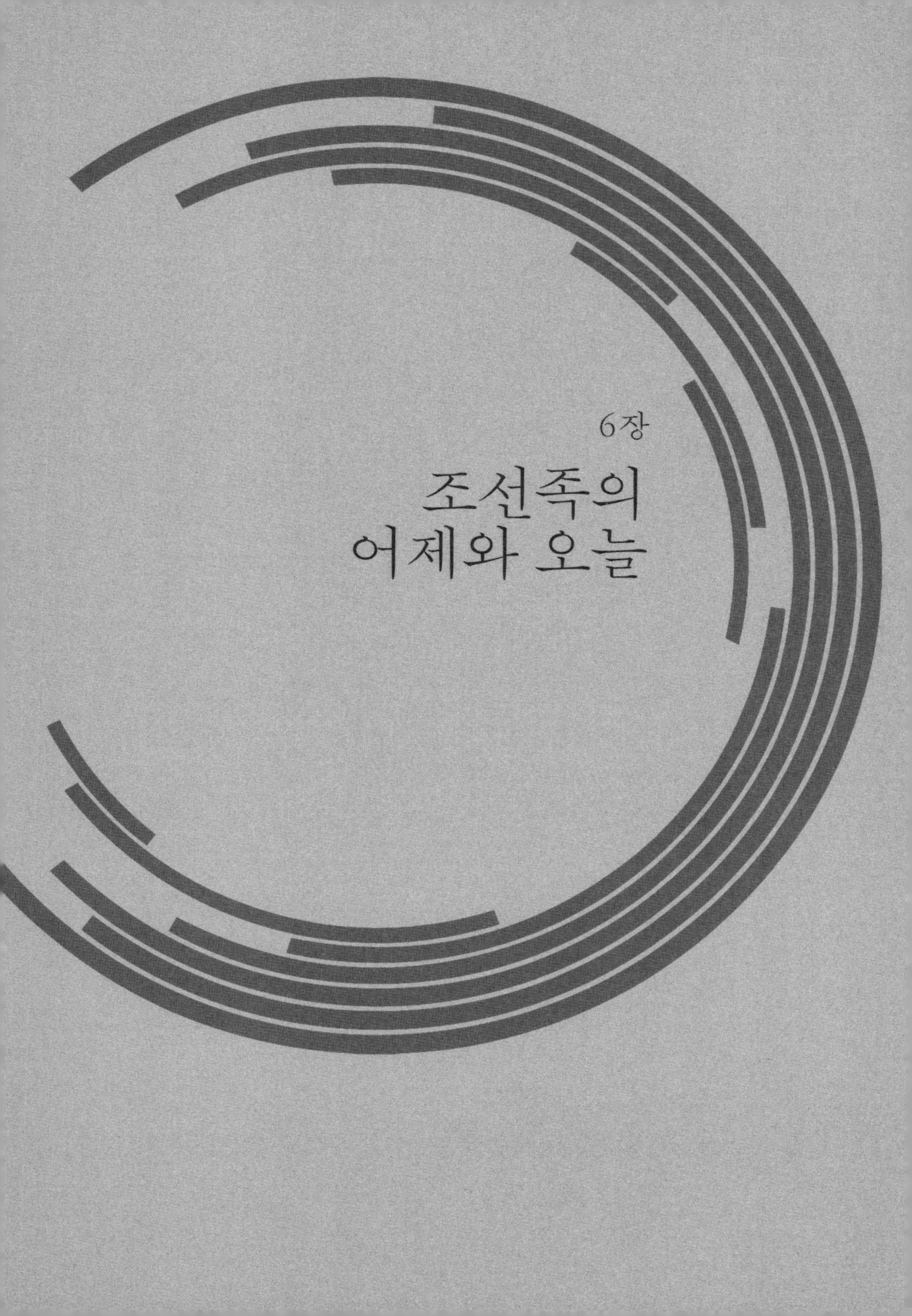

6장

조선족의 어제와 오늘

조선족의 어제와 오늘

혼돈 속의 인류

태초의 혼돈은 만물이 뒤섞인 혼돈이었다. 오늘의 혼돈은 동·서의 문명이 충돌하면서 생긴 정신적인 혼돈이다. 이 정신혼돈은 쓸데없이 지식을 축적하게 만든 지식의 과욕이 원인이다. 서구문명의 과욕이 이 혼돈을 불렀다고 할 수 있다. 왜 그런가. 서양인의 정신 밑등에는 휴머니즘이 있다. 이 휴머니즘은 하늘과 땅의 숨결을 바탕으로 한 동양의 도덕이 아니라, 기껏 인간을 축軸으로 여기는 '인간중심' 사상이다. 일찍이 플라톤의 철학이 그랬고, 아리스토텔레스가 그랬고, 이후의 모든 철학이 그것에서 벗어난 적이 없다.

서양철학은 출발이 인간의 이성理性이다. 그러다가 감성感性이 바탕이라고 바꾼다. 결국 이성과 감성은 동전의 양면인데, 그것을 헛짚은 것이다. 그것이 발전하면서 시절 따라 주장 따라 학파가 달라진 것뿐이다. 그러나 동양에는 그런 철학이 없다. 고대부터 주역*이 있어서 복잡할 수 있는 학문들을

* 주역은 하늘의 도(道)와 땅의 덕(德)의 실천을 위한 사상체계다. 그런 서책이다. 그 바탕원리는 하늘의 별자리다. 하늘의 별자리가 변하지 않는 한, 자연의 숨결인

통섭했기 때문이다. 주역의 논리가 질박해서 간편하고 쉽다면, 서양논리는 복잡하고 어수선하다.

"쉽고 간편한 것이 질박한 것이고, 질박하면 쉽게 통해진다. 통하면 저절로 친해지고, 친한 속에서 공적이 있고, 그 공적으로 덕을 삼아서 천하를 편케 하는 것이 현자賢者의 일"이라는 「계사전」의 설명은 앞에서 충분하게 살펴왔다. 오늘 지구촌의 인류 살림이 복잡하고 어수선해진 것도 직선적인 서양문화가 앞섰기 때문이라는 주장은 이제 이해가 되었을 것이다.

서양인의 관념법이 세계의 헌법이 되면서 동양도 자연스럽게 서구화하고 있다. 헌법이 국가법령으로 되었고, 그 국가법령이 사회의 모든 풍속을 간수하고 석권하기 때문이다. 동양도 서구화하면서 서양과 함께 몰락하는 중이다. 특히 한국인들이급격하게 몰락하는 것은 위험하고도 슬픈 일이다. 옛 밝달나라나 바이칼 한국의 홍익인세를 떠올리면 더욱 그럴 수밖에 없다.

무너지는 조선족

서양문명의 독에 취한 조선족의 모습은, 이제 옛날의 훤칠하고 미끈했던 시절의 모습을 찾아볼 수가 없도록 만신창이가 되고 있다. 공자·맹자의 유교를 받아들이면서부터 잘못되기 시작한 것이, 주자의 성리학을 거치는 동안 철

도덕도, 인간의 운명도, 과학도, 철학도 변하지 않는다. 과학이나 철학의 원리가 주역에 싸잡히는 것이다. 다만 철학이라 하지 않고 이학(理學)이라했다. 그 이학을 철학으로 바꾼 것은 일본이다.

저하게 망가졌다. 그러다가 섬나라 왜놈들의 통치기간에 친일파가 생긴 것, 또 미군정 동안에 친미파가 생기더니 아주 더욱 철저하게 망가졌다.

그런 민족이 왜놈에게서 벗어나는 광복을 맞고 나서, 소위 공화국이라는 자본주의 나라를 세운다. 해방의 광복이 우리 힘으로 얻어낸 것이 아니라, 변전하는 세계사의 흐름에 싸잡히다가 어부지리로 얻었다는 게 당초부터 문제이기는 했다. 쉽게 말하면 모래위에 쌓은 성처럼, 기반이 부실한 사상누각이었던 것이다. 그러니 나라 같은 나라가 어려웠다. 이승만이 세운 제1공화국은 친일파 친미파들과 함께 세운 나라였으므로 그들의 나라가 되는 것은 아무도 막을 수가 없었다. 누구로서도 어쩔 수가 없는 자연스러웠다는 이야기다.

조선의 성리학이 하던 정치 버릇은, 그렇게 이승만의 공화국으로 고스란히 대물림된다. 성리학 정치가 양반과 상놈으로 국민을 나누고, 오직 양반을 위해 정치를 했다면, 양반이 국가적 힘을 갖게 되는 것은 자연스럽다. 그 국가적 힘이 이번에는 친일파와 친미파에게로 내림 된다. 해방 후의 정치에서는 친일파 친미파가 보수保守를 자처하게 되었다는 말이다.

성리학의 양반정치는 애초부터 양반들을 위한 정치였다. 상놈은 처음부터 양반들을 위한 부속품 같은 존재들이었으므로, 내세울 인권이나 권리 따위가 없었다. 그들에게 인권이나 권리는 어디까지나 허울 좋은 명분이었을 뿐이다. 농사를 짓고 생산을 하는 것은 바닥기층의 상놈들인데, 그들은 거의가 초가 오두막에 살았고, 놀고먹는 양반은 기와집에 살면서 호의호식을 했던 것이다.

한마디로 사람이 살수 없는 세상이었고 처음부터 말이 안 되는 세상이었다. 이것은 분명 하늘의 용서가 안 되는 세상이었는데도, 그런 세상을 돌아다

보고 반성할 줄도 몰랐다. 거기에 양반들의 갖은 횡포와 수탈까지가 자심했으므로 상놈은 서양사회의 노예나 진배없었다. 그렇게 체제와 법을 만들어 놓고 나라를 경영했던 것이다. 그리고 외국과 통상하는 문을 철저히 닫아거는 소위 쇄국정책으로 일관했다. 그렇게 오백 년을 살았으니 사람의 인성人性이 철저하게 망가졌을 것은 빤한 일이다. 조선 오백년 동안 외국의 상선商船이 한 번도 들어온 적이 없었다. 그렇게 철저하게 문을 닫아걸고 자기들끼리 만족하는 양반정치를 했던 것이다. 그리고 그때 양반으로 살았던 계급이 시절이 변하니까 이제는 보수를 자처하는 것이다.

작금의 이 나라는 보수*가 망치고 있다. 그들이 전가의 보도처럼 써먹는 것은 상대방을 빨갱이로 모는 것이다. 조선 성리학 정치가 붕당을 만들고, 붕당싸움을 했던 가락이다. 제 기분에 안 맞으면, 또 마음에 안 들면 덮어놓고 빨갱이로 몰아간다. 그러면서 국가체제를 그렇게 만든 이승만을 한사코 건국의 아버지로 높이고, 박정희를 영원한 구국의 영웅으로 떠받든다. 그게 이 나라 보수들의 작태다.

그러나 진정한 보수는 독재나 재벌의 이익을 대변하자는 사상이 아니다.

* 보수의 진정한 의미가 전통을 중시하는 것이라면, 삶의 계열에서 뒤떨어진 바닥의 서민층부터 챙겨 세우는 것이 옳을 것이다. 우리의 피대 속에 흐르는홍익정신을 말하자는 것이 아니다. 서양역사의 관점에서도 그렇다는 말이다. 그러나 해방 이후의 이 나라의 보수는 언제나 독재자를 편들었고 재벌의 이익을 대변하기에 바빴다. 돈 있고 힘 있는 사람들이 보수를 자처했으므로, 힘없는 무지렁이들도 덩달아서, 보수계열에 줄을 서면서 보수노릇을 했던 것이다. 결국 엉터리보수였던 셈이다. 그들 보수는 언제나 친일파 친미파들이었고, 공산주의를 이겨야 된다는 고정관념에 사로잡혀 있었다. 그럴 수는 없는 일이다. 그래서 김일성이라면 독재보다 재벌보다 더 무섭고 용서할 수 없는, 강 건너의 저편 사람들이었다.

보수라는 확고한 이념체계가 있는 것도 아니다. 다만 인간은 매우 불완전한 존재여서 지상낙원이나 극락을 실현할 수가 없으므로, 피차가 서로 조금씩 노력하여 보다 나은 사회를 만들어가자는 생각이다. 그 앞으로 나아가는 것이 조심스럽고 어렵기 때문에 뒤를 돌아보고 전통을 중시하는 것이다.

이승만으로부터 반세기가 넘고 있다. 아니 한 세기가 가깝다. 그동안 보수들은 훨씬 지능적이고 엉터리로 발전했다. 서양정치에서 배운 정치인데도 온갖 나쁜 짓은 서양정치를 훨씬 능가한다. 오늘의 한국정치는 조선정치의 재현이다. 갈데없는 성리학 정치다. 서양정치는 민중들의 바닥에서 올라온 풀뿌리 정치이기 때문에, 그래도 민중을 위한 정치라고 할 수 있다. 그들은 민중을 늘 의식하고 또 두려워한다. 한국정치는 성리학에서 넘겨받았기 때문에 두려워해야 할 민중이 애초에 없다. 어디까지나 제 이익만을 따라 파당을 짓는다. 시절을 따라서 생긴 말로는 늘 국민을 위해서라지만, 그들 명분이나 핑계는 항상 만들 탓이라는 것을 모를 국민은 없다.

어디서부터 꼬였을까? 어느 대목에서 엇나가기 시작했을까? 이제라도 그 근본을 추어보는 것이 혹 의미가 있는 짓일까? 아니면 없을까? 힘들겠지만 근원을 한 번 추어보자.

동양에서 정치는 본래 수신이 잘 된 군자의 살림이요 대인의 행위였다. 그러니까 수신제가치국평천하修身齊家治國平天下다. 먼저 자기부터 완성하고, 집안이 다스려지면, 그 덕이 저절로 자기가 사는 고을을 넘어 한 나라에 미치다가, 드디어 온 인류를 스스로 제 몸처럼 여긴다는 말이다. 인류를 자기 하나로 여길 만큼 큰 수행자라야 했던 것이다.

오늘의 한국정치는 말을 트집 잡아서 시비 거리를 만들고, 그 시비를 뻥튀겨서 구름장막을 친다. 오늘의 국회현장이 그렇다는 말이다. 본질이 그

구름장막에 가려지면 쓸데없는 폭력의 난타전만 무성하다. 삿대질의 고성이 터지고, 그 고함과 삿대질이 다시 당리당략의 무기로 변한다. 그런 말들이 음해가 섞인 말들을 낳고, 서로 간의 폭로가 판을 친다. 방에서 들으면 시어미가 옳고, 부엌에서 들으면 며느리가 옳다. 그 말이 그 말이고, 나중에는 아무 뜻도 의미도 없게 되는, 빈 말로 다투는 실없는(!) 소리만 요란한 것이다. 이것이 오늘 한국국회의 모습이다. 이런 사회에서는 꿈도 못 꾸어 볼 것이 수신제가치국평천하의 도덕윤리다.

조선족의 변주곡

사계절의 기상은 항상 변한다. 겨울이 봄으로 오는 과정도 그 변화에서 오기 마련이고, 봄에서 여름, 그리고 가을로 가는 과정도 늘 변화과정에서 달라지고 생성이 되는 법이다. 그런 기상의 변화가 정치풍토라고 없는 것은 아니다. 느리지만 변화의 바람이 부는 것도 사실이다. 그럼에도 아직까지는 정치가 만만하다. 이런 사회풍토이므로 함부로 씹을 수 있는 것은 오직 정치뿐이다. 정치만은 누가 아무리 씹은들 어떠랴.

그런 만만한 주전부리감이 된 것은 정치가 스스로 자처한 일이다. 모두가 다 그렇다는 것은 아니지만, 부정한 수단으로 돈을 모았고, 약한 사람을 함부로 무시하고 짓밟기를 예사로 해온, 그야말로 제 수신修身부터 실패한 사람들이 모인 것이 정치판이다. 제 몸도 옳게 추스르지 못하는 사람들이, 자기가 아니면 국가도 사회도 안 된다는 구호부터 내건다. 그런 다음에는 상대후보를 내리 깎는다. 이것이 정치에 나서는 사람들이 첫걸음으로 하는 짓이다.

제 수신도 못한 주제에 상대의 뒤는 또 얼마나 캐고 드는지, 털어서 먼지 안 나는 법은 없다. 꼬투리 단서라도 될 만한 것이 나오면 결코 놓지는 법이 없다. 걸려든 단서에 덫을 놓고 그럴듯한 술수로 조이고, 더 많은 배후를 캐고, 그 사건을 중심으로 분위기를 과장해서 키우고 다른 방향으로 부풀리면서, 나중에는 중상과 모략으로 앞이 안 보이는 안개 막을 만든다. 그야말로 막장드라마를 연출하는 것이다. 성리학의 양반정치를 그냥 내림하는 중이라는 말이다. 이러니 정치가 만만한 주전부리일 수밖에 없는 것이다.

제가 아니면 안 된다고 했던 물건이 그러면 민생문제는 제대로 돌아보느냐? 서양의 국회의원들이 써먹던 말을 그냥 써먹는 처지니까, 그렇다면 의정활동도 저들 뿐으로 잘 하느냐는 말이다. 그러나 동인 서인, 대북 소북 찾으면서 당파싸움을 일삼던 양반들의 조정을 내림으로 잇는 것이 오늘의 한국국회다. 그들의 가슴에는 조선 성리학 시절의 피가 여전히 흥건하게 고여서 흐른다는 말이다. 저들의 의회정치를 시늉은 하지만 그것도 시절이 안긴 역사의 부채일 뿐이다. 의지와는 상관없이 느닷없이 등짝에 떨어진, 전혀 마음에도 없는 숙제라는 말이다.

그 숙제를 푸는 꼴들이 가관이다. 의회정치라니, 생각을 할 틈이 있었던가? 그러니까 넉넉한 여유를 가지고 차분하게 생각할 틈이 있었느냐는 말이다. 그럴 틈이 없었다. 미처 생각할 겨를도 없었고, 정신없이 휩쓸려서 경황 중에 맞닥뜨린 시절이, 어쩌다보니 민주주의 시대였을 뿐이다. 그래서 미국의 방울소리를 듣고 열심히 좇아가는 중이다. 미국을 따라 모든 것은 국민을 위해서라고 입에 발린 말을 하지만 마음속은 딴판이다.

그래서 국회에 쌓인 민생문제가 산처럼 쌓였다는 뉴스로 연일 사회가 술렁인다. 직무유기를 하고 있는 국회를 다그치는 심판의 소리인 것이다. 심판의 소리가 나오는 것은 당연한 결과다. 국회의원이라는 막중한 직분의 임무는 숫제 팽개치고 대가리가 터지는 개떼싸움을 한다. 성리학의 양반정치가 어차피 백성을 위한 것이 아니었듯, 이들 마음에도 국민은 없다. 어디까지나 자기들 패거리의 이익을 위한 정치싸움이다.

그래서 세상과 자기들의 유권자 앞에 당리당략을, 부끄러운 줄도 모르고 버젓이 내놓으면서 표면화한다. 그러나 더 깊게는 당리당략이 목적이 아니라 제 개인이익과 출세가 우선이다. 내가 없는데 당이 다 무슨 소용이냐는 생각이다. 적어도 이것은 진리다. 그래서 가족이나 진배없는 같은 당원끼리도 암투가 자심하고, 자칫 틈을 보이면 사정없이 먹히기 때문에 믿을 사람이 없다. 그런 각축의 틈새에서도 보내는 게 있으면 받는 게 있는 법이다. 주는 것이 있고 얻어내는 게 있다는 말이다. 당연히 같은 당끼리도 주고받는 암묵거래가 판을 친다.

지역구에 내려가면 국회의원을 기다리고 있는 지방민원이 수북하다. 그것도 수월하고 만만한 것이 아니다. 마음 같아서는 다 성가시고 귀찮다. 핑계를 대고 빠지고 싶은 것이 솔직한 심정이다. 그렇다고 이 문제까지를 소홀히 할 수는 없다. 표를 쥐고 있는 것은 바로 지역민들이기 때문이다. 최소한 살펴주는 시늉은 필요하다. 그래서 골치를 앓는다. 그러나 흠 잡히지 않고 빠져나가는 말은 어디서나 또 어디까지나 청산유수다. 오늘 21세기의 한국국회는 갈데없이 19세기 성리학의 양반정치 재현이다. 국민의식은 저만치 앞서가는데 국회는 2세기를 뒤쳐진 채 허덕이고 더듬거리는 것이다.

텔레비전에서 본 이야기다. 한국의 국회의원은 한 사람에게 붙는 수행인이 9명이다. 운전기사, 비서, 인턴, 보좌관 뭐해서 모두 아홉이 따른다는 것이다. 거기에 비해 소위 선진국이라는 노르웨이나 덴마크 같은 나라는 겨우 두세 명으로 족하다고 한다. 심지어는 가방을 손수 들고 자전거를 타고 출근하는 모습도 보였다.

나라는 달라도 같은 체제 같은 직급의 사람들인데, 왜 이렇게 하는 짓이 다를까? 이것은 서로의 풍속이 다른 데서 오는 차이다. 민주주의를 풀뿌리 민주주의에서 부터 키워온 저들은 그런 민주주의 정신이 아주 몸에 배었기 때문인 것이고, 양반들 정치를 바로 내려 받은 우리는 양반풍속으로 국정이고 사법이고 해가기 때문에 이런 차이가 나는 것이다.

이성계는 조선을 함께 세웠던 개국공신들에게 내리는 포상을 토지와 노비로 갚았다. 물론 등급에 따른 포상이다. 당시 토지를 세는 단위는 결結이었는데 1결은 요새 5천 100평쯤에 해당한다. 대개 1세대가 먹고 살만한 농토였다고 보면 된다. 그 토지를 일등공신에게는 많게는 220결에서 적게는 150결씩을 하사했다. 노비는 많게는 30명에서 적게는 15명이 배정되었다. 그렇게 토지와 노비를 하사받은 공신이 16인이었다. 2등 공신 11명에게는 각기 노비가 11명 토지가 1백결이었고, 3등 공신 16인에게는 토지 70결에 노비가 각각 7명이었다. 이렇게 시작된 양반정치였던 것이다. 그런 양반정치의 전통이 내림으로 유전되는 것이 한국의 민주정치라는 말이다. 오늘의 국회의원도 여전히 양반이어서, (토지와) 노비로 호강을 누린다고 하면 말이 통해질까?

사람이 만들어가는 사회인데 어차피 부탁이나 청탁은 있게 마련이다. 그러나 쳐다보는 눈들이 있고 감시하는 법이 있어서 주고받는 거래가 쉽지 않다. 그래서 거래가 은밀할 수밖에 없도록 판이 돌아간다. 되도록 사람 눈이 안 미치는 데서 봉투가 오가고 청탁을 주고받는다. 그러나 일껏 조심을 했는데도 사단이 불거지는 수가 있다. 신문이 사건을 뉴스 화하고 텔레비전 화면이 시끄럽다.

그럴 경우 사실을 솔직히 인정하고 용서를 비는 의원이나 장관은 결코 없다. 그저 아니라고만 뻗댄다. 드디어 증거문서가 나오고 상황을 담은 동영상이 공개된다. 그럴 때 대꾸를 어떻게 하느냐? 상황이나 증거가 조작되었다고 되치는 것이다. 말하자면 적반하장으로 되몰아간다는 이야기다. 말은 얼마나 잘 하는지 듣다보면 정말 그럴싸해서 헷갈리고, 나중에는 어느 쪽이 맞는지 벙벙해지는 것이다. 도대체 옳고 그르고가 선명하지 않고 애매하게 만드는 것이 동양의 도덕윤리와 다른 서양법이라는 말이다.

삼권분립의 원칙은 국가의 권력을 한 사람이 장악하는 것을 막기 위한 방법에서 생겼다. 그러나 법을 세우는 입법부인 국회가 그 모양이라면 법을 감시하는 사법부도 거기서 거기일 것은 보나마나다. 법을 해석하고 응용하는 데서 한갓 기술자로 전락한 판사나 검사는, 자기들의 전문지식을 제 보신과 이익을 위해서 쓴다. 국민이라는 무지렁이는 그들의 이익을 버는데 오직 도구가 되고 지렛대 역할을 할 뿐이다.

재판을 해본 경험이 있어서 하는 소리다. 내가 사는 가산사를 등기를 내간 자가 있어서 벌어진 사단이었다. 내 앞에 주지를 했던 대처승 아들 전쌍억이, 나름으로 법조문에 밝았는데, 그 법 논리를 이용하여 여러 사람 재산을 갈취하고 탕진해서 주변사람들의 미움을 사고 있었다. 그 전쌍억이 군청직원 박개종과 짜고 조계종 소속의 1천 3백 년 전통사찰인 가산사를 제 개인 절로 만든 것이다. 왜정 때나 있을 법한 일이 대명천지의 옥천군에서 아무렇지도 않게 벌어진 것이다. 특히 공무원이 태연하게 일을 저질렀다는 점에서 기가 막혔다. 도대체 상식이 통하지 않는 것이 이 나라 법이라는 것도 그때 비로소 알았다.

피해자를 보호하는 것이 아니라 가해자 편들기를 하는 재판은 한마디로 재판이 아니라 개판이었다. '유전무죄' '무전유죄'가 사실이었으니까. 무슨 근거에서 하는 말이냐고? 피해자인 가산사가 가해자인 전쌍억한테 돈을 천만 원쯤 주고 화해를 하라는 재판소의 권유 때문이다. 재판의 결론을 거의 낼 무렵에 '화해조정'이라는 과정에서 나온 말이었다. 분해서 참을 수가 없어 절대 그럴 수 없다고 잘라 말했는데도, 재판장이라는 사람이 다시 같은 말로 달랬다. 그것도 재판의 한 과정이라는 것이다.

경우를 따진다면 피해자가 가해자에게서 돈을 받고 가해자를 용서해야 옳은 순서다. 생각해보라. 그것이 이치에 맞지 않은가? 그러나 이런 엉터리 화해를 이끌어내면 그것이 재판장에게는 한 공적으로 계산된다는 것이다. 그래서 유전무죄 어쩌고 하는 말이 생긴 모양이다. 삼권분립은 기층에서부터 민주주의를 키워온 서양인들이나 하는 것이었지, 우리 같이 수 천 년을 양반정치로 내림해온 사람들로서는 당치가 않다는 생각이 절로 들었다. 우리는 너무 갑작스럽게 민주주의를 맞닥뜨린 것이다. 그런 국민들로서는 민주주의가 아무래도 벅차다는 생각이다.

판검사 세워서 재판을 하는 서양제도도 피가 다른 우리가 우리의 양반정치를 그대로 잇는 식이다. 조선시대는 과거시험을 보게 했지만, 오늘은 사법고시로 이름만 달라졌을 뿐이다. 임금을 상감上監이라 했고, 임금 아래 대신들을 대감大監이라했고, 대감 밑에 계급을 영감令監이라했다. 오늘의 판검사를 영감으로 호칭하는 것도 내내 그것이다. 그러니까 복잡하고 험난한 사회체제를 온실의 꽃으로 자란 철부지에게 판결을 맡긴다는 말이다. 법조문 몇 개 외워서 하는 재판은 그야말로 탁상공론이요, 뜬구름 잡는 성리학 시절의 버릇 그대로일 수밖에 없다.

서양의 경우는 10년 이상을 변호사로 재직해야 그 중에서 우수한 사람을 판검사로 뽑는다고 한다. 그만큼 판검사의 직분이 중대하다는 뜻이다. 그러나 우리는 그렇지가 않다. 사법고시에 붙으면 막 바로 판검사를 맡기는 것이다. 그렇게 관록을 쌓다가 변호사로 개업을 하면 전관예우가 따라붙는다. 다발 돈을 장만해서 전관예우변호사를 찾는 재판은 처음부터 민중을 돌아보지 않는 재판이 될 것은 너무 빤한 이치다. 문제는 개판 재판인줄 알면서도, 그런 재판이라는 걸 너무 잘 알면서도, 시비를 가릴 일이 있으면 선택의 여지가 없으므로 그 따위 재판소를 찾을 수밖에 없는 것이 국민이란 데 있다. 백성이 안중에도 없던 양반정치를 지금도 하고 있다는 말이다.

왕조정치에서 갑자기 의회정치로 달라졌어도 언론만 살아있다면 그래도 해 볼 만 한 것이 민주民主정치다. 民主라는 표현은 무지렁이 백성을 드디어 사회의 중심, 아니 국가의 중심에 세운다는 감격스런 낱말이기 때문이다. 그래서 언론의 책무는 무엇보다 인민에게 현재적인 사회적 상황을 올바르게 알려줄 의무가 있다. 동시적으로 상류지배층을 감시하고 감독할 책임이 주어진다. 언론은 사회라는 그물바닥을 간수하고 이끄는 벼릿줄 같아서, 언론의 마음먹기에 따라 국민생활의 동서남북 방향이 확실하게 정해지고 향상되는 법이다.

이제 민주주의를 하고 못하고는 언론에게 달렸다 할 만큼 언론의 책무는 막중해진 터이다. 언론이 제 노릇을 한다면 우선 종교가 거짓말을 못할 것이다. 경찰이나 검찰 권력이 폭력의 깡패 짓을 그만둘 것이고, 무엇보다 교육이 올곧은 국민의 의식지향을 따라 제 방향을 옳게 찾을 터이다.

언론은 사람 몸의 피에 견줄 수가 있다. 깨끗하고 맑은 피는 어떤 병증의 가능성도 용납하거나 받아주지 않기 때문이다. 그러나 오염된 피는 당뇨와 고혈압에서 비롯되는 각종 병들의 원인 – 病源 – 이 되는 법이다. 잘못된 언론은 언제라도 제 이익을 위해서 국민을 바보로 만들고 소리 안 나게 멍청이로 길들인다. 얼음이 뼈에 박히는 동토凍土에서도 겨울잠을 자고 살아남는 개구리는 피가 차가워서다. 그 개구리를 찬물의 냄비에 넣고 모락모락 불을 지핀다고 가정해보자. 이윽고 물이 데워져서 개구리가 살 수 없는 온도가 되어도 개구리는 여전히 헤엄을 친다. 물이 서서히 덥혀졌기 때문에 더워졌다는 사실을 전혀 눈치 채지 못하는 것이다. 개구리는 언론에 통제당하면서 길들여진 국민을 두고 이르는 말이다.

왜정 때 창간되어 왜놈의 개 노릇을 하다가 해방이 되면서는 독재자와 재벌의 이익을 대변해온 조·중·동朝中東이 그런 언론들이다. 그들 언론은 본분을 잊은 지가 이미 오래전이다. 아니 본분이 없이 출발했다. 언론 역시 조선의 양반정치에서 흘러온, 양반들의 물이기 때문이다. 그래서 사회적 상황을 올곧게 보도하는 것이 아니라 늘 왜곡으로 일관한다. 사설이고 칼럼이고 색안경을 쓰고 비틀어서 독재와 재벌의 편을 드는 것이다. 그래야 제가 챙길 이익이 있기 때문이다. 그런 양반언론들이 살아있는 한 한국사회는 억울하지만 어두울 수밖에 없다.

사람 삶의 최선 최고의 가치를 동양에서는 도덕에 둔다. 수신제가를 주장하는 것도 그것이다. 우주의 호흡을 바탕으로 자연과 인간이 합일合一을 이루는 것이 도덕윤리이다. 그러나 서양의 휴머니즘 윤리는 언제나 직접적인 쾌락을 추구한다. 여러 가지 예술과 연애의 섹스에다 삶의 가치를 부여하고 그런 기름진 행복으로 만족해한다. 자연보다 인간을 두는 것이다. 그런 관습이 아이 러브 유를 시도 때도 없이 반복하고 강조하지 않으면 안심이 안 되는 사람들이다.

옛 바빌로니아의 함무라비 법전을 추억한다. '눈에는 눈, 이에는 이를'이라는 동태복수법同態復讐法을 주창했던 함무라비는, 국민들에게 평화와 정의를 베푸는 수단으로 282개조의 법률을 제정했던 것이다. 눈을 다친 사람이 분을 앞세워 상대에게 눈 이상으로 갚기를 바라서는 안 되었기 때문이다. 그러니까 피차가 공평하게 주고받으라는 게 그들 사회의 율법이고 정의법正義法이다.

그러나 게르만족의 관습을 바탕으로 현대판 법률을 만든 서양인들은 동태복수에 훨씬 못 미치는 율법을 만들었다. 피해자를 위한 법이 아니라 가해자를 위한 법을 만든 것이다. 그러니까 약한 피해자를 보호하는 법이 아니라, 힘센 가해자를 편들고 옹호하자는 식이다. 그러니 힘을 가진 자의 횡포가 점점 거칠어지면서도, 언제든지 힘을 가진 자는 마음을 놓을 수가 있는 것이다.

동양의 도덕학인 대학은 목표가 지선至善*이다. 서양도 대학을 일컬어

* "큰 배움 길은 붉은 속알을 밝힘에 있으며, 씨알을 예뻐함에 있으며, 된 데 그치는 데에 있다.(大學之道 在明明德 在親民 在止於至善)" 이것은 함석헌의 은사 다석(多夕)

우주University라고 한다. 학문만은 전인全人을 목적하는 학문이다. 그러나 쪼개고 나누는 서양인의 관습은 결국 전인專人을 생산한다. 전문가나 기술자를 배출한다는 뜻이다. 우주적 바탕을 고작 인간의 휴머니즘에 두기 때문이다.

그런 서양교육을 받아들이고, 헌법을 받아들인 한국사회의 풍속이 서양화하는 것도 어쩔 수가 없다. '하늘 天 따 地'를 많이 배운 사람은 나름으로 군자君子가 되지만, 'A B C'를 배운 사람은 배울수록 사기꾼이나 도둑놈이 된다. 검사와 변호사가 나뉘어서 재판을 하는 법정의 풍경도 결국은 나쁜 놈을 보호하고 살리려는 사회적인 게임이다. 죄인을 체포할 때 "변호사를 선임할 수 있으며, 묵비권이 있으며, 유리한 말을 하라"고 하는 것도, 결국 죄지은 나쁜 놈을 보호하려는 말밖에 안 된다. 그것은 앞으로 더 많은 죄인을 생산하자는 수작질이다.

그런 악의 바탕에서는 착한 사람이 살 수가 없을 것은 당연하다. 애초에 그들 법은 여리고 착한 사람들을 보호하기 위해서가 아니었다. 나쁜 놈들이 마음 놓고 기승을 부리고, 더욱 활개 치도록 만들어진 법이다. 굴절어의 토양에서 만든 헌법이 그렇다는 말이다. 그들 법의 목적은 진실을 캐려는 것이 아니다. 검사와 변호사가 마주서는 재판은 순전히 말의 기술로 결정하는 옳고 그르고만 있지, 도덕적인 정의正義와 진실을 가리는 재판이 아니라는 이야기다. 그저 현란한 말따먹기 기술로 가려내는 사악한 인간적 정의定義가

유영모(柳永模) 선생의 해석이다. 여기 親民을 후세의 주희(朱熹)가 新民으로 바꾼다. '예뻐하는 것을 새롭게 한다'로 고친 것이다. 예뻐하는 것은 부자(父子)의 사이일 수 있지만, 새롭게 하는 것은 군신(君臣)의 관계다. 주희의 성리학을 숭상했던 조선이 결국 당파로 시끄럽게 된 것도 이 부분의 해석을 군신의 관계로 설정했기 때문이다.

그들 사회의 원칙이자 사회의 정의正義일 뿐이다.

도덕의 호흡이 그대로 예법이 되는 동양법은 언제나 일원론一元論이다. 확실하고 피할 수가 없는 뚜렷한 원칙이 있다는 뜻이다. 그러나 검사와 변호사가 자기주장만을 내세우는 서양법은, 주관과 객관 혹은 정신과 물질로 우주를 이해하는 이원론二元論에 머문다. 양쪽의 주장을 들어본 다음에 그럴듯하다고 여겨지는 쪽에다 낙점을 하는 판사도 그렇다. 그래서 그들 법은 어제의 검사가 오늘은 변호사가 되어도 무방한 것이다. 옳고 긇고는 말의 상황에 따라 결정되는 것이므로 언제든 변할 수가 있다. 그렇게 원칙이 없는, 그것이 그들이 내세우는 정의正義며 율법이다.

야당대표가 검찰에 자진출두를 했다. 그는 조사받는 다섯 시간 내내 묵비권으로 일관했다. 그러니까 자진출두란 것은 순전히 허울뿐이었고, 결과는 조사를 하나마나 하게 된 것이다. 그래놓고 말했다. "묵비권도 조사를 받는 한 방법이다." 그 야당대표는 틀리지 않았다. 그렇게 법을 이용해서 빠져나갈 수만 있다면 얼마든지 빠져나가라는 것이 서양법이어서다. 거기서는 도덕적 진실, 그런 결론을 말하는 자리가 아니라, 그저 오직 빠져나갈 법적 기술이 필요했던 것이다.

텔레비전에 나오는 범죄자의 얼굴은 대개가 가려진다. 아무리 범법자라도 그 인격은 보장해주는 것이 오늘 법치국가의 예의요 헌법의 한 풍속이다. 그러나 같은 뿌리의 헌법이라도 공산국가에서는 범법자의 얼굴을 당당히 공개한다. 그렇기 때문에 재범률이 훨씬 적다. 얼굴을 가려주는 자본주의에서는 흉악한 범죄자들이 무람없이 활개를 칠뿐 아니라, 출소를 앞두게 되면 사회대중이 아연 긴장부터 하는 것이다.

'광주사태'를 넘어서 대통령이 된 전두환이 마침내 쿠데타의 주역이라는 죄명으로 청문회를 당할 때였다. 그는 여느 잡범들과 한가지로 시종 '생각나지 않는다'거나 모르쇠로 일관했다. 그것을 바라보는 노인네들이 너무 어이가 없어서 탄식했다. "대통령씩이나 한 사람이 어찌 저럴 수가…" 노인들이 한숨을 쉬는 것은 전두환이 저질렀던 지난날의 범죄에 대한 미움이 아니었다. 잡범이나 진배없는 그의 비굴한 태도 때문이었다. 대장부다운 기백이라고는 전혀 없는 저런 소인배가 대통령이었다는 사실이 어른들로서는 무엇보다 창피했고, 기분 나빴고, 분했던 것이다.

아파트가 부족하다. 해마다 수 천 수 만 세대의 아파트를 짓지만 어찌 된 판인지 늘 부족하다는 아우성이다. 그런데 이 부족한 아파트를 수백 채씩 소유한 사람이 있단다. 사람이 사는 세상인데 설마 그런 말도 안 되는 엉터리가 있겠느냐 싶었는데, 텔레비전이 하는 말을 들으니 사실인 모양이다. 이재홍이란 사람은 아파트가 490채이고, 또 진현철은 594채라고 한다. 이런 엉터리가 어찌 이들뿐이겠는가? 정부가 세금을 면해주면서 집 갖기를 권장한 결과라고 한다. 이렇게 여러 채씩 독식하는 사람이 있는 한 아파트는 영원히 부족할 수밖에 없다.

드디어 문제가 생겼다. 이들한테 세를 들어 사는 가난한 서민들이 이사를 하려고 해도 돈이 안 빠진다는 것이다. 집주인들의 신상에 탈이 나서 돈을 되돌릴 수가 없어서다. 그래도 검·경은 수사를 할 수가 없단다. 집을 많이 가진 것은 범죄가 아니기 때문이다. 그래도 정부나 국회는 할 말이 없다고 한다. 그야말로 법치주의 만세! 아니 자본주의 법의 만세! 다.

대통령이 부패한 인물을 장관에 임명했다고 국회청문회가 시끄럽다가 나중에는 야당대표가 삭발을 감행했다. 그러자 야당의원들도 줄줄이 삭발에 동참했다. 치미는 분노를 그렇게 표출한 것이다. 그것을 바라본 영국의 의원들은 이해를 못했다고 한다. 국회에서 이성으로 싸우면 될 일을 두고 극한의 감정표현으로 맞서는 한국 풍토를 그들은 도저히 이해 못했을 것이다. 어떤 경우에도 감성보다는 이성을 앞세우는 냉철한 언어로 자라온 탓이다.

여당과 야당의 다툼이야말로 부질없는 짓거리다. 서로는 제가 필요한 것만을 말하고, 제 주장만을 내놓기 때문에 끝내 결론을 낼 수가 없다. 틈을 노려 흠집 내기에 바쁘고, 상대의 공적이나 공로는 무조건 싹쓸이로 무시하지만, 제 편의 이익을 위해서는 어떤 염치없는 짓거리도 마다하지 않는다. 국민이 보고 있다는 것도 안중에 없고 한갓 부질없는 말 따먹기만 무성하다.

그러다보니 있는 사실도 애써 감추고, 없는 사건도 증명하려고 애쓴다. 어쩌다가 상대방의 작은 실수가 보이면 그 기회를 놓지는 법이 없다. 어쨌든 틀림없이 낚아챈다. 단박에 기선을 잡아야하기 때문에 서슬 퍼런 말들을 가차 없이 쏟아낸다. 강하고 독한 말로 사실이 침소봉대로 한껏 부풀려지고, 그러는 동안에 감정이 섞이고, 그러다 보니 말이 점차 험악해지고 독해진다. 드디어 분수에 넘는 험한 말을 했다고 말한 사람을 고발한다. 갓 쓰고 도포 입는 행색들이 할 짓은 분명 아니다. 그러나 넥타이 매고 구두 신는 오늘의 국회의원들은 면책특권이 있어서 괜찮다. 괜찮기만 한 것이 아니라,

그럴수록 몸값이 오르고 다음 선거에서도 표를 얻는 것이다.

노무현의 논두렁시계 사건이 있었다. 대통령이 뇌물로 비싼 시계를 받았는데, 검 찰조사가 들어오자 급한 김에 논두렁에다 버렸다는 것이다. 사악한 검찰이 노무현을 옭아 넣기 위한 목적에서 만들어진 조작된 사건이었다. 창피를 견디지 못한 노무현이 마침내 자살을 선택했다. 이인규 대검중수부장은 노무현 자살을 캐려고 들면 다칠 사람이 많다며 말을 아꼈다. 호수에 돌덩이가 떨어진 꼴이었다. 잠시 파문이 일었지만, 돌을 삼킨 호수는 아무 일도 없었다는 듯이 이내 조용해졌으니까.

어떤 피해자가 가해자를 온라인에 고발했다. 분통터지는 억울함에서 한 짓이므로 당연하고 마땅했는데, 나중에는 역으로 가해자가 피해자를 고발한 사건으로 변질했다. 자기 얼굴이 공개되었다고 소위 '초상권침해' 죄를 씌운 것이다. 아무래도 주객이 전도된 것 아닐까? 또 산모가 진료를 갔다가 의사의 실수로 낙태를 했다. 그런데 태아는 사람이 아니므로 의사는 중징계를 면했다. 까짓 그 정도쯤은 괜찮다는 것이다.

아파트를 사면서 돈을 반반씩 댔고, 아내 명의로 했다. 이혼을 하게 되자 서방이 절반의 집값을 요구했다. 아내가 말했다. '내 집인데 네가 왜 돈을 요구 하느냐?' 내용과 진실은 간 데가 없고 법적 결과만 남은 셈이다. 편리로 만든 계약서! 엉터리 허위의 법!

베스트셀러 작가로 위장한 남자가 있었다. 또 탱탱볼 벤처기업으로 성공했다고 사기를 쳤다. 이제부터라도 당신 인생을 살아가라는 그의 강연회는 50대 주부들을 충분히 설레고 열광케 했다. 자기를 발견하고 노년행복을 보장하는 공동체를 만든다고 선동하면서 기부할 것을 요구했다. 다발 돈을 들고 줄을 선 사람들이, 결국에 가서는 속은 것을 알고 투자한 돈을 돌려받으려 했지만, 남자는 담담했다. '나 감옥에서 몇 년 살고 나가겠다. 나는 기부하라고 했지 투자란 말은 한 적이 없으니까.' 이런 게 정상적인 사회는 아닐 것이다. 도덕이 멀어지는 풍토에서는 머리 좋은 사람들이 이렇게 하나씩 망해가고 있다.

아무리 죄질이 나쁜 범죄자라도, 아니 막장 양아치라도 변호사를 댈 권리는 있다. 앞으로 할 짓이 범죄밖에는 없는 타고난 쓰레기도, 그런 나쁜 놈들도 돈이 있다면 얼마든지 좋은 변호사를 쓸 수 있다. 실제 다발 돈을 노려서 줄을 서는, 일급짜리 변호사들은 언제든지 충분하기 때문이다. 그게 서양법의 윤리다. 아주 권장할 윤리다.

TV 서프라이즈에 나왔던 이야기다. 어린 딸을 강간하고 살해한 의부 독일인이 있었다. 프랑스인이었던 친부는 30년 노력 끝에의부를 납치해 프랑스 법정에 세웠다. 죄를 받게 한 것이다. 그러나 친부도 10년 형을 선고 받았다. 의부 납치가 죄목이었던 것!

한국당이 국회법을 어겼다. 검찰은 당연하게 출두를 명했다. 검찰은 준법을 요구했고 야당인 한국당은 위법이 아니라고 맞섰다. 같은 법을 놓고 제 입장의 해석이 달랐던 것이다.

대체로 서양인들은 돈이면 무슨 짓이든 한다. 아무 상관이 없는 사람을 돈을 받고 살인을 해주는 청부살인의 전통이 있는 사회다. 돈보다는 양심을 바탕에 까는 동양인하고는 다르다. 그 동양인도 마침내 돈에다 영혼을 파는 막장세상이 되었다.

법관의 망치가 세 번을 치는 것은 왜일까? 어찌 세 번을 치는가? 삼시세판三時三判의 셋은 삼신의 숫자다. 하늘, 땅, 사람해서 셋인 것이다.

한 때 황소개구리가 생태계를 파괴하고 있다고 수런수런했다. 어느 만큼 시간이 지나자 조용해졌다. 통일벼*가 처음 들어왔을 때도 그랬다. 보리밥보다 찰기가 없고 거칠어서 입에 넣어도 모래를 씹는 것 같았기 때문이다. 3년이 지나자 통일벼는 여느 쌀과 다를 것이 없는 얌전한 쌀이 되었다. 마침내 토착화를 이룬 것이다. 황소개구리가 조용해진 것도 토착화했기 때문일 것이다. 외래물고기들이 우리의 호수와 강을 어지럽힌다고 법석을 떤다. 블루길과 베스가 토종물고기인 메기, 붕어, 잉어는 말할 것도 없고 땅 속에 든 뱀장어에 미꾸라지까지 닥치는 대로 잡아먹는다는 호들갑이다. 그러나 풍토의 입김은 결코 넘어서지 못하는 법이다. 그것들도 필경에는 조용해지는 날이 올 것이다. 인위의 헌법도 이렇게 자연을 닮는다면 퍽이나 좋으련만, 그렇지가 못하므로 당면한 문제들이 속속 불거지게 마련이다.

* 개량종인 통일벼가 처음 들어왔을 때는 도저히 먹을 수가 없었던 것을 기억한다. 국민이 아직 배가 고팠으므로 다수확 품종으로 통일벼를 선택한 것이다. 박정희 때였다.

국정농단의 주역인 전 대통령 박근혜가 재판정에서 이렇게 말했다. “법치를 가장한 정치보복은 나로서 마침표가 되어야 합니다.” 자기 잘못을 몰라서 한 말일까? 그러나 몰랐을 리는 없고 국민의 정서에 기대보려는 말이었을 것이다. 국민의 눈높이는 실질적이 못 되는 너절한 말따먹기 식의 서양법보다는 훨씬 인간적이고 눈물이 가까운 인간감정에 머물기 때문이다.

화성연쇄살인사건이 세월이 훨씬 지나서 전모를 드러냈다. 교도소에 수감 중인 이춘재의 DNA가 범인의 것으로 밝혀진 것이다. 그러나 이미 공소시효가 지났기 때문에 처벌을 못 한다고 했다. 열 네 번이나 살인을 했고, 그 중에 한 번은 자기 처제를 노려, 강간 끝에 그녀를 살해했던 것이다.

아흔 아홉 마리의 양보다 잃어버린 한 마리가 귀하다는 양치기의 셈법은, 보편에안주하는 다수보다 억울한 일이 없게 하려는 서양법의 정의를 말하는 것이다. 이 정의가 치우쳐서 나중에는 아흔 아홉을 벼랑으로 내모는 거짓으로 변했다. 투견의 이빨이 제 아가리보다 더 커버린 꼴이 된 것이다.

7장

홍익인간의 탄생

홍익인간의 탄생

자연의 질서

이제 이야기를 근본으로 가져가자. 이 책을 짓는 애초의 목적으로 가자는 말이다. 자연이 만든 질서에는 억지나 무리가 없다. 자연의 질서야말로 하늘이 정한 하늘의 법이다. 인간이 만들어내는 질서가 헌법이다. 이 헌법이 사회를 이끄는 기본질서가 되고 있으므로 인간사회가 시끄럽고 억지스럽게 되어간다. 자연이 만들어가는 선은 언제나 곡선인 법이다. 직선은 인간이 만든 당위라 항상 억지스러울 수밖에는 없다. 이 자연의 질서를 만드는 것이 앞에서 살펴본 삼신과 천하대장군 지하여장군이었다.

이 문장들이 말하는 것은 동양의 과학일 수 있다. 서양의 과학과는 근본이 다른 동양의 과학이라는 말이다. 앞에서 풀어가다가 필요하면 그때 다시 문제를 가져오기로 한 것을 기억할 것이다. 이제 이 문장들이 머금고 있는 오제나 오령의 순서에 눈을 대보기로 하자. 어째서 북방을 상징하는 태수太水를 흑제黑帝로 삼아, 중앙을 상징하는 황제黃帝와 태토太土에서 끝을 맺느냐다. 거듭 말하면 동서남북의 사방을 말하는 대목에서, 왜 반드시 방위의 시작과 끝을 북쪽에서 시작하여 남동서를 차례로 거친 다음 중앙 방위에서 매듭을 짓고 있는가에 대한 의문이다. 그것은 인체의 중심축이 심장이 있는 왼쪽으로 되어 있어서, 사람의 동작이 반드시 오른 쪽부터 움직이게 돼있는 탓이다.

그렇게 해서 자연은 조화를 이끌어낸다. 가령 사람은 걸음발을 시작할 때 오른 발부터 내디디는 습성이 있다. 무용수의 첫걸음도 반드시 오른발에서 시작한다. 왜냐? 지구의 자전은 왼쪽을 축으로 해서 바른쪽으로 돈다. 이것이 천체의 리듬이다. 그래서 지구에 갇힌 생명들은 지구자전의 방향에 따라 제 동작을 빚어낸다. 수수깡을 타고 올라가는 나팔꽃 덩굴이나 소나무에 감기는 칡넝쿨이 하나 같이 왼쪽에서 오른쪽으로 감기는 것이 모두 그 이치를 따른다는 이야기다.

지구의 공전만이 아니다. 은하계를 떠도는 태양계의 호흡도 그렇고, 은하계 자체가 그 방향으로 움직이기 때문에, 그 안에 있는 이른바 삼라만상이란 것들은 도리 없이 그 천체의 숨결에 싸잡혀서 같이 돌아간다. 그것이 자연계의 호흡이요 질서요 법칙이다.

그런데 생명의 법을 말하는 방식이 상생相生을 앞에다 두지 않고 왜 뒤에다 두는가. 봄부터 시작해야 여름이 있고 가을이 있고 생명을 거두는 겨울이 있는 법인데, 어째서 하필 숙살肅殺의 겨울을 앞에다 두어서 어리둥절하게 만드는가. 그러나 이렇게 말하는 것이 동양의 방식이다. 마치 새벽 한 시는 지나간 밤중의 열 두 시에서 이어졌다는 것과 비슷하다. 새 해 첫 날이 지난해의 마지막 그믐에서 넘어온 것처럼.

모든 숫자가 영零(0)에서 나온다는 것은 서양인들도 안다. 그러니까 동방 청제의 공적기능은 낳아서 기르는 것生養이요, 오령의 태목太木 또한 경영하고 엮어내는 것이다. 이들이 제 기능을 하기 위해서는 북방 흑제의 숙살을 전제해야 하고, 동시에 태수太水의 영화롭고 윤택하게榮潤 하는 오령의 공능도 포함되어야 한다. 이 말을 다시 풀자면 이렇다. 겨울의 마른가지에서 잎이 피고 꽃이 피어 열매를 맺는다. 그 이치의 순서를 말한 것이다. 이것이 동양의 어법이다. 그러니까 동서남북의 생성원리 호흡이 중앙에서 조화롭게 매듭 되는 식이다. 주역도 『천부경』도 춘하추동이 움직여 가는 원리를 숙살의 겨울로 시작을 삼는 것이 그래서다. 그래야 천체의 움직임이 실수 없이 움직여서 사계가 조화롭다는 것을 넉넉한 호흡으로 증명해내는 것이다. 우리의 동양책력이 동지冬至를 기준으로 제작되는 것도 그 원칙 때문이다.

『천부경』은 어느 때 경전인가

장승이야기를 하다가 왜 갑자기 『천부경』이냐고 당혹스러울지도 모르겠다.그러나 『천부경』과 장승은 그렇게 엉뚱한 것이 아니다. 홍익인세도 마찬가지다. 굳이 말한다면 한 뿌리에서 나와 각기 다른 모습으로 서있는 것들이다. 이것은 이야기를 풀어가는 동안에 저절로 이해될 것이므로 서둘지 않아도 된다. 『수두경전본훈蘇塗經典本訓』은 배달민족의 글자들이 어떻게 생성이 되었는지 그 연원을 이렇게 밝히고 있다.

"『천부경』은 ᄒᆞᆫ국에서 말로만 전해지던 글이니, ᄒᆞᆫ웅대성존이 하늘에서 내려온 뒤 신지神誌 혁덕赫德에게 명하여, 녹도문으로 이를 기록케 했다. 최고운崔孤雲 치원致遠은 역시 일찍이 신지의 전문篆文을 옛 비석에서 보고, 다시 이를 첩帖으로 만들어 세상에 전하게 된 것이다…"

『천부경』은 아직 글자가 없던 혼국에서부터 말로 전해진 글이라고 한다. 여기 혼국은 천해天海의 동쪽, 곧 바이칼 동쪽에 있던 혼인천제들*의 나라다. 그 땅이 넓어서 동서의 폭이 2만 리가 넘었고 남북의 길이가 5만 리였다는 이야기는 앞에서 한 바가 있다. 또 12개의 연방국으로 된 나라인데, 그 나라들 중에 그리스 문명의 모태가 되는 수메르**가 있다는 대목도 소개했다.

그렇게 높은 문명을 가진 혼국은 바이칼 침하와 함께 몰락해서, 베링해협을 건너 아메리카 원주민이 되는 등 사방으로 흩어지는데, 그 유민의 일부가 앙가라 강에 뗏목을 띄우고 남하해서, 흑룡강을 건너 흥안령을 밟고 태백산에 닿아 붉달나라 – 倍達國 – 를 세운다. 배달민족倍達民族이라는 말은 여기서 나왔다. '붉달나라 백성' '붙달 땅의 민족'이란 뜻이다. 곧 단군조선의 앞에 있던 나라다. 인용문에서 하늘에서 내려왔다는 혼웅대성존은 배달나라를 세운 혼웅천왕을 말한다. 여기서 신시神市의 배달나라를 짚고 넘어가자.

* 절집의 칠성각에 앉아있는 일곱 분을 말한다. 곧 안파견(安巴堅)혼님, 혁서(赫胥)혼님, 고시리(古是利)혼님. 주우양(朱于襄)혼님, 석제임(釋帝壬)혼님, 구을리(邱乙利)혼님, 지위리(智爲利)혼님이다.

** 40여 년 전에 서울, 부산, 대구 등지에서 수메르문명 전시회가 열린 적이 있었다. 부산과 대구 두 곳을 좇아다니면서 그 문명을 관람했는데, 그들 수메르 사람들의 모습이 우리와 다른 서구인 얼굴을 하고 있었기 때문이었다. 나중에 깨달았다. 풍토에 따라서 사람 모습은 얼마든지 다를 수가 있다는 것을. 다만 문명권이 같았으므로 수메르족이 혼국의 연방국으로 되었다는 것을. 여기 원문에도 제족(諸族)이라는 글귀가 나타난다. 뿌리가 다른 여러 족속이 제족이다.

진시황의 병마총이 있는 섬서성의 서안西安에서 3백 리를 더 서쪽으로 나가면 3,767m의 태백산이 있고, 그 산의 정상에 ᄒᆞᆫ웅천왕의 사당*이 있다. 그 아래 사령四靈(바람의 신, 구름의 신, 비의 신, 천둥의 신)의 사당도 있다. 얼른 말해 단군신화에 나오는, 박달나무 아래로 하강해서 신시를 이룩한 ᄒᆞᆫ웅천왕과 풍백, 운사, 우사가 다 나오고, 오히려 천둥신까지 보태지고 있다. 이것이 신시의 흔적이다. ᄇᆞᆰ달나라의 제단이 거기 있는 것이다. 무슨 말인가?

그 시절에는 나라를 세우면 반드시 먼저 천신天神께 제사를 모실 제단을 준비하는 것이 옳은 법속이다. 제정일치의 시절이어서 하늘의 신과 조상께 제사를 모시는 일이 정치에 앞서는 중대행사였기 때문이다. 배달민족이 천손을 자처하는 것도 거기서 유래한다. 하늘의 조상께 제사를 모시면, 그 제단에서 사람으로서의 규범과 행해야 할 일체의 풍속을 가르쳤던 것이다. 이렇게 백성을 이끌어 간 것이 그대로 정치였다. 상상을 해보라. 제사와 정치가 나뉘지 않고 하나일 수 있던 시절이라면, 곧 제사장이 직접 정치를 했다면, 그 시대가 얼마나 단순 솔직하고, 참되고 질박할 수 있었겠는가를.

* 거친 돌덩이를 괴어 만든 시늉만 한 사당이다. 그 안에 검은 수염을 날리는 선관과 신하로 보이는 몇 개의 인물들이 있다. 그 옆에 '웅거ᄒᆞᆫ웅(雄踞桓雄)'이라는 빗돌이 보인다. 영걸스런 ᄒᆞᆫ웅이 천하를 가로탔다는 뜻이다. 그가 ᄒᆞᆫ웅천왕이라는 사실은 기둥에 붙은 주련(柱聯)이 증명한다.

送之心眞有子者子有眞心之送(보내는 그 마음에는 참이 있어서다 아들에게, 아들에게는 있다 참마음이 그래서 보낸다)

子于禍福無爾矣爾無福禍于子(아들아 화도 복도 없다 너에게는, 너에게는 복도 화도 없다 아들아) 이것은 복(福)이고 화(禍)이고를 초월한 홍익인세(弘益人世)의 세상으로 떠나는 아들에게 주는 아버지의 마음이 담겨진 글이다. 혹은 홍익인세를 찾아가는 아들 ᄒᆞᆫ웅의 참마음(眞心)이 표현되어 있다.

천신에게 제사를 지내는 제사장의 마음은 우선 제 몸을 정재淨齋하고, 마음을 정결히 해서 천신을 모실 만반의 준비를 해야 한다. 그래야 천신이 용납을 하고 감응을 해주는 탓이다. 그야말로 '하늘을 우러러 한 점 부끄럼이 없는' 겸손한 안팎의 자세가 되는 것이다. 이것은 그 제사장이 몸을 삼가고 마음을 삼가는 높은 수행자였다는 뜻이다.

그 수행자는 안으로 자기를 성찰하고 밖으로 뭇 생명들을 살펴 제접濟接하는 동안, '나'라는 이것과 '너'라는 저것이 다르지 않다는 것을 깨우치게 된다. 그리하여 천지를 한 몸으로 여기는 커다란 인격, 그런 신격神格이 되는 것이다. 홍익인간은 여기서 비로소 이루어지는 결실이요 우주적인 산물産物이다. 여기에는 인간의 주관이 중심은 되지만, 그러나 인간이 으뜸이라는 사고思考가 없다. 아니다. 그런 위험한 생각은 애초에 끼일 것이 못되고, 인간이 만물을 통섭하여 서로를 도와 서로 잘 살도록 질서정리를 하는 것이다. 그것을 홍익인간이라 한 것이다. 이 말의 원형은 『부도지』에 나오는데, 좀 돌아가더라도 거기에 나오는 홍익인세를 살펴보자.

홍익인세에서 건진 도가道家와 유교儒教 사상

유교사상은 공구孔丘로 대표되고, 도가사상은 노담老聃이 처음 시작한 것으로 되었다. 이미 알고 있겠지만 노담은 노자老子를 말하고, 공구는 공 선생으로 불리는 공자孔子다. '子'는 선생이란 말을 확실하게 높여서 부른 것이다. 그러나 이 전통은 서토인들이 만든 것이고, 노자는 그 아비가 성은 한韓씨고 이름은 건乾이었다고 『흔단고기』는 전한다.

"…계미년에 노魯나라 사람 공구는 주나라의 노자 이이李珥에게 가서 예를 물었다. 이珥의 성은 한韓이요 이름은 건乾이니 그의 선조는 풍風의 사람이다. 뒤에 서쪽으로 관문을 지나, 내몽골로부터 이리저리 돌아 아유타阿踰陀에 이르러 그 백성을 교화시켰다."

풍風은 오늘의 요녕성 지역의 풍이風夷를 말한다. 서토인들이 우리를 가리켜 동이족東夷族이라고 하고 구이족九夷族이라고도 했는데, 그 구이에 풍이의 땅이 오늘의 요녕성이었다는 말이다. 배달나라의 복희씨가 하남성 회양현에 있던 여黎나라에 진陳이라는 이름으로 봉해지기 전에, 청구靑邱와 낙랑樂浪에서 탁월한 공적을 남긴 곳도 풍이였다. 그래서 복희씨의 성이 풍씨風氏가 되었고, 그 자손들이 풍 땅에 많이 살게 된 것이다. 그러니까 노자는 복희의 자손인 셈이다.(노자의 이름을 耼이라 했는데, 여기서는 珥라고 한다. 이런 상이점이 古史에는 더러 있다) 그의 아비 성이 풍風이 아니라 한韓이라고 한 것은 차원이 다른 문제인 것이다.

서토인들은 노자를 초楚나라 고현古縣 사람이라 해서 양자강 남쪽에서 태어난 것으로 말했지만, 우리 쪽 기록은 이렇게 사뭇 다르다. 그가 서쪽 관문을 나갈 때 영윤令尹이라는 문지기가 알아보고, "선생은 장차 숨으려 하십니다. 나를 위해서 말씀을 적어주시면 그런 다행이 없겠습니다" 하자, 하룻밤에 5천언을 적어준 것이 후일의 「도덕경」이라는 것이 학계의 정설로 되어 있다. 그러나 최근에 초간본楚刊本이 발견되어 옛날의 「도덕경」은 갑자기 의심스럽게 되었다. 어쨌거나 노자가 요녕성 서쪽 관문을 나가 내몽골을 이리저리 떠돌다가, 아유타에 이르러 그곳 백성을 교화했다는 것은 새로운 발견이 아닐 수가 없다. 『삼국유사』에 나오는 가락국의 수로왕이 아유타국의 처녀를 황후로 맞았다는 것도 알려진 이야기다.

그러나 그런 이야기가 아니다. 이야기를 근본으로 되돌리면 천하대장군, 지하여장군에서 홍익인간이니 홍익인세니 하는 것이 나오고, 거기서 다시 『천부경』이 나오는데, 그 『천부경』 사상에서 유교, 도교가 싹텄다는 이야기를 하려는 참이다.

하늘과 땅과 사람을 삼재三才라 한다. 다시 말하면, 하늘이 덮어주고 땅이 실어주어서 삼라만상이 존재한다. 그래서 생명을 싸안는 하늘과 땅이 먼저 꼽히고, 그 가운데 서는 사람은 만물의 대표자다. 왜 사람이 만물을 대표하는가? 가령 초목은 머리를 땅에다 박고 거꾸로 자라는 것이고, 짐승은 머리와 꼬리가 수평으로 가지런히 놓이기 때문에 그저 저나 살기에 바쁜 물건이지 만물을 감싸서 함께 산다는 생각은 할 수가 없다. 그러나 사람은 대지에 발을 디디고, 허리를 곧추세워 정수리로 하늘을 떠인다. 그래서 만물을 내려다보면서 그것들을 거느리고 함께 살려는 큰 생각을 할 수가 있다.

유교나 도교나 다 사람 사는 도리를 말한다. 그러나 그 도리道理는 조금씩 다르다. 도교는 사람의 본성을 어엿하고 미끈하다고 보기 때문에 굳이 가르치지 않아도 저절로 제 생명과 제 직분을 다해간다고 본다. 그러나 유교는 먼저 된 성인이 사람 사는 도리를 따로 가르쳐야만 된다고 한다. 이제 그 다른 것을 간추려보자.

"하늘의 바탈로 된 것이 이론 생명의 속성이요, 생명의 바탈을 따르는 것이 이론도요, 도를 정비하고 가르치는 것이 이론 교다.(天命之謂性 率性之謂道 修道之謂敎)"

위 글장은 『중용中庸』에 들어있다. 천명天命의 命은 부절卩과 합쳐졌다合는 뜻이다. '하늘의 바탈'이라 한 것은 '하늘 숨'을 말한 것이다. 그것을 性이라 했다. 『삼신오제본기』에서 말해진 그대로 "하늘 숨이 불어서 만들어진 것이고, 열을 뿜어내서 그 종자가 길러진 것이다." 이것은 하늘의 덕德이 그렇다는 말이다.

두 번째 솔성지위도率性之謂道는 땅의 공능功能을, 곧 공적과 기능을 지적한 것이다. 하늘의 숨결을 따라서 충실히만 하는 것. 그것은 만물을 길러내는 땅이 하는 노릇이다. 제 생각을 따로 가지지 않고 그냥 하늘이 낸 생명을 기르기만 하면 된다.

세 번째 수도지위교修道之謂教는 사람의 몫이다. 그것은 하늘이 낸 도道와 땅의 덕德을 어긋나지 않게 잘 간수하려는 노력이다. 한 마디로 도덕을 완수하는 것이야말로 사람의 할 바다. 그래서 교육이라는 것이 필요하다는 것이다. 그러나 이것은 도가에서 말하는 무위이치에서 본다면 한참 멀다. 그러니까 유교의 버릇이요, 그 쪽의 말 본세다.

유교는 사람을 가르치면서 하늘의 호흡을 따르라고는 한다. 원형이정元亨利貞은 천도지상天道之常이요, 인의예지仁義禮智는 인성지강人性之綱이라 강조한다. 곧 봄元, 여름亨, 가을利, 겨울貞은 하늘이 정직하게 되풀어 행하는 떳떳한 도덕이요, 봄을 닮은 인仁, 여름을 닮은 예禮, 가을의 속성을 닮은 의義, 그리고 겨울의 숨결을 지닌 지智를 사람행위의 강령綱領으로 규정한 것이다. 사람은 하늘의 도와 땅의 덕을 행하는 것이라는 말을 주역에서는 이렇게 하고 있다.

"한번 음音하고 한번 양陽하는 것을 이론 도道요, 그것을 잇는 것이 잘

하는 것善이요, 그렇게 완성해가는 것이 생명性이다.(一陰一陽之謂道 繼之者善 成之者性)"

이것을 풀어서 말하면 이렇다. 한번 음하고 한번은 양한다는 것은, 한번은 밤 하고 한번은 낮 한다는 것과 같다. 그러니까 한번은 내쉬고 한번은 들이쉬는 인간의 숨결일 수도 있고, 한번은 밀물이었다가 한번은 썰물인 바다의 질서일 수도 있다. 그것은 하늘의 호흡이다. 그 호흡을 하늘의 길, 하늘의 도라고 한다. 하늘의 호흡을 그대로 이어서 생명을 기르는 것이 땅의 덕이다. 善은 염소가 대지의 풀을 뜯는 것을 그린 상형문자다. 그렇게 생명을 보듬어 기르는 것, 그렇게 생명을 무위로 바라보는 것이 땅일 뿐이다. 특별히 제 생각을 내어 만물을 잘 길러보겠다고 나서면, 만물은 땅의 횡포에 질식할 것이 틀림없다. 이런 천지의 도덕을 법 받아서 자연 그대로를 완성하는 것이 사람의 직분인 것이다. 그것을 주역에서는 性이란 글자를 써서 생명을 강조하고 있다.

『부도지』가 내놓는 홍익인세

『부도지』는 신라의 제18대 임검인 내물마립간內勿麻立干 때 박제상朴堤上이 저술한 책으로, 불교가 신라에 들어가기 전에 이미 반포된 것이다. 홍익인간은 『천부경』에서 건진 문화다. 다시 말해 바이칼 시절에 『천부경』이 있었다면, 홍익인간도 그 당시의 문명이 낳은 결과로 보아야 옳지 않을까?

『삼국유사』에는 태백산으로 내려가는 아들 ᄒᆞᆫ웅에게 아버지 ᄒᆞᆫ인천제가 천부인 셋을 주면서, 홍익인간 할 것을 당부하는 단군신화가 있다. 그것을 『부도지』에서는 홍익인세弘益人世라 했는데, 내용의 폭이 보다 크고 깊이에 있어서도 더 많은 걸 길어 올릴 수 있어서 훨씬 흡족하고 좋게 느껴진다. 부족한 언사로 여러 설명을 주워대느니 보다는 원문을 보여주는 것이 간편하고 쉬울 것이다. 『부도지』 11장 전문을 당기어보자.

"환인씨의 아들 환웅씨는 태어날 때부터 큰 뜻을 가지고 있었다. 천부삼인天符三印을 계승하여 수계제불修禊除祓하였다. 천웅天雄의 도를 수립하여 사람으로 하여금 그 유래한 바를 알게 하였다. 어느덧 인세人世가 의식衣食의 일業에만 편중함으로, 환웅씨는 무여율법無餘律法 4조를 제정하여 환부鰥夫로 하여금 조절하게 하였다.

1조 – 사람의 행적은 때때로 깨끗하게 하여 모르는 사이에 생귀生鬼가 되지 않도록 하고, 번거롭게 막혀 마귀魔鬼가 되지 않도록 하여 인세로 하여금 통명무여일장通明無餘一障케 하라.

2조 – 사람의 취적聚積은 죽은 후에 공功을 제시하여 생귀의 더러움을 말하지 않게 하고, 함부로 허비하여 마귀가 되지 않도록 하여 인세로 하여금 보흡무여일감普洽無餘一感하게 하라.

3조 – 고집이 세고 사혹邪惑한 자는 광야曠野에 귀양 보내 때때로 그 사혹함을 씻게 하여 사기邪氣로 하여금 무여어세상無餘於世上하게 하라.

4조 – 크게 죄를 범한 자는 섬도暹島에 유배시켜, 죽은 뒤에 그 시체를 태워서죄집罪集으로 하여금 무여어지상無餘於地上하게 하라.

또 궁실을 짓고 배와 수레를 만들어서 사람들에게 거주하도록 하고, 여행하는 법을 가르쳤다. 이에 환웅씨가 바다에 배를 띄워 시승始乘

하여 사해를 순방하니, 천부를 조증照證하여 수신修信하고, 제족의 소식을 소통하여 근본을 잊지 않을 것을 호소하고, 배와 수레를 만들고, 화식火食하는 법을 가르치기 위한 것이었다. 흔웅씨가 돌아와 팔음이문八音二文을 수학하고, 역법曆法을 정하고, 의약술을 수학하며, 천문과 지리를 저술하니, 홍익인세였다.

이는 세대世代는 멀어지고 법은 해이해져서 사람들이 사단詐端을 모색하는 일이 늘어나기 때문에, 일용日用하는 사물 사이에서 근본의 도를 보전하여 분명하게 밝히기 위한 것이었다. 이로부터 비로소 학문하는 풍조가 일어나니, 인성人性이 혼매하여 배우지 않고는 알지 못하기 때문이었다."

『부도지』는 18세나 되는 흔웅천왕들의 이야기를, 마치 한 사람의 공적처럼 한 호흡으로 말하고 있다. 다시 말하면 18세 흔웅천왕들의 밝달나라 이야기를 단숨에 말해버린다. 그래서 그 시절 이야기가 죄다 열거되는 것이다. 여기서 말하는 무여율법은 홍익인세의 세상을 세우는데 장애가 되고 있는 불편한 조건들이다. 천부삼인을 이어받아서 수계제불하고, 그렇게 사람이 유래한 바를 알게 하는 흔웅은 역시 태어날 때부터 남다른 데가 있는 대인이다. 그가 무여율법 4조를 마련하는 것은 어째서인가.

본문에서 말하고 있다. '인세가 어느덧 먹고사는 일에만 도를 넘어서 치중하기 때문'이다. 그렇다. 육신을 가진 이상 의식주는 절대적으로 필요하다. 서양사회가 먹을 것이 적은 탓에 그들의 언어가 굴절어가 되듯, 흔웅도 먹을 것에만 편중하는 사람들을 보면서 이성을 잃고 사단을 모색하는 사람들을 따로 골라 세울 필요를 느낀 것이다. 그것의 나타남이 4조의 율법이다.

환웅의 한숨이 섞인 말씀은 계속된다. 세대는 멀어지고 법은 해이해졌기 때문이라고 했다. 세대가 멀어졌다는 말은 '먹을 것이 풍족해서 사람들은 살아도 일 같은 것을 모르던 세대'를 말한 것이다. 그래서 밭을 가는 자는 고랑을 다투게 되고, 그물을 치면 서로 좋은 구역을 차지하려고 다투는 시절이 되었다. 그런 세상에서 근본의 도를 보전하여 분명하게 밝히려는 노력이다. 그로부터 학문하는 풍조가 일어나서 인성人性이 혼매해지는 것을 막게 되었다고 한다. 무여율법 4조를 세움으로 해서 무너지는 홍익인세를 붙들었다는 것이다.

또 주택을 마련하여 사람의 생활을 안정시키고, 배와 수레를 만들어서 여행을 돕고, 동시에 제족을 소통케 하여 사람 된 근본을 잊지 않게 하고, 사해를 순방하고 돌아와서는 8음과 2문을 수학하고, 역법 곧 책력을 만드는 원칙을 정하며, 사람의 병을 살피는 의약술을 보급하고, 천문과 지리에 대한 것을 저술해내니 바야흐로 홍익인세의 세상이다. 풀어서 말하면 홍익인세는 한 사람의 환웅이 만들어내는 세상이 아니고 열여덟의 환웅들이 많은 세월을 거치면서 만들었다는 이야기다.

앞에서 바이칼의 환인천제들의 국토가 동서로 2만 여리가 넘고, 남북으로는 5만 리였다고 한 바 있다. 여기서는 요소요소에 흩어진 제족, 곧 모든 민족들을 바이칼문명으로 묶어내는 환웅천왕들의 노고가 기록되어 있다. 여기 제4조에 나오는 섬도는 죄인들의 유배지다. 섬도는 오늘의 태국을 말한다. 앞에서 노자가 아유타국으로 가서 그곳 백성들을 교화시켰다고 했는데, 여기서는 죄인들의 감옥 노릇을 했다는 것이다. 섬도와 아유타는 같은 곳이다. 시절 따라 부른 이름이 다를 뿐이다. 그 시절 천하의 죄인들을 모아놓고 살게 하다가 죽으면 그 시체를 태워서 없앴다고 했으니, 뒷날 노자가 그 땅에 남은 죄인들의 자식을 교화하기 위하여 찾아갔다고 하면 과연 노자다운 일을 했다고 할 만하다.

새둥지에 마실을 다닌 홍익인간

다시 『환단고기』로 돌아가자. 『환단고기』에 나오는 홍익인간이 어떠했는지를 드러내고, 그에 대한 설명이 필요하게 되면 『부도지』의 내용을 끌어대서 매듭을 지을 수도 있을 것이다. 홍익인간이니 홍익인세니 하는 말은 인간이 만물의 중심에 서서 만물과 함께 하는 세상을 말한다. 그러니까 인간이 중심이 되어 인간만을 이롭게 하는 것이 아니라, 인간이라는 이것과 사물이라는 저것이 하나가 되는, 거듭 말하면 주체와 객체가 나누어지지 않고 통으로 함께 돌아가면서 한 호흡으로 풀려가는 세상이다.

그런 세상은 인간의 조급한 마음이 어디에서도 드러나지 않는 무위이치無爲而治의 세상이다. 인간의 의지가 앞서는 것은 어디까지나 유위有爲로 만들어지는 세상이어서 얽히고설키는 시끄러움이 끊임없이 반복된다. 얼른 말하면 공자가 이룩하려고 했던 세상이 유위로 만들어지는 인간만의 세계였다면, 노자가 바라본 세상은 무위의 세상이었다고 할 수가 있다. 그러나 노자도 여기 천하대장군, 지하여장군이 나오는 우리의 질박한 삼신사상에서 본다면 어림없이 멀어 보인다. 『신시본기』에 나오는 무위의 세상을 잠깐 엿보기로 하자.

"신시神市가 처음 시작되었을 때에는 산에는 길도 없고 못에는 다리도 배도 없었다. 짐승들은 무리를 이루었으니 나무들과 풀이 자란 곳에는 짐승의 무리가 있었다. 그리하여 만물과 짐승의 무리들은 서로 어울렸고, 새의 둥지에서까지 어울리면서 서로 의지했다. 배고프면 먹고 목마르면 마셨으니, 그 피와 고기를 항상 쓸 수 있었다. 옷감을 짜고 먹을 것을 경작함에 편리한대로 다 되었으니, 이를 지극한 덕의 세상이라고 말한다. 백성은 살아도 일 같은 것은 모르고, 걸어 다닌다 해도 특별한 목적지도 필요 없었으니, 길을 가되 한없이 편안했고 사물을 보되 담담하였다. 먹을 것을 모아놓고 기꺼워하며 배를 두드리며 놀고, 해가 뜨면 일어나고 해가 지면 쉰다. 대저 하늘의 혜택을 널리 입어 궁핍함을 알지 못함이라…"

여기의 풍경을 그림으로 상상해본다면 갈데없는 원시 야만의 사회다. 그러나 새의 둥지에까지 놀면서 서로 의지했다는 대목은 특별히 여겨볼 데다. 우리가 상상하는 원시사회는 반드시 돌도끼를 들고 짐승의 뒤를 좇는 인류를 동시적으로 떠올리기 때문이다. 거기에는 새둥지까지 놀러 다니면서 서로가 서로에 의지하는 우애나 연민은 애초에 끼일 자리가 없다. 그저 한갓 먹고 먹히는 생존경쟁의 치열한 억압이나 다툼질이 있을 뿐이다. 그런데 새둥지까지 마실을 다니면서 그 피와 고기를 마음대로 쓸 수 있었다고 말하고 있다. 『신시본기』의 이 내용은 무엇이 어떻게 되고 있다는 것인지 얼른 납득이 되지 않는다.

그러나 인간의 성급한 의지가 배제되는 무위의 세상에서는 하등 그럴 이유가 없다. 우리는 지금까지 서양 사람들이 말하고 가르친 것을 먼저 기억하고 떠올린 것이다. 『신시본기』에서는 무위로 된 세상을 말하고 있는데,

우리의 생각은 먼저 유위의 세상에 닿고 있다는 이야기다. 무슨 말이냐? 새 둥지까지 마실을 다니는 사람은 자기가 먼저라는 느낌이나, 사람이 짐승보다 귀한 것이라는 생각을 않는다. 그런 생각을 애써 지운 것이 아니라, 애초에 그런 생각을 낼 줄 모른다는 말이다. 그래서 짐승 쪽에서도 도망치려는 생각이 없는 것이고, 사람이 제 이웃에 사는 형제로 여기는 탓에 태연한 것이다.

그 피와 고기를 마음대로 쓸 수 있었다면, 짐승 쪽에서도 사람의 피와 고기를 마음대로 썼다는 이야기와 맞통한다. 그렇게 피차가 공평했기 때문에 사람을 어려워하거나 무서워하지 않았을 것이다. 그 적 사람들은 다리 한 짝이 없어지거나 팔이 떨어져나가도 곁에 선 나뭇가지가 부러진 것이나 진배없이 여겨 무심했을 것이다. 그리되는 이유를 무엇보다 궁핍을 모르던 시대였다고 『신시본기』는 설명하고 있다. "백성은 살아도 (먹을 것은 이미 넉넉하기 때문에) 일 같은 것은 모르고, 걸어 다닌다 해도 (걸음마를 배우는 아이와 같아서) 특별한 목적지도 없었으니, 길을 가되 한없이 편안했고, (강보에 싸인 아이 눈망울을 닮아) 사물을 보되 담담하였다"고 한다.

그러나 정해진 물자에 인구가 많아지는 세상이 오면 이런 좋은 날이 계속되지는 못한다. 그렇게 되면 소박한 것은 멀어지고 먹을 것을 다투는 날이 필경에 올 터이다. 마침내 활이 만들어지고 그물이 만들어지니 새와 물고기가 달아나서 숨게 되고, 사람끼리도 훔치고 빼앗는 일이 있다 보니 처음으로 전쟁이 있게 된다. 이런 세상을 어떻게 할 것인가. 그래서 짐승을 잡아다 길들이고, 농사를 짓게 된다. 원시 살림이 문명 살림으로 변천하는 것이다.

8장

『천부경』의 세계

『천부경』의 세계

인류의 살림

지금까지 잘못된 사회를 경험했다. 아니 지금까지의 인류는 세상을 잘못 경영하면서 살아온 것이다. 오늘의 인류가 살아온 과거를 한 번 돌아다보자. 혈거로 살 때는 문명이라고 할 만한 것이 없었으니 그렇다 치자. 그러나 혈거를 벗어나면서부터 가늘기는 하지만 문명 살림이 시작된다. 산골짝 샘물들이 시냇물 줄기로 흐르는 살림이다. 저쪽 골짜기에 누가 사는지, 건너편 버렁에는 어느 부족이 있는지를 모르고 산다. 그 시내가 흐르면서 냇물로 합쳐진다. 시내가 내로 변하는 것이다. 그것은 사람의 두뇌가 그만큼 깨였음을 의미한다.

대개 이 무렵에 종교라고 할 만한 것이 나타난다. 인도의 힌두스탄에는 석가모니불교, 중국의 화북평원에는 공자의 유교, 그리고 중동의 히브리 땅에서는 예수가 등장한다. 그 종교가 세력을 키우고 몸집을 불리는 기간은 비교적 긴 세월이다. 철학도 그렇고 예술도 그렇고, 모든 학문분야가 마음껏 기지개를 켜면서 활발하고 무성해지는 것이다. 그 문명의 문화가 동서양에서 각기 제 몫으로 커진 것이 세계 1·2차 대전을 치르기까지라고 하자.

그때까지가 국가라는 울타리살림을 해온 세월이다.

문명이나 문화는 같은 뜻의 말이다. 문명이라고 하면 얼핏 원시의 숨결이 느껴지고, 문화라면 과학의 체온이 느껴지기도 하지만 같은 의미로 쓰이는 말이다. 과학은 '집단인격체'*의 힘이다. 이들 과학은 그때까지의 인류에 힘을 보태면서 여러 농업이나 산업분야에다 볼 만한 상아탑을 쌓는다. 뿐이 아니라 문학과 예술에서도 놀라운 성과를 끌어냈고, 철학이나 종교에서도 획기적인 결과를 낳았다. 모든 문명에다 집단지성은 늘 새로운 숨을 불어넣으면서 드디어 '신인류시대'를 만들었고, '대융합인류'로 유도했다.

대융합의 신인류시대는 지금까지 입었던 문명의 옷을 벗어서 걸어놓고, 온전히 새 출발로 나서는 시대다. 새로운 출발을 하는 자리이므로 인류의 과거를 돌아다보고 잘못은 되풀이 말자는 뜻이다. 그러나 복잡한 살림살이를 다 들쳐 내자는 말이 아니다. 이런 자리일수록 단순하고 명료하게 짚는

* 이 말이 낯설지는 않다. 이 낱말은 우림(雨霖) 선생이 확실하게 자리매김을 했을 만큼 그에 의해서 분명해지고 있다. 그는 「온빛경」에서 처음 돌그릇을 발명한 태고 천재의 지혜는 다음 세대에 이르면 모든 사람들의 상식이 된다. 이렇듯 상식이 쌓여가는 것을 '집단지성'이라 부른다는 것이다. 그 집단지성이 쌓여서 이룬 것이 '집단인격체'라고 한다. 가령 한 마리의 흰개미는 그럴 능력이 없지만, 수 십 만이나 수백 만의 숫자가 모이면 거대한 '흰개미집'을 완성하는 것에 비유될 수 있다는 것이다. 그렇게 인류도 달라진다는 것이 우림의 주장이다. 그렇게 '신인류시대' '대융합인류'도 선생이 즐겨서 쓰는 말이다. 참고로 「온빛경」은 우림 선생이 만든 경전이다. '온갖지혜경전'이란 뜻으로, 우주의 본성과 삶의 진리에 대해 말한다. 영겁의 세월로 다듬어진 자연의 숨결대로 그냥 살라는 경이지, 무슨 종교적인 말씀의 책이 아니다. 경상도 성주 동락골에 있는 6만 평의 산을 개발하고, 거기에다 민족의 성지를 마련하고 있다. 바이칼에서 실어온 수 십 톤의 바위와, 중국 태백산에서 가져온 28톤짜리 돌, 그리고 백두산에 있는 고인돌도 어림잡아 수 십 톤이다. 백두산은 고조선을 상징하고, 태백산은 밝달나라를, 바이칼의 돌은 한국(桓國)을 말한다.

자세라야 옳다. 그런 점에서 인류의 3대종교라고 하는 불교, 기독교, 유교만을 문제 삼기로 하자. 종교宗教가 모든 교학教學의 종가宗家라면, 육신을 먹여 살린 의식주 살림이든, 정신을 길러온 철학이며 문학예술 살림이든 저절로 딸려 나올 것이다.

아니 유교 살림을 설명하는 것 만으로 충분 할 듯 싶다. 조선족의 역사를 알면 되기 때문이다. 앞에서 사과가 나는 풍토 이야기를 비친 바 있다. 거기서 유교는 밥이 열 그릇 생산된다면 먹을 입은 다섯이나 여섯 쯤 된다고 했다. 그러니까 먹을 것은 문제가 안 되는 배경이다. 그래서 유교의 풍토에는 먹을 것 때문에 벌어지는 전쟁의 역사가 없다. 먹을 것이 넉넉했다면, 그 삶도 풍요로운 것이 답이다. 그런데 한문문화권에서도 대표적인 유교 살림을 했던 이조李朝*는 왜 그리 가난하고 못사는 나라였던가?

유교는 공자·맹자의 가르침을 받드는 종교다. 공·맹의 가르침은 도道와 덕德에 뿌리를 둔 것이 아니라, 도·덕을 지나와서 겨우 인仁에다 뿌리를 둔다. 쉽게 말하면 도덕이라는 뿌리를 잘라버리고 仁으로 시작을 삼은 것이다. 유교儒教의 儒는 '사람에게人 소용되는 것需'만을 나타내는 글자다. 사계의

* 조선을 '이조'라고 말한 것은 일제 강점기부터다. 그러니까 전주이가네 조선이라는 뜻으로 일본인이 조선을 폄하한 데서 나온 말이다. 그러나 나는 나라를 그 꼴로 만들어서 결국 왜놈한테 내준 그들 조선의 양반이나 사대부를 생각할 적에 조선이라고 부를 마음이 애초에 없다. 충(忠)이라는 글자는 '하늘과 땅을 뚫어서 꿰는 마음'을 나타냈다. 홍익인세를 가르쳤던 고대에는 임금 된 자가 백성을 섬기는 마음을 忠으로 했다는 데서 유래한다. 그것을 뒤바꾸어서 고작 임금 따위를 잘 섬기라고 한 것이다. 땀 흘려서 세금 내는 백성을 짐승 부리듯 하고, 허세나 부리다가 망한 나라는 역시 전주이가네 왕조가 옳을 듯싶다.

계절로 말하면, 仁은 봄에 해당한다. 여름은 예禮이고, 가을이 의義*다. 그리고 겨울이 지智였다.봄여름가을겨울의 사계절은 하늘과 땅의 숨결에서 시작되는 법이다. 그런데 뿌리 되는 하늘과 땅을 무시하고 봄을 시작으로 삼았던 것이다.

거기에 더욱이 괴력난신怪力亂神**을 말하지 않는 것이 유교의 율법이었다. 마치 기지개도 켜지 말고, 하품도 하지 말고, 딸국질도 그렇고, 기침도 재채기도 안 된다. 크게 웃거나 시끄럽게 떠들어도 안 된다는 식이다. 그것이

* 흔히 '인의예지'라고 한다. 그러나 본래는 '인예의지'로 말했다. 봄여름가을겨울을 차례대로 말한 것이다. 그러나 그 순서가 바뀐 것은 맹자로부터다. 맹자의 시절은 사람들이 돈에 관계되는 이(利)를 중시했다. 그래서 인(仁) 다음에 곧 의(義)를 갖다 붙인 것이다. 이것은 『맹자』 7권의 첫 장에서부터 義가 강조되는 점에서도 드러난다. 흔히 義와 利는 불과 눈(雪)의 사이처럼 합쳐질 수가 없는 개념으로 해석하는 경향이 있다. 그러나 利는 글자가 상징하듯이 가을의 쌀이 사람의 배를 불리는 것을 드러내는 글자다. 벼이삭에 칼을 대든 것이 가을이기 때문이다. 이치를 충실하게 따르는 이익은 곧 義라는 이야기다. 이것을 너무 치우치게 해석해온 것이 조선의 성리학이었다.

** 상식으로 얼핏 이해가 안 되는 괴상한 사실이나 사건을 말한다. 이를테면 둔갑술이나 축지법 같은 것이 괴(怪)다. 그러나 그 시절에는 그런 일에 능통한 수행자나 기인(奇人)들이 얼마든지 있을 때였다. 그 기인들의 행적이 상식적으로는 수상했으므로 말을 못하게 한 것이다. 다음에는 완력(腕力)이다. 육체의 힘으로 상대를 제압하는 일은 말을 않는 법이다. 전쟁터가 아닌 한, 갓 쓰고 도포 입는 선비는 힘이 있어도 힘자랑을 못하게 했다. 아니 힘을 못 쓰게 했다. 다음은 세상의 질서를 어지럽히는 것을 亂이라 하고, 그런 것은 아예 입에 못 담았다. 가령 신하가 임금을 쫓아냈다거나, 아들이 아비에게 불효를 하는 행위 등이다. 끝으로 귀신에 관한 것은 말하면 안 되었다. 그러나 사람 사는 세상에는 이런 일이 수두룩한 법이다. 수두룩한 정도가 아니라 이런 괴력난신 속에서 풍속이 정해지고 역사가 움직였다 해도 지나치지가 않다. 하나의 소릿길이 있다면, 그 소릿길 옆댕이에는 작은 시내도 있고 언덕도 있고 들판도 있는 법이다. 그래서 그 소릿길이 온전할 수 있는 것과도 같다.

제사를 지내는 엄숙한 한때의 장소라면 그렇게 요구할 수도 있고 당연히 그럴 수도 있는 일이다. 그것도 활달한 사람이라면 참아내기가 어렵다. 그것이 하루 정도의 시간이라면, 참아내는 정도가 지나치기 때문이다. 그런데 그 짓을 평생토록 요구한 것이다. 아니다. 유교가 행해지던 천 년 동안은, 한결 같이 삼가고 조심해야 할 덕목이었다.

그 짓거리가 점잖은 선비의 격식이자 명분으로 굳으면서, 그러니까 도저히 그렇게 될 수 없는 허세가 율법이 되면서 유교는 스스로 엇나가고 곪기 시작했던 것이다. 겉행실만 그런 것이 아니다. 도·덕의 뿌리를 무시하고 仁으로 밑둥을 삼은 유교의 사고思考가 온전했을 리가 없다. 그것은 누구의 생각으로도 불가능한 일이다.

온전하지 못한 사상이 모든 행동규범의 푯대가 되는 것이 위험했으니, 마음속에 품은 생각은 더욱 온전하지 못했을 것도 불을 보듯 빤했다.

당장에 사대부나 선비란 작대기들의 살림이 그 모양이었으니, 백성의 살림은 더욱 옥죄고 피폐했을 것은 말할 것도 없다. 벼릿줄이 성치 못하고 고장이 생기면, 그물바닥이 흐트러지고 뭉개질 것도 정해진 사실이다. 뭉개진 그물이 어찌 그물노릇을 할까? 앞을 보면서 돈을 벌고 희망을 벌어야 살맛이 나는 것이 바닥기층민이다. 그러나 그 희망을 통째로 몰수당한 것이 이조 백성이었다. 그러고도 이조가 부강한 나라이기를 바랄까?

정치가 무엇인가. 우선적으로 국민의 생활을 든든하게 보장하는 일이다. 그러자면 무엇보다 밥을 먹고 돈을 벌고 힘을 쓰도록 돕는 일이다. 형이상학의 정신 살림이 아니라 형이하학의 육신살림을 든든하게 보장해야 한다는 뜻이다. 백성들로 하여금 희망을 갖고 미래를 갖도록 하는 일이다. 그게 정치의 본령이다. 돈을 벌고 희망을 벌면서 살아야 살맛이 나는 것이 민중이라는 말이다. 이조는 정치를 하는 상층과 바닥 하층이, 그렇게 해서 통째로 거덜이 난 나라였던 것이다.

다시 홍익인세의 숨결

이야기를 쉽게 끌어내는 편법으로 유교를 화북에서 태어났다고는 했으나, 그것은 겉모습으로 그렇다는 말이고 알갱이를 집어서 말한다면 바이칼의 홍익인세 정신이 라고 할 수 있다. 공자는 화북지방에서 태어났고, 그 공자가 유교를 창시했지만, 유교의 정신뿌리는 훨씬 깊숙이 파고들고 있으므로 그것을 바이칼의 홍익인세에서 찾아야 한다는 뜻이다.

그 까닭을 앞 장에서 비친 바가 있다. 곧 홍익인세는 장승과 벅수에서 태어나고, 그 장승과 벅수는 바이칼의 문명이기 때문이다. 유교만이 아니다. 노자의 도교문화도 홍익인세문명에서 올라온 것이다. 그러니까 중국의 도교나 유교는 그 뿌리를 함께 홍익인세에다 두고 있다는 말이다. 더 살핀다면 홍익인세는 장승과 벅수의 문명이고, 장승, 벅수는 바이칼이 낳고 길러낸 문화다.

바이칼은 우리 민족이 원시살림을 했던 최초의 나라 곧 한국桓國이 있던 지역 이름이다. 그 한국은 통째로 부를 적에 쓰는 호칭이었고, 나누면 12연방으로 벌어지는 광활한 나라였다. 동서의 폭이 2만 리가 넘었고, 남북의 길이는 5만 리에 달했다. 거기서 원시 도덕문명인 홍익인세로 나라살림을 펼친 것이다. 오늘의 세계인류는 바로 그 바이칼에서 키운 문명을 기반으로 동서의 나라들이 각기 자기들의 풍토에 맞는 문명을 키운 것에 불과하다.

서양문명의 뿌리노릇을 하는 것이 수메르였고, 그리스였고, 로마였다가 유럽으로 번졌고, 그 문명이 아메리카로 건너갔다는 주장도 펼쳤었다. 흔히 원시문명이라고 하면, 돌도끼를 들고 들짐승의 뒤나 좇던 야만의 살림을 상상하지만, 그것은 거칠고 강팍한 토양에서 늘 먹을 것을 찾아 헤매던 서양인들의 교육에서 시작된 관념일 뿐이라는 말도 했다. 아메리카 원주민들이 엉덩짝에 몽골반점을 달고 있고, 그들의 관습은 인위적인 서양문명보다는 자연의 숨결을 지닌 동양인의 관습에 가깝다는 것이 그것을 증명한다. 바이칼 살림이 쪼개질 적에 그 한 무리가 베링해협을 넘어갔다고 보는 것이 오늘 학계의 정설이다.

동양은 동양대로 한문문화를 중심한 동방문명이 바탕에 깔리는데, 그 동방문명의 주역은 ᄇᆞᆰ달민족이라는 말도 했을 것이다. 바로 한문이 ᄇᆞᆰ달민족의 글이라는 주장이 있다. 단지 우리가 그 증거를 내놓지 못하는 것은 신라의 삼국통일 당시 백제의 역사와 고구려의 역사가 불길에 없어졌기 때문이다. 한문글자뿐이 아니라 ᄇᆞᆰ달 시절에는 글자 만드는 일이 얼마나 쉬웠던지, 우서雨書가 있고, 화서花書가 있고, 용서龍書가 있고, 투전문鬪佃文이 있고, 산목目이 있었다고 『ᄒᆞᆫ단고기』는 말한다.

그 외에도 많은 글자가 있었으리라고 주장하는 것이다. 그 주장을 뒷받침하는 것이 역시 『ᄒᆞᆫ단고기』 안에 들어있는 『단군세기』의 기록이다. 제3세 단제의 이름은 가륵嘉勒이다. 아직 풍속이 하나같지 않았다. 지방마다 말이 서로 다르고 형상으로 나타내는 참글眞書*이 있다 해도, 열 집 사는 마을에도

* 옛 어른들은 한문을 진서라고 했다. 참글이라는 뜻이다. 형상으로 된 글이기 때문에 보기만 해도 뜻을 알았다고 본문에서 설명한다. 곧 상형문을 말한 것이다.

말이 서로 통하지 않는 경우가 많고, 백 리 되는 땅의 나라에서도 서로 글을 이해키 어려웠으므로, 마침내 삼랑을보륵參郞乙普勒에게 명하여 가림토 38자를 정선精選토록 했다는 것이다. 이 이야기도 앞에 소개 된 바가 있다.

이렇게 창조성을 타고난 민족이었으니, 그리고 더욱 산에서 산으로 이동하면서 자란 불사신의 자손이었으니, 여기 아시아의 동쪽 물가에 새우등으로 꼬부려 붙은 반도에서, 열강들의 틈서리에 끼어 사는 형편임에도 죽지 않고 버티는 기개와 생명이 있는 것이다. 그 생명력과 기개와 창조성은 우리 민족이 산에서 기른 기상이다. 하늘이 내린 것들이므로 스스로를 천손天孫으로 자부한다. 다른 민족에게서는 쉽게 볼 수가 없는 밝달민족만의 영원한 긍지이자 자부심이다.

이 긍지 그리고 자부심은, 역사를 지키지는 못했지만, 민족의 가슴과 핏줄에서 맥맥이 흐르는 중이다. 그것의 방증傍證이 무궁화를 사랑하는 민족이요, 해의 빛을 닮은 흰옷을 즐기는 백의민족이라는 점이다. 무궁화는 일시에 피었다가 일시에 지는 일본의 벚꽃과는 차원과 격格이 다르다. 또 화려하지는 않지만, 오랜 생명력으로 초여름부터 늦가을까지 끈질기게 피는 꽃이다. 동시에 무궁화는 샤먼 곧 무당을 상징하기도 하는 꽃이다. 무당은 하늘과 땅을 잇는 존재요 그런 스승이다. 하늘과 땅을 이어놓고 그 사이에서

우리 태극기가 상형문 곧 참글이다. 가령 가운데 동그라미에 곡선이 그려져서 나뉜 것은 음과 양이다. 붉은 것이 양이고 푸른색이 음이다. 밖에 있는 4개의 괘는 우주 원소인 물, 불, 공기, 흙을 나타내고 있다. 가령 물은 가운데서 세차게 흐르고 가에는 흐름이 약한 법이다. 그런 뜻의 감괘 ☵는 水를 그린 것이다. 불은 가운데에 쏘시개가 있고 겉에 있는 것은 불길이다. 그래서 이괘 ☲는 火를 그렸다. 하늘은 양을 나타내는 건괘 ☰이고, 땅은 음을 나타내서 곤괘 ☷로 그렸다.

춤을 추는 '巫'는 그런 속성을 과감 없이 보여주는 글자다.

이 巫를 형상적으로 나타낸 글자가 바로 舜(순)이다. 손을 헤기고 양발로 땅을 재겨 디디면서 구른다. '무궁화 舜(순)'으로도 읽는 이 글자는 갈 데 없는 굿판의 무당모습이다. 그러니까 순 임검은 곧 무당 임검이었는 뜻이다. 그 舜이 동이족 사람인 것이 글자로 증명된 셈이다.

『부도지』의 기록으로는 사람 노릇에서 낙제한 폭돌한 인물들인데, 공자가 『서전』을 날조하면서 세상에 없는 성군聖君으로 만든 것이다. 요·순은 다 우리 쪽 사람이다. 堯에서도 舜에서도 그 인물들의 개성과 업적이 똑 같이 드러나고 있다. 堯는 오행법을 만들면서 중앙에 있는 土를 임금으로 주장했기 때문에 兀(축대) 위에 土를 세 층으로 겹쳐서 그 인물을 상징했다. 세 층의 섬돌층계는 당시 천자를 상징했으므로 그가 스스로 천자를 참칭僭稱했음을 지적한 것이다. 舜도 제정일치시대의 무당 임검이었음을 글자에서 읽는다.

그 숨결의 『천부경』

유교儒教의 '儒'는 사람이 비를 비는 것을 그린 상형문자다. 공자시대에 그랬다는 것이 아니다. 공자로부터 대개 천 년을 앞서 상商나라가 있었다. 뒤로 오면서 은殷으로 고쳐 부른 나라다. 알다시피 하·은·주를 삼대三代라고 하는데, 상나라를 세운 탕湯 임검은 폭군이었던 하夏의 군주 걸桀을 들어 엎고 상을 건국한다. 걸은 말희妹嬉라는 여인에게 빠져서 정치를 돌보지 않았다. 주지육림이란 말을 처음 만들어낸 군주이기도 하다.

그 정도가 얼마나 심했는가 하면 술로 연못酒池을 만들었는데, 술지게미가 십 리의 제방에 비교될 정도였다. 북을 치면 못가에 있는 사람들이 일제히 소처럼 엎드려서 술을 마셨다. 그가 밤을 새워 놀 적에는 벌거벗은 남녀가 서로 좇고 쫓기는데 그 꼴을 본 백성들은 한숨을 쉬었다. 또 말희가 웃는 것을 보기 위해서 날마다 국경에 봉화를 올리는 것이 일이었다. 봉화는 외국군대의 침범을 알리는 비상시의 횃불이다. 곧 전쟁을 말하는 그것을 재미삼아 올리지는 않는다. 말희가 웃는 것을 보기 위해 봉화를 올렸다니 다한 말이다. 이런 포악한 군주를 내치고 상나라를 세운 것이다. 말하자면 신하가 임금을 이긴 최초의 역사적 사건이자 성공한 혁명이기도 했다. 어려운 혁명에 성공했대서 후세 사람들이 그를 성탕成湯으로 높인다.

성탕이 집권한 상나라 초기에 7년간이나 비가 오지 않은 변괴가 있었다. 태사를 시켜 점을 치게 했더니 사람을 희생으로 제사를 지내라는 점괘가 나왔다. 신하로서 임금을 친 것이 그렇게 큰 죄목이었던 것이다. 탕은 망설이지 않았다. "내가 비를 기다리는 것은 백성을 위해서다. 기어이 희생이 필요하다면 내가 될 수밖에는 없다"하고 스스로 재계하고, 손톱을 깎고, 머리를 풀고, 장식 없는 수레에 흰 소를 멍에 하여 타고는, 상림桑林의 들판으로 나가 스스로를 꾸짖는 여섯 조항의 말을 하늘에 사뢰었다.

"제가 한 정치가 절제를 잃고 문란해졌기 때문입니까? 백성이 직업을 잃고 곤궁해졌기 때문입니까? 제 궁전이 너무 화려했기 때문입니까? 입김 센 여자가 참여해서女謁 정치가 공정치 못했기 때문입니까? 뇌물이 성해서 정도正道를 해치고 있기 때문입니까? 참소하는 말로 인해 어진사람이 배척당했기 때문입니까?"

그러자 그 말이 끝나기도 전에 큰비가 내려서 수 천리의 땅을 적시었다고 했다. 그러니까 사람이人, 비를 빌기 위해雨, 띠풀을 깔고 앉은 앞에 여러 사람이 늘어선 상황而을 말하는 것이 '儒'라는 이야기다. '儒'자를 다시 풀면, 사람이人 필요한 것需만을 요구한다는 뜻을 갖는다. 글자의 속성이 그렇거든, 그것이 하필 사람을 희생으로 바치는 제사에서 유래한다는 것은, 괴력난신을 말 못하게 한 유교의 감각으로 어긋난다는 뜻이다. 괴력난신을 말 못하게 하는 유교의 특성은 앞에서 살폈다.

유교는 공자·맹자의 가르침을 말하고, 그들의 언행은 화북평원의 숨결로 낙착한다. 다시 말해서 유교는 화북평원의 부와 여유에서 올라왔다는 말이다. 전쟁을 해도 먹을 것 때문에 한 것이 아니므로 기껏 제기祭器나 몰수해 오는 풍토인 것이다. 그런데도 유교의 몸짓은 많은 부분에서 스스로를 제약한다는 평판을 듣는다. 괴력난신을 말하지 않는 공자의 가르침이 우선 그렇지만, 반드시 갓을 쓰고 도포를 입어야 선비가 되는 것도 그렇다. 인위적으로 꾸미는 것이 많다는 지적이다. 이것은 노자의 무위사상과 비교할 때 두드러지는 특징이기도 하다.

그러나 그런 시시콜콜한 이야기를 하자는 것이 아니다. 노자든 공자든 그들 사상이 우리의 홍익정신에서 나왔고, 『천부경』에서 나왔다는 것을 말하려는 것이다. 차제에 『천부경』을 짚어보자. 경전이라고 하지만 하품이 나올 정도로 빈약한 것이 『천부경』이다. 겨우 81자의 글자로 된 것을 경전經典*으로 전한다.

* 經은 베틀에 올린 실줄로 베를 짠다는 의미고, 典은 책상에 올려놓은 책을 그려낸 상형문이다. 뜻은 經이 머금는다. "경(經)은 위(緯)니 곧 가로세로의 뜻이다.

"一始無始一 析三極 無盡本 天一一 地一二 人一三 一積十鉅 無匱化三 / 大三合六生七八九 天二三 地二三 人二三 運三四 成環五七 / 一妙衍萬往萬來 用變不動本 本心本太陽昂明 人中 天地一 一終無終一"

그러나 이 81자 글자 안에 우주와 생명을 펼치고 접는 이치가 충분하게 담긴다. '一始無始一'로 시작해서 '一終無終一'로 끝내는 경전이다. 이 안에 하늘의 일과 땅의 일과 사람의 일이 모두 들어있다. 중간에 / 을 두 개 두어서 세 등분으로 알기 쉽도록 나누어 보았다. 풀이하자면 이렇다.

하나는 시작된 데가 없다 시작됨으로 하나다一始無始一. 쪼개면 셋으로 나뉘는데 근본은 다하지 않는다析三極 無盡本. 하늘은 하나로서 하나며天一一 땅은 하나로서 둘이며地一二 사람은 하나로서 셋이다人一三. 하나가 쌓여 열로 커져도一積十鉅 담을 그릇이 없으므로 (다시) 셋이 된다無匱化三.
큰 셋이 합쳐서 여섯이 되면大三合六 (그 여섯이) 七八九를 생한다生七八九.* (그렇게 되면) 하늘은 둘이면서 셋이요天二三 땅도 둘이면서

말로 나타낼 수 없는 묘한 이치를, 더러는 가로로 말해보고 더러는 세로로 말해서, 어떤 것은 줄기차게 까뭉개고, 어떤 것은 굳이 세워, 그것으로 하나의 틀거리를 만들어서 어리석은 이를 가르쳐, 하여금 피안에 닿게 하는 것" 이다.

* 『천부경』과 주역은 서로 통한다. 여기 수사가 그렇다. 6, 7, 8, 9는 계절을 나타낸다. 6은 겨울이고, 7은 봄이고, 8은 가을이고, 9는 여름이다. 그러니까 겨울 숫자인 6에서 7인 봄과 8인 가을 그리고 9인 여름 숫자가 번져 나간다는 뜻이다. 봄과 여름은 양(陽)의 숫자이기 때문에 홀수고, 가을과 겨울은 음(陰)의 숫자라서 짝수다.

셋이요地二三 사람도 둘이면서 셋이다人二三. 운행하는 것은 三과 四요運三四 두렷이 고리를 이루는 것은 五와 七이다成環五七.

하나가 묘하게 번져一妙衍 만 번을 가고 만 번을 오되萬往萬來 쓰임은 변해도 근본은 움직여본 적조차 없다用變不動本. 근본 핵심 – 태양 – 은本心 근본도덕 – 昻明 – 이니本太陽昻明 사람 속에서 천지는 하나다人中天地一. 하나는 마치는 데가 없으나 마침으로 하나다一終無終一.

마지막 昻明은 사람의 몫인 用을 말한다. 인간의 도덕정신을 하늘의 주인으로 떠있는 태양의 도덕과 소임所任에 비긴 것에 유념할 일이다. 이 昻明 부분이 바로 『천부경』의 핵심이다.

『천부경』은 어려운 경전으로 통한다. 당연하다. 현대를 사는 사람들은 너나없이 문명의 이기 속에서 살기 때문이다. 그런데 『천부경』은 문명이 아직 나오기 전의 원시적 감각으로 우주호흡을 펼쳐낸 것이다. 그래서 체질적으로 서로를 받아들일 수가 없고 용납하기가 어렵게 되어 있다. 『천부경』에서 인문의 진수眞髓인 홍익인간이 나왔고, 그 홍익인세에서 정밀한 태양력과 태음력이 나왔다. 그리고 같은 방식의 책력을 주장하는 것이 주역이다. 주역 건괘乾卦 문언文言 장에 책력을 만드는 법수法數가 잘 정리되어 있다. 책력의 근본원리는 천체학이다. 그러니까 주역과 『천부경』은 같은 내용이다. 굳이 선후를 따진다면 훈국의 『천부경』이 앞서는 것이요 붉달나라의 주역이 뒤가 된다.

그러나 『천부경』은 훨씬 열려있고 개방된 데 반해 주역의 논리는 많이 가려져있다. 비유한다면 『천부경』은 친절한 할아버지의 이야기지만, 주역은 공부 많이 한 학자의 언행이다. 이야기의 분위기에서 그렇다는 말이다.

마치 퍼즐을 맞추듯이 풀어가지 않으면 끝까지 알 수 없는 게 주역이다. 이렇게 된 것 역시 원시의 숨결이 짙고 옅은 데서 오는 차이이다. 그러나 그들 모두가 원시의 감각으로 되어있는 점에서는 같다.

동양의 천체학은 곧 과학의 바탕이다. 동시에 모든 인문학과 철학, 그리고 의학의 바탕이 된다. 그래서 동양과 서양에서 말하는 과학이 서로 다르고, 철학이 다르고, 사람의 병을 다스리는 의학의 바탕이 다르다. 저들은 동양과 같은 관념으로 하늘을 보지 않았기 때문에 철학과 의학에서 늘 발전을 말해온다. 그러나 하늘의 별자리 호흡은 예나 이제나 언제나 일여一如한 법이다. 천체의 숨결은 달라질 수가 없다는 말이다.

우리의 책력에서는 1년이라는 시간을 365일 5시간 48분 46초라고 말한다. 이 천제호흡의 비밀을 밝힌 것은 밝달나라 초기다. 『혼단고기』 안의 「신시본기神市本紀」에서 그렇게 주장하는데, 지금부터 대개 5천 4백 년 전의 일이다. 그때부터 우리는 이미 정확한 태음력과 태양력을 같이 써왔던 것이다. 물론 기록이 그렇다는 것이지 그 내용을 안 것은 아니다. 그러나 밝달나라 초기에 기록이 나타났다는 것은 그 이전에 이미 그 내용을 썼다는 말이지 않을까?

서양인들이 오늘의 정확한 책력을 갖게 된 것은 2백 년 남짓이다. 기독교의 성서가 주장하는 천동설에 갇혀서 숨을 못 쉬다가, 지동설을 알고 나서의 일인 것이다. 그것도 숱한 착오를 경험하면서 도달한 결론으로서의 책력이다. 그러나 우리는 문명의 초기부터 지동설을 말해왔고, 땅덩이가 다른 별과 함께 하늘을 떠도는 별의 하나라는 것을 믿어왔다. 이런 기록은 『혼단고기』에도 자주보이지만, 『부도지』에는 한 달을 28일로 해서 1년을 13개월로 정리한, 정확한 태양력을 만드는 법칙이 아주 자세하게 설명되어있다.

붉달민족의 공자

유교를 창시한 공자는 뿌리가 붉달나라 사람이다. 공자의 가계家系 곧 족보에 대해서 처음 말한 사람은 다른 이가 아닌 중국의 사마천이다. 그가 자기의 『사기史記』*에서 공자의 뿌리를 처음으로 밝힌 것이다.

"공자는 은나라 탕湯 임검의 후손이다. 탕의 자손에 미자微子라는 이가 있었고, 그의 후손에 송나라 양공襄公**이라는 이가 있었는데, 그가

* 사마천이 저술한 방대한 역사서책 이름이다. 사마천은 역사가 사마담(司馬談)의 아들이다. 한무제가 태산에서 봉선의식(封禪儀式)을 행할 때 참석 못한 것을 분하게 여겨 죽으면서 아들 사마천에게 중국역사를 쓰도록 당부한 것이다. 그후 사마천은 흉노와 용감히 싸우다가 포로가 되어 사로잡힌 이릉(伊陵)을 극구 변호하다가, 무제의 노여움으로 궁형(宮刑)을 당했다. 사내로써 거세당하는 것을 죽는 것보다 더한 수치로 여기는 시대였지만, 사마천이 그 수치를 참고 상고의 황제(黃帝)로부터 전한의 무제(武帝)까지 2천 수 백 년에 걸치는 통사를 쓴 것이 『사기』다. 왜 중국역사를 삼황오제의 하나인 황제로 시작을 삼았을까? 붉달나라 시절에 제13세 흔웅천왕은 사와라(斯瓦羅)천왕이다. 우사(雨師) 벼슬에 있던 황제헌원(黃帝軒轅)을 직무유기죄로 쫓아냈다. 그 다음 치우천왕은 호랑이 토템족을 황하 북쪽으로 추방시켰다. 쫓겨난 호랑이족을 찾아간 것은 황제였다. 그로부터 한족(漢族)이 황제를 자기들의 조상으로 섬겼다는 기록이 『흔단고기』의 「신시본기」에 있다. 사마천 앞의 공자가 『춘추』와 『서전』을 지어서 역사가 노릇을 했지만, 사마천을 최초의 역사가로 치는 것은 그가 저술한 『사기』가 워낙 방대한데다가 탄탄한 그 구성이며 내용 때문이다. 공자가 삼황오제에 대해서 언급을 회피한 것이 사마천에게로 대물림이 되고, 그 후에 반고(班固)의 『전한서』, 범엽(范燁)의 『후한서』, 진수(陳壽)의 『삼국지』, 사마광(司馬光)의 『자치통감』에 이르도록 그들 역사가들은 삼황오제를 숫제 외면하고 있다.

** 흔히 송양지우(宋襄之愚)라 하여, 송나라 양공의 어리석음을 말할 때 끌려나오는 그 양공이다. 송나라와 초나라가 장강을 사이에 두고 큰 전쟁을 벌였는데, 장강을 건너는 초나라 진영이 어지럽게 흐트러지고 있었다. 송나라 장수가 양공에게

불보하라는 아들을 두었다. 불보하의 4대손인 공보가는 공자의 6대 조부인데, 이분이 송나라에서 재상 화독에게 죽자 그의 아들이 노나라로 달아나 공씨가 노나라 사람이 되었다."

또 공자의 출생에 대해서 『예기禮記』는 다음과 같이 쓰고 있다.

"공자가 나이 어려서 아비를 여의었으므로, 그 무덤을 알지 못했다. 어머니가 죽자 오보의 거리에 나가 빈殯하니 보는 사람들이 모두 장사 지내는 걸로 여겼다. 관을 끄는 줄을 보니 빈 하는데 쓰이는 것이었다. 추만보의 어미가 이상하게 여겨 그 까닭을 물었는데, 공자는 모든 것을 사실대로 말했다. 추만보의 어미는 공자의 어미와 이웃에 살았으므로 공자의 아비 무덤을 알아 공자에게 알려 주었다."

후세의 학자 정현鄭玄*이 이 대목에 주를 달기를, "추鄹 땅에 숙량흘叔梁紇이

말했다. "지금입니다. 초나라 진영이 한창 어지럽게 흐트러졌으니, 지금 공격하면 우리가 이깁니다." 그러나 양공의 대답은 엉뚱했다. "군자로서 남의 어려움을 이용한다는 것은 예가 아닙니다. 저들이 강을 건너고 전열을 가다듬은 다음에 공격할 것입니다." 결국 송나라 양공은 대패하고 말았다. 물론 송양공은 어리석은 사람이다. 그러나 그를 꼭 어리석다고만 하기에는 무언가로 켕기는 구석이 있다. 그 시절 사람들의 어이없도록 큰 배포를 말하고 싶어서다. 먹을 것 때문에 전쟁을 하는 서양인들로서는 좀체 이해가 되지 않는 동양군자들의 여유로움이다.

* 후한의 학자로 금문(今文)과 고문(古文)에 정통했다. 주역과 상서(尙書), 논어, 효경 등에 주를 달았고, 금문, 고문에 대한 제가의 학설을 종합하여, 전한·후한의 경학을 집대성한 정학(鄭學)으로 유명하다. 고명한 훈고학자로서 청나라가 그때까지의 훈고학(訓詁學)을 정리할 때 고증학자로 존경을 받았다.

안씨의 딸 징재徵在와 야합하여 공자를 낳았다. 그러므로 쟁재는 이를 부끄럽게 여겨서 공자에게 알려주지 않았다" 했다.

야합으로 태어난 사생아 공자는 그러나 훌륭한 인품으로 성장했다. 훌륭해진 공자는 무려 19년 동안 천하를 떠돌면서 자기의 사상으로 천하의 군주를 설득하려 들었다. 그러나 그의 학설을 쓰자는 군주는 어디에도 없었다. 아무도 돌아다보지 않는 상갓집 개꼴을 하고 돌아다니다가 결국은 실패로 끝내고 돌아와서 『춘추』를 지었던 것이다. 공자가 만년에 고향으로 돌아와서의 이야기다. 죽기 전에 자공子貢에게 했다는 말이 역시 『사기』에 적혀 있다.

"'자공아, 천하에 도가 없어진지가 오래이므로 이제 나를 알아 줄 사람은 없다. 하나라 사람들은 죽은 이의 빈소殯所를 동쪽 뜰에다 하고, 주나라 사람은 서쪽 뜰에 한다. 또 은나라 사람은 두 기둥 사이에다 모신다. 그런데 어젯밤 나는 두 기둥 사이에 누워있는 꿈을 꾸었으니 나는 은나라 사람이다.' 그리고 이레 만에 죽으니 그의 세수世數가 일흔 셋이었다."

문왕의 아들 무왕이 역성혁명易姓革命으로 세운 것이 주周였다. 그 주나라가 하나라 자손에게 기杞를 봉해주고, 은나라에는 송宋을 봉해주었다. 조상의 제사를 위해 땅을 봉하는 것이 당시의 법속이었던 것이다. 은나라는 성탕이 세웠다. 성탕이 동이족이라는 것은 천하가 인정하는 정설이다. 공자가 만일 자기의 혈통에 대해서 일찍 알았더라면, 『서전』을 짓지는 않았을 것이다. 이것은 평소의 언행으로 보아 알 수 있는 일이다.

백두산 꼭대기에 떨어지는 두 개의 빗방울이 근소한 차이 때문에 압록강으로 흘러서 서해바다로 가고, 두만강 물이 되어 동해로 들어간다. 공자가 제 혈통이 이족임을 알았더라면, 이족夷族의 역사를 무시하는 투의 『서전』을 짓지는 않았을 것이다. 『서전』을 짓지 않았다면 유가의 선비들이 그처럼 공·맹의 고장인 중국을 맹목적으로 떠받들지도 않았을 것이다. 공·맹이 없는데 어찌 주희朱熹*가 있을 것인가? 주희가 없는데 어찌 성리학이 나올 수가 있겠는가? 그들의 존재를 문제 삼자는 것이 아니다. 그들 존재를 무조건 떠 인 조선의 유교를 돌아보자는 것이다.

성리학의 피해는 오직 우리만이 입은 적폐積弊였다. 그러니까 공자·맹자를 맹목적으로 따랐고 존숭했던 폐단이, 김춘추의 신라에서 시작되어 고려로 전해졌고, 고려에서 『삼국사기』가 나와 뿌리가 깊어지다가, 안향安珦이 새로운 학설인 주자의 성리학을 수입했던 것이 이조 정치의 기본이 되었다는 이야기다.

안향이 주자학을 수입해오지 않았더라면 성리학은 비켜갔을지도 모르는 일이다. 그러나 역사에 가정은 어차피 통하지 않는다. 그가 원나라에 들어간 것부터가 어쩔 수가 없는 필연이었다. 당시 고려는 원의 지배하에 있었고, 그렇게 원과의 관계는 어쩔 수가 없었던 것이다. 거기서 주자학을 만났

* 북송의 성리학자 주자를 말한다. 유가에서는 공자와 주자를 특별히 대접하여 부자(夫子)라는 호칭을 쓴다. 天子보다 夫子가 높다는 뜻이다. 진시황의 분서갱유(焚書坑儒)에 없어진 서책을 그가 정비해냈기 때문이다. 그러나 괴력난신을 말하지 않는 공자의 가르침이 주자에 이르러서 절정에 닿았다는 뜻이기도 하다. 말하자면 정신의 세계를 말하지 않는 마르크스의 유물론(唯物論)이 일찍이 공자에게서 있었고, 그 유물론이 주자에게서 성리학(性理學)으로 꽃을 피웠다는 말이다.

고, 필사를 해서 가져온 것도 학문하는 학자로서는 당연한 일이었다.

새로운 학문이 들어오자, 가뜩이나 새것에 목말라있던 사람들이 혹(!)해서 덤벼든 것도 자연스럽다. 고려 후기의 시대상황은 무신들의 집권에서 오는 정치적 불안과 불교의 부패*는 물론이고, 무속의 지나친 성행과 원의 침탈 등으로 백성의 생활이 너무 어렵게 돌아가는 형편이었다. 한 마디로 서산에 떨어지는 해처럼 빛을 잃고 무너지는 나라였다. 그런 때였으니 성리학은 충분히 환영될 만한 학문이었던 것이다.

그러나 이조로 들어오면서 그 성리학이 정치학으로 자리를 잡았다는 게 비극이었다. 성리학은 앞에서 비친 대로 유물론의 학문이다. 아직 공산주의가 나오기 전인데 무슨 유물론이 당하냐고 할지도 모른다. 그러나 생명의 원리를 주장하는 학문이 숨을 쉴 여분의 공간을 두지 않았다는 데서는, 갈데 없이 마르크스의 유물론과 맥을 같이하고 있다. 하늘의 도와 땅의 덕으로 생명은 살아가고 숨을 쉰다. 그런 법이다. 그 도덕의 뿌리를 자르고 인仁으로 바탕을 삼은 것이 공자의 유교였다. 도덕이 이미 죽은 자리이므로 생명이 여유롭게 숨을 쉴 수 있는 여분의 공간이 없을 것은당연하다. 그점이 노자의 도교와 다르다고 앞에서 비교하고 설명했다.

* 불교의 사원인 절은 산에 있는 것이 옳다. 그 불교가 고려에서는 도시로 쏟아져서 당시 송도의 가구가 12만 호였는데, 그 속에서 기생한 절이 360개가 넘었다고 한다. 갖은 이설과 교묘한 방법이 포교의 수단이 되어 민중을 착취했다. 산의 환경에 기대야 할 종교가 도시의 혼탁한 구정물에 오염이 되었던 것이다.

힌두스탄의 불교

그 풍토를 말한다면 석가모니는 먹을 것이 가장 풍요로운 힌두스탄을 배경으로 태어난다. 그래서 먹을 것에 악착한 예수의 풍토와 달랐으므로 불교는 먹을 것에 대한 관심이 전혀 없다는 쪽으로 말해졌다. 불교 경전에 정치 이야기가 없는 것이 그 증거다. 그러나 그런 이야기가 아니다. 석가모니의 불교가 한문문화권으로 진입하면서 대승불교라는 화려하고도 커다란 결실을 맺는 것에 대해서다. 다시 말하면 원시불교인 소승불교가 대승불교로 굴절을 하면서 사람이 중심 되는 인본불교人本佛教로 우뚝 섰다는 점을 확실하게 드러내려는 것이다. 소승불교라고 인본주의가 아닌 것은 아니다. 그러나 작고 미미했던 소승불교 숨결, 곧 인본주의 숨결이 한껏 커지는 것에 대해서는 아직 말한 바가 없다.

결론부터 말한다면, 천·지·인을 말하는 한문문화권에서 불교가 힘을 얻어서 대승大乘으로 완성되는 점을 캐 보자는 것이다. 그러니까 사람을 삼라만상의 중심에 세우는 한문문화가 다소 애매해서, 원시原始 원형原形의 숨결을 벗어나지 못한다는 점을 솔직히 인정하자는 말이다. 그 원시의 인간중심사상을 확실하게 디뎌서면서 볼만한 인본주의의 상아탑을 쌓은 불교가 어떻게 서로 맞아떨어졌는가에 관해서 이야기해보자는 말이다. 이 부분을 세세하게 짚지 않으면 말하려는 본뜻과 어긋날 수가 있다.

대승불교의 시작은 달마로부터다. 달마達磨는 정확하게 석가모니의 28대 제자에 해당한다. 여기 제자라는 말은 그가 28대 조사祖師라는 말이다. 조사는 석가모니의 정법을 잇는 사람이다. 달마는 본시 인도에 있던 작은 나라 향지국香至國의 왕자였다. 한 번은 스님이 왕궁에 와서 설법을 했는데, 설법

끝에 물었다.

"이 나라에 보배가 있습니다. 그 보배가 무엇이라고 생각하십니까?"

다른 왕자들은 각기 창고에 있는 칠보의 보배를 가리켰다. 그러나 달마는 달랐다.

"그런 보배들은 값으로 따질 수가 있습니다. 그러나 값을 매길 수가 없는 보물이 있으니, 그건 오늘 스님이 말씀하신 불법입니다. 불법이야말로 생명의 실체를 직시直視하는 값진 보배입니다."

그 스님이 바로 27대 반야다라 존자였다. 첫눈에 서로를 알아본 이들은 이렇게 해서 27대에서 28대로 법이 내려간다. 그러나 달마는 스승인 반야다라와는 다른 풍토를 원했다. 언설을 떠난 참선법을 펴자는 생각 때문이었다. 그렇게 찾아 나선 것이 바로 한문문화권의 풍토였다. 인도문화나 중국문화나 먹을 것으로 다투지 않는 점에서는 같다. 그러나 정신풍토에서는 같을 수가 없는 차이가 있다. 그 차이는 그들이 사용하는 언어가 다르다는 것으로 말해질 수가 있다. 중국어가 고립어孤立語인데 반해 인도어는 굴절어屈折語인 것이다. 굴절어와 고립어의 차이를 알 것이다. 먹을 것이 풍요로운 석가모니의 인도가 어째서 먹을 것이 부족한 사람들의 언어인 굴절어를 쓰느냐다.

베다 이전의 인도 역사에서 굴절어가 쓰였음을 읽을 수 있다. 그러면 인도가 굴절어를 수입했느냐? 수입이라면 수입이지만 굴절어를 쓰는 사람들이 침략하면서 만들어낸 대거 유입이었다고 보는 편이 보다 옳을 일이다. 그 굴절어를 쓰는 사람들은 지금의 이란 곧 옛적의 페르시아인들이었다. 그들의 손에는 인류역사상 처음으로 만든 철제무기가 들려있었는데, 그들은 스스로를 고귀한 자란 뜻의 '아리안'으로 칭했다. 그들 아리안 중에서도 앗시리안이 첫 철제무기를 들고 힌두쿠시 산맥을 넘어서 펀잡 지방으로 쳐들어간 것이다. 대개 B.C 30세기였다.

우리 같으면 저 중원의 서토에서 밝달나라가 한창 문명을 꽃 피울 때다. 천체학에 대한 이해가 무르익어서 주역이 이미 나왔고, 태음력과 태양력의 책력이 보편적으로 쓰였으며, 따라서 태양의 공전주기가 365일 5시간 48분 46초라는 것도 상식이었다. 아는 대로 펀잡은 인도의 서쪽에 위치한다. 거기 인더스강의 비옥한 물줄기가 삼각주를 형성했으므로, 펀잡은 일찍부터 볼만한 문명이 싹텄던 곳이다. 인도라는 이름도 실은 펀잡의 인더스에서 유래한 것이다. 페르시아의 앗시리아인을 시작으로 중동인은 대개 천 년에 걸쳐서 줄기차게 힌두쿠시를 넘는다. 모두가 철제무기를 들고 아리안을 자처하는 사람들이었다. 그 아리안들에 의해서 굴절어가 자연스럽게 유입되었던 것이다.

굴절어의 아리안들은 자기들끼리 전쟁을 일삼았다. 먹을 것 부족으로 싸우던 사람들은 그 습관을 버리지 못해 늘 치고받는 것이 일이었다. 그렇게 1,500년 이상을 싸우던 그들은 마침내 그것이 부질없는 짓이었다는 것을 깨닫기 시작한다. 그들도 비로소 힌두스탄의 부富에 눈을 뜬 것이다. 그러나 볼만 했던 원주민들의 문명은 이방인들의 전쟁 등쌀에 어지간히 망가진 후였다. 그렇게 기존의 문명을 망친 사람들이 정신을 차리면서 자기들만의 색다르고도 독자적인 문명을 창출하기에 이른다. 곧 베다 문명*이었다.

* 인류의 초기문명이 제정일치를 벗어나지 못하던 때였으므로, 제사가 바탕에 깔리는 것은 참으로 어쩔 수가 없다. 베다는 4종으로 구분된다. 따라서 베다는 제사를 모시는 브라만의 제관(祭官)과 연관이 있다. '리그베다' '사마베다' '아주르베다' '아타

'베다'는 지식을 뜻하는 말이다. 때가 제정일치의 시대였으므로 베다는 신들을 이야기하고 그 신들에게 제사를 지내는 것이 중심 되는 사상으로 이루어진다. 또 인민의 등급을 넷으로 쪼개는데 맨 위 계급은 당연히 제사장 계급이다. 제사장 계급은 '바라문'으로 칭했다. 그것은 베다를 만들고 계급을 정한 소수의 머리 좋은 사람들이었을 것이다. 그 다음이 왕족 계급인데 그들은 '크샤트리아'로 칭했다. 정치를 하는 만큼 전쟁도 떠안는 계급이었다. 그 다음 계급이 평민인 '바이샤'였고, 맨 밑이 노예계급이었는데, 그들을 '수드라'로 불렀다.

여기까지는 침입민족들이 차지하는 계급이었을 것이다. 그러니까 가장 우수한 두뇌를 가진 사람들이 평소 자기들의 신분직급에 따라 순위를 정했을 것이고, 그러다보니 높은 신분은 자연스럽게 바라문이나 크샤트리아였을 것이다. 별 볼일이 없는 계급은 평민이었을 것이며, 특별히 미움을 받는 사람들은 노예가 되어 수드라라는 말과 함께 원주민 같은 대접이었을 것이고, 원주민 중에서도 하위 층은 비인非人계층으로 묶였을 것이다. 비인계층이야말로 천민계급이어서 사람들이 접촉을 꺼리는 불가촉천민不可觸賤民이었다. 그러니까 베다 문명은 굴절어를 쓰는 서양인들이 인도 풍토의 영향을 받아서 만든 매우 독자적인 숨결인 것이다.

타고난 시인들이 신의 계시를 감지한 대문에서 하필 지식이 강조된다는 것은, 앞으로의 그들 문명이 전혀 지식을 벗어나지 못하는 지식의 산물일

르베다' 등이다. 베다의 핵심은 우주를 버티는 신들에 있다. 창조의 신 브라만, 그 창조를 보존하는 비시누, 그리고 창조를 파괴하는 크리슈나다. 파괴는 창조를 위한 것이다. 가령 봄이 오자면 겨울을 파괴해야 한다.

것임을 암시한다. 당장에 나타나는 베다와 그 베다가 결정하는 사람 계급의 문제만 해도 지식으로 된 것임을 알 수 있다. 오직 예외가 있다면 석가모니의 깨달음만은 지식이 아닌 지혜였다. 석가모니의 깨달음은 베다에서 내림한 우파니샤드에서 이어진다. 이 우파니샤드upanishard* 사상은 뒷날 바라문들의 수행과 명상의 바탕이 된다. 그 바탕에 힌두스탄의 고유 숨결인 윤회설輪回說이 깔려서 불교사상의 핵을 이루는 것이다.

또 우주원리를 브라만brhman;梵이라 하여, 개별적 원리인 아트만Atman;我과의 일체인 범아일여梵我一如를 궁극적 이상으로 삼는다. 이렇듯 불교만은 명상을 통해서 얻는 지혜의 깨달음이지만, 저들 굴절어의 서구문명은 모두가 지식이 쌓이면서 이루어내는 지식의 문명인 것이다. 지식은 배워서 아는 힘이고 경험이 익은 것이라면 지혜는 경험 이전에 본래로 타고나는 맑은 영혼이나 영감이라고 할 수 있다. 굳이 말한다면 지혜는 자연의 숨결에 속하는 것이고 우주가 내리는 법, 곧 진리의 산물이다. 브라만과 아트만은 인도 고유의 지혜인 것이다. 석가모니의 불교가 온전한 지혜에서 오는 것이라면, 석가모니를 잇는 역대 조사들도 모두가 깨닫는 지혜를 전수해온 사람들이다. 깨달음은 오직 인간의 지혜만이 이룰 수 있는 생명의 보탑寶塔이다. '천상천하에 유아독존天上天下唯我獨尊'이라는 유명한 금언도, 하늘과 땅 사이에 오직 인간을 가리켜서 하는 말씀이다. 이것은 일찍이 동방지역의 홍익

* 우파(upa)는 '가까이'란 뜻이다. 니샤드(nisard)는 '앉는다'는 말이다. 그러니까 스승과 제자가 가까이에 앉아서 자기들의 명상 내용을 주고받은 것을 말한다. 물론 글자가 나오기 전의 교육 살림이다. 베다시대가 신들을 창출하는 시대였다면, 우파니샤드는 자기들이 믿는 신의 속성을 알고 싶어 하는 시대였다. 이 두 시대를 지나서 비로소 인본(人本)의 불교시대가 오는 것이다.

인세를 설파한 바이칼 문명을 가리켰다고 해도 좋다는 말이다.

그러나 원시불교인 소승불교로서는 어딘가로 부족함이 있다. 대승불교라야 옳게 '사람'을 세울 수가 있었다. 그 대승불교를 위해 풍토를 찾아 나선 이가 곧 달마였던 것이다. 달마는 곧 바로 인간의 자성自性을 직시한다. 그는 경전 따위를 치지 않았다. 고쳐서 말하면 부처님 말씀을 중시한 것이 아니라, 부처님 마음을 곧장 가리켰다. 그래서 불입문자不入文字요 교외별전敎外別傳이다. 곧 마음에서 마음으로 전하는 직지인심直指人心이자 견성성불見性成佛을 강조했다. 이것이 달마의 전부다. 경전은 군더더기로 본 것이다.

달마가 법을 펴는 데는 무엇보다 불법을 일구어낼 정신의 풍토가 먼저 필요했다.

말로서가 아닌 마음에서 마음으로 전하고 받을 준비가 된 사람들이라야 했던 것이다. 그래서 삼현학三玄學*의 풍토를 찾아왔다. 달마가 처음 찾은 사람은 양나라 무제였다. 처음 만난 자리에서 양무제가 말했다.

"나는 임금이 된 후로 수없이 많은 경전불사를 했고, 절을 만들었고, 탑을 세웠으며, 지금도 내가 주는 쌀을 먹고 그들이 공부하고 있다. 그러면 나의 공덕은 얼마나 되는가?"

그러자 달마는 어이없기보다는 기가 막히는 답을 했다.

"없소!"

이들의 만남은 이것으로 끝이었다. 양무제는 지금 소승법의 공로를 말한

* 노자(老子), 장자(莊子), 주역(周易)이다. 이것들은 바이칼 시절의 천하대장군, 지하여장군의 장승 벅수에서 나왔고, 장승 벅수는 『천부경』 숨결에서 태어났다고 말했다.

것이다. 지혜 닦기를 권하는 것이 소승법이다. 그러나 대승은 지혜 그 자체이다. 그가 말하는 공덕은 소승에서나 공덕으로 치는 것이지, 적어도 달마가 찾는 대승으로서는 어림도 없다. 그래 단호하게 자른 것이다. 인연의 때가 아니라고 생각한 달마는 그 길로 소림의 굴에 틀어박혔다. 무려 9년의 세월이었다.

그렇게 9년을 하루같이 앉아 있던 어느 겨울 날 한 사내가 찾아 왔다. 이 사내가 달마의 법을 잇는 제2조 혜가慧可다. 그러나 달마는 상대해주지 않았다. 상대는커녕 숫제 거들떠보지도 않았다. 굴 밖에 서 있던 사내는 밤새 내린 눈에 허리가 묻혔으나 그래도 사내는 기다리면서 입문入門을 구했다. 마침내 그에게 천둥 같은 한 마디가 떨어졌다.

"대체 너는 무엇을 구하는 놈이냐?"

"마음이 이렇듯 불안합니다. 마음을 편하게 하고자 합니다."

그러나 달마는 여전히 코웃음을 쳤다.

"옛 사람은 법을 구하는 데서 능히 그 몸을 잊었다. 이제 너는 무엇을 보이겠느냐?"

사내는 문득 허리에 찼던 칼을 뽑아서 왼쪽 팔을 잘라냈다. 사내의 더운 피가 눈 위에 떨어지면서 붉은 선혈이 눈밭을 낭자하게 물들였다. 달마가 비로소 웃음을 보였다.

"그렇다면 네 불안한 마음을 내놓아 보아라. 내가 편케 해주겠다."

그러나 한식경이 흐르도록 마음을 찾을 수가 없는 사내는 이마에 식은땀을 흘렸다. 그러다가 이윽고 말했다.

'아무리 찾아도 마음을 찾을 수가 없습니다."

'그렇더냐? 내가 이미 네 마음을 편케 만들었다.'

그 말에 사내는 활연대오豁然大悟했다. 그렇게 제2조 혜가가 된 것이다. 이때의 대화가 그 유명한 안심문답安心問答법문이다. 마음에서 마음으로 전하는 그야말로 교외별전敎外別傳이다. 이 교외별전의 소식은 경전에서 찾는 뜻이 아니라는 말이다. 하늘과 땅 사이에 두루 한 삼라만상의 중심에다 일찍이 사람을 세우고, 그 사람중심으로 만물이 서로 화목하게 어울리는 홍익인세 정신에서만 가능할 수 있다는 이야기다. 그것이 삼현학이고, 삼현학은 천하대장군, 지하여장군의 오제五帝 풍토에서 싹이 텄다고 말했다.

이제 되짚어가면서 정리해보자. 동서양의 문명을 머금어서 뱉어내는 바이칼 문명은 하늘과 땅과 사람을 세우는 문명이기는 하지만, 그 중에서도 사람을 중심 삼는 홍익인세 정신이 특출하지만, 그 특출함에는 하늘과 땅이 동시적으로 녹아들고 있으므로 인본주의가 뚜렷하지 못한 것이 사실이다. 그런데 뜻밖에 굴절어의 종족인 샤카무니가 두렷한 인본人本의 불교를 세우는데, 그 불교를 대승으로 확실하게 세우는 것이 직지인심直指人心 교외별전을 주장한 달마에 의해서다. 달마가 주창한 대승의 참선법은 홍익인세의 『천부경』을 만나면서 사람이 중심 되는 인본주의로 확실하게 결실을 맺는다. 그러니까 홍익인세 정신이 석가모니의 불교를 만나면서 완성 되었다는 이야기다. 우선은 여기까지다.

히브리 풍토의 기독교

본질을 이야기하기 전에 잘못된 습관이나 교육이 어떻게 평생의 관습으로 굳어지는가에 대한 것부터 말해야겠다. 한 번 받은 교육에 대해서는 선뜻

비판하기가 어려울 뿐 아니라 잘못되었다는 생각도 좀체 어렵다. 그래서 아무데서나 또 아무한테나 평상시 언어로 태연하게, 또는 의연한 태도로 거리낌 없이 쓰여 지는 것이다. 마치 백지에 물감을 들인 것 같아서, 한 번 물들인 제 바탕 색깔을 쉽게 지우지 못한다는 뜻이다. 잘못한 교육도 이렇거든 하물며 그것이 국가법령이 될 때는 더 말할 것도 없는 일이다.

우리가 알고 있는 『훈민정음해례본』에 그런 난센스가 있다. "나라 말이 중국 말과 서로가 달라서 맞지 않으므로 문자도 통하지 않는다. 어리석은 백성이 하고 싶은 말이 있어도國之語音異乎中國與文字不相流通故愚民有所欲言…" 바로 이 문장에 함정이 있어 왔다는 말이다.

뜻으로는 이런 것인데, 세종대왕의 훈글 해례본에는, "나랏말쌈이 중국과 달라 '서로사맞지않을새'…" 로 표기했다. 띄어쓰기가 없던 시절의 표기다. ' ' 안에 들어 있는 여덟 글자의 낱말 문장을 잘못 띄어 읽고 있다는 이야기다. 이것을 대개는 '서로 사맞지 않을 새'로 읽는 것이다. 그러나 '서로사 맞지 않을 새'로 읽는 것이 옳다. '서로사'는 '서로가' 혹은 '서로는'의 뜻이기 때문이다.

지금도 우리말에는 '가'를 '사'로 바꾸는 수가 있다. 박목월 시인의 시 〈윤사월〉에는 '송화가루 날리는 외딴 봉우리 / 윤사월 해 길다 꾀꼬리 울면 / 산지기 외딴집 눈먼 처녀사 / 문설주에 귀 대고 엿듣고 있다'고 해서 '가'를 '사'로 바꾼 것이 드러난다. 우리가 평소에 무심하게 쓰는 말에도 이 경우가 종종 발견된다. '… 하기사 그 말도 일리가 있겠네' 라든지, '… 몰랐다면 모름사 알고사 어찌 차마.' 하는 경우다. 두 번째의 경우의 '모름사'와 '알고사'는 '몰라도' 혹은 '… 겠거니와'의 뜻을 갖는다 하겠다.

지나간 우리 역사를 돌아다보자. 걸걸傑傑했던 민족이 반도의 올챙이를 자처하면서 사대事大를 일삼게 된 것은, 공자·맹자를 섬긴 유교에서부터다. 그것도 공·맹의 가르침을 바로 보지 못하고, 지레 주눅이 들고 겁을 먹은 못난 태도에서 시작된 짓이다. 그 결과가 『삼국사기』였고, 성리학이었고, 왜놈들의 침탈이었고, 거기서 친일파와 친미파가 생기면서, 그들이 무람없이 보수를 자처하는 오늘의 현실을 만든 것이다.

이 기막힌 국토에 히브리 풍토의 숨을 쉬는 기독교가 들어와서 망가진 보수와 합쳐진다. 히브리 땅은 굴절어를 쓰는 족속 중에서도 가장 척박한 풍토에 속한다. 그러니까 법을 잘 응용하고 이용해서 잇속에 밝고, 거래를 잘하는 사람들이란 뜻이다. 문제는 그들의 법이다. 얼른 말하면 선량한 사람을 위해서 있는 법이 아니라 나쁜 놈들이 살기 위해 만든 도구니까. 도구는 연장이므로 손에 쥐는 사람에 따라 효과가 일정할 수 없다.

여당의 법 해석이 다르고 야당의 법 해석이 다른 것이 그런 까닭이다. 그 법을 살림살이 삼는 법조인들이 불신을 당하는 것도 그것 때문이다. 그래서 검찰이 정치바람을 따라 휘청댔기 때문에, 그들의 법 잣대가 한결같아야 한다는 사회적 요구가 등장해서 국가가 온통 술렁대는 것이다.

김영삼 이후의 대통령들이 모두 검찰개혁에 나섰지만, 이렇다 할 성과는 없었다. 김대중도, 노무현도 힘은 기울였으나 모두 마음의 표시만으로 임기를 마감해야 했다. 오늘의 한국 법령은 이조의 양반법을 은연중에 내림한 것이어서, 정작 국가의 주인 될 민중은 늘 우롱당하기 때문이다. 뼈 속까지 친일파였던 이명박은 그저 시늉으로 그쳤고, 박근혜도 친일파의 딸이었으니 국민한테 눈 가리고 아웅 한 셈이었다. 검찰개혁이야말로 모든 국민이 원한 시대의 요구였던 것이다.

그러다가 문재인에 이른 것이다. 촛불혁명으로 대통령이 된 그는 역대 대통령들이 못한 검찰개혁의 각오가 남달랐다. 문재인은 검찰 출신이 아닌 교수 조국曺國을 법무부장관으로 임명했다. 청와대의 민정수석이었던 조국 역시 검찰개혁을 시대적 사명으로 여겼으므로 그를 적임자로 본 것이다. 보수야당이 벌떼같이 들고 일어서서 반대시위를 했음은 물론이다.

여기서 검찰총장 윤석열尹錫烈이 등장한다. 그가 서울대학교 재학시절에 전두환의 쿠데타가 있었다. 그 때 학생회가 전두환을 상대로 모의재판을 한 적이 있었다는 것이다. 그때 검사를 맡았던 윤석열이 피고 전두환에게 사형을 구형했다고 해서 주목을 받았다는 이야기가 전한다. 그런 강직한 인물이었으므로 이명박이나 박근혜 시절에는 늘 변두리 한직으로 떠도는 게 당연했다. 그런 그가 문재인 시절을 만나 검찰총장이 된 것이다. 살아있는 권력을 두려워하지 말라는 대통령의 당부가 아니어도 그의 배포는 이미 믿을 만하다는 게 당시 국민들의 신뢰요 평가였다.

그러나 그는 결국 제가 속한 검찰조직에 충성하는 태도를 넘지 못했으니, 보수가 판을 치는 시절 분위기는 참으로 어쩔 수가 없었던가? 조국 한 사람을 털기 위해 70여명의 검사가 무려 두 달을 매달렸다는 게 그렇다. 그러고도 온 국민이 납득할 만한 죄목을 드러내지는 못했다. 이 문제는 곧 여당과 야당의 정치문제로 비화되었는데, 조국을 반대했던 야당은 오히려 윤석열을 지지하고 나섰고, 여당은 그 반대였다. 처음의 판이 뒤집힌 것이다.

그러나 그것으로 윤석열을 평가하는 것은 아니다. 국회법을 어기고 국회에서 난장을 치고도 야당의 힘 있는 의원들은 이런저런 핑계로 모두가 검찰의 법망을 빠져나갔던 것이다. 윤석열이 이런 모습을 보이지 않고 끝까지 처음의 서슬 퍼런 태도로 나왔다면, 그러니까 전 국민의 기대에 걸맞게 태도를 분명이 했다면, 그는 검찰개혁에서도 국민적 영웅이 되지 않았을까?

결국 여기서도 민주주의가 아닌 이조 양반정치를 확인하는 입맛은 썼다.

여야는 항상 법으로 다툰다. 법치국가니까 법으로 싸울 수밖에 없다. 문제는 이 법에 원칙이 있는 것이 아니라, 해석의 말장난으로 끝나기 때문에 언제나 시비에 시비가 더해질 뿐이라는 데 있다. 언제나 그렇듯이 시원한 결론은 없다. 나쁜 놈들이 살기 위한 법이므로 그 법을 잘 이용하려는 생각뿐이다.

삼성을 '삼성공화국'이라고들 빈정댄다. 까닭이 있다. 삼성은 판사와 검사 출신 변호사 중에 유능한 사람을 선발하여 제 식구를 만든다는 것이다. 가뜩이나 돈의 힘과 질 나쁜 법조계의 인사들이 합쳐진 집단이니, 생산직 노동자들을 함부로 대할 것도 사실이다. 노동시간이나 환경문제는 법조문에 적힌 대로만 하면 문제될 것이 없다. 그러나 과로와 열악한 근로환경으로 사람이 죽는 것도 어제 오늘의 일은 아니다. 백혈병으로 죽고, 무슨 심장병으로 죽고, 폐질환으로 죽는다. 여타의 병으로 많이 죽는다. 당연하게 보상문제가 생겨난다.

노동자를 은연중 성리학 시절의 상놈으로 여기는 기업은 보상이 억울하다는 생각을 갖는다. 자기네 법조 인사들을 동원하여 한사코 보상을 뭉개려고만 든다. 유능한 법조인들을 제 식구로 만든 것은 바로 이런 보상에 대체하려던 것 때문이었으니 망설일 이유가 없다. 법조문에 적힌 대로만 보상을 한다면 피차가 수월한데, 그게 손해를 보는 것 같아서 어거지로 맞서는 것이다. 그러다 보니 결국은 자기네 법조계인사들에게 뿌려지는 돈이 몇 곱 많게 마련이다. 그러나 그렇게 엉터리로 들어간 돈에 대해서는 오히려 당연한 듯이 여긴다. 결국 끼리끼리 해먹는 것이다. 생산직 노동자들은 그들의 눈에 여전히 상놈으로 보이고 하인으로 보이는 까닭이다. 삼성만 그런 것이 아니라 기업들의 생리가 그렇게 되어 있는 것이다. 이것이 우리 기업들의 작태다.

자기들 돈을 벌어주는 노동자를 하찮게 여기는 것은 피 속의 유전인자가 그렇게 시키는 까닭이다. 그래서 월급을 주는 자기들은 신분이 높고, 돈을 받아가는 계층을 낮춰 상놈이나 하인 취급을 하는 것이다. 기독교의 서양인들 법이 기왕에 엉터리이기는 하지만, 그래도 양반정치를 경험하지 않고 풀뿌리 민주주의를 키워온 그들은 이런 식의 착취가 없다. 그 서양법이 양반들의 착취 버릇을 만나서 더욱 심한 착취로 고약하게 굴절한다는 말이다. 이런 것이 다 풍토의 호흡이다.

9장

하늘에 대한 생각

하늘에 대한 생각

재해석되는 하늘 개념

「유엔 미래보고서」는 지금까지의 인류가 기성의 관념에서 벗어나서 새롭게 출발할 것을 권고한다. 지금까지 인류의 살림에 관계해온 것은 서구사상이요, 더 직접적으로 말하면 기독교문화였다. 그들의 과학문명이 지구촌 살림을 이끌고 풍요롭게 해왔다는 것에 토를 달 사람은 없다. 그러나 그 문명이 이미 한계에 도달했다는 것도, 이제 그들이 먼저 말하는 바다. 물론 동양에서도 그렇게 말한다.

서구인들은 생명의 기원을 신에게서 찾았고, 동방에서는 하늘과 땅 사이에 흐르는 자연의 숨결에서 찾았다. 동방이 개벽이었다면 서구는 창조설을 주장해온 것이다. 여기서 귀착되는 것은 신과 자연이다. 자연이 하늘과 땅을 벗어나는 우주의 숨결이라면, 신은 하늘로 말해질 수가 있다. 마치 절집의 산신이 산을 의미하듯이, 하늘에 있다는 신은 하늘로 말해질 수가 있다는 이야기다.

쉽게 가자. 하늘이 무얼까? 허공이 쌓인 것이 하늘이다. 한 자 위도 허공이고 두 자 위도 허공이다. 열 자, 스무 자, 아니 천 길 만 길 쌓인 것이 다 허공이요, 구만 리 밖까지가 다 한 허공이다. 그것을 역逆으로 짚으면 발등 위가 곧 허공일 수 있다는 말이다. 그러니까 우리는 하늘에서 살고 있는 셈이다. 우리는 하늘의 별을 보면서 우주의 크기를 헤아리지만, 아득한 별 쪽에서 본다면 우리의 땅덩이도 깜박이는 하나의 별에 불과한 것 아닐까? 그러니까 무슨 말이냐? 신은 결국 아무데나 있다는 말이다.

신은 반드시 높은 하늘에 있는 존재자가 아니라, 항시 우리 곁에 있다는 말로 바꿀 수가 있어야 한다. 마치 교회의 첨탑이 뾰족한 것은 신이 높게 앉아 있는 존재자임을 상징하지만, 성당의 지붕이 둥글게 내려앉은 것은 존재자가 가까이 마음속에 내려와 있음을 상징하는 것과도 같다 하겠다. 꼭대기 하늘에만 앉아있다면 인간의 작은 기도에 일일이 응답을 할 수 없을지도 모른다. 물론 신神이기 때문에 높고 낮고의 공간개념을 무시할 수도 있다.

그렇다면 차라리 "주체는 일신이니 신이 따로 있음은 아니나, 쓰임은 삼신이시라. 삼신은 만물을 끌어내시고, 전 세계를 통치하실 크나큰 지능을 가지셨더라. 그 형체를 나타내지 않으시고 최상의 하늘 꼭대기에 앉아계시니, 계신 곳은 천만억토요, 크게 광명을 발하시고, 크게 신묘함을 나타내시며, 크게 길한 상서를 내리시더라. 숨을 불어 만물을 만드시고, 열을 내뿜어 만물의 종자를 키우시며, 신묘하게 행하시어 세상일을 다스리니라"라고 하는 우리 쪽 개념이 훨씬 구체적이고 더 쉽다. 그 편이 보다 여유롭게 통해질 수 있기 때문이다.

가령 때와 장소를 가리지 않고 아무데서나 기도를 하는 서양인들의 신은 역시 아무데나 만나는 신이 아니고는 납득이 어렵기 때문이다. 물론 이런 일방적 결론이 저들로서는 못마땅할 수도 있다. 더구나 오늘의 인류문명을 이끌어온 기독교의 처지에서는 이런 쉬운 결론 자체를 거부할 것이다. 오만하도록 강한 남성적인 신격神格이 여성적으로 친근해지고 가벼워지는 탓이다. 그런 기독교의 자존심을 몰라서가 아니다.

그러나 우리의 문명 바탕에는 아직 깨이지 못했던 시절의 애니미즘이 있었다는 것을 돌아다보고 인정하자. 그 애니미즘이 토템이즘으로 자랐고, 거기서 먹을 것이 풍요로운 풍토에서는 인간의 내면에서 구원을 찾으려는 유교와 불교가 나왔지만, 척박한 풍토에서는 아직까지 내면의 마음에서 자기 구원을 찾지 못하고 밖에서 구원을 찾는 신의 종교에 머물고 있다. 이것은 어디까지나 풍토의 문제이지 인간에게 책임이 돌려질 일은 아니다. 생각해 보라. 경우가 그렇지 않은가?

이제 기도에 응답하는 신을 허공의 첨탑처럼 밖에다 두지 말고, 성당의 지붕처럼낮은 곳으로 끌어내려서, 아니 인간의 가슴속으로 끌어들인다고 해보자. 그렇게 되는 날에는 기독교도 불교가 주장하는 자성自性논리에서 그리 멀지가 않다. 이 말은 훈국의 홍익인세가 말하는 통 큰 평등이념이나, 저들 신의 자유의지와도 비슷해질 수가 있다는 말이다. 이해를 돕기 위해서 전혀 뿌리가 다른, 같을 수가 없는 철학 이야기로 실마리를 풀어보기로 하자.

지금까지 인류가 경험해온 철학에는 세 종류가 있다. 서양인들이 말하는 유무철학有無哲學이 있고, 인도의 불교철학佛敎哲學이 있고, 한문문화권의 음양철학陰陽哲學이 그것이다. 유무철학은 단순하다. 얼른 말해서 눈에 보이면 있는 것이고, 눈에 안 보이면 없는 것이다. 그야말로 단순한 흑백논리로 굴절어를 쓰는 사람들의 철학이다.

굴절어를 쓰는 사람들의 철학에는 다시 불교의 공철학空哲學이 있다. 유·무有無 사이에는 공空이 있다는 말이다. 空이 어떤 것인가. 가령 맑은 하늘에서 구름 한 점이 일어난다고 가정해보자. 그 구름은 이내 없어질 수도 있고, 검은구 름으로 번져서 소나기를 만들 수도 있다. 이럴 경우 맑은 하늘은 아무 것도 나타나지 않았으니 無다. 구름이 일어났다면 없는 데서 생겨난 것이니 그것이 有다. 空은 있음과 없음 사이에 있는 숨결이다. 그러니까 있을 수도 있고 없을 수도 있는 중간존재인 무엇, 곧 그 숨결이 空이라는 말이다. 이 空의 상태를 불교에서는 마음心으로 부른다. 그래서 空哲學은 곧 心哲學이다.

이제 남은 것은 음양철학이다. 음과 양이 서로 상대적이듯 모든 사물을 그렇게 상대적인 개념으로 보는 것이다. 가령 남자의 상대로는 여자가 있고, 밤의 상대는 낮이다. 그렇게 강과 약, 물과 불 등의 구분법으로 쉽게 본다는 말이다. 앞에서 주역이 말했다. 하늘의 이치는 간단하기 때문에 알기가 쉽고, 땅의 숨결은 간편해서 통해지는 법이라고. 그러니까 쉽고 간단하게 통해지는 것이 하늘땅의 법칙, 곧 자연법이라는 말이다. 밤과 낮이 바뀌는 호흡도 간단하고, 밀물 썰물이 갈마드는 숨결도 그렇다.

춘·하·추·동의 계절이 움직이는 데 무슨 복잡한 절차가 있던가? 그저 추적주적 추진비가 내리고 바람결이 달라지다보면 어느덧 계절은 변화한다. 봄 여름 가을 겨울이 모두 그렇게 변해지는 것이다. 그것은 자연의 법칙이며, 그 법칙 그대로가 음양의 철학이다. 이 음양철학은 한문문화권의 주역철학이기도 하다.

이 음양학이 그대로 사람의 운세에 관계된다는 것도 우리가 잘 아는 일이다. 사주를 보거나 관상을 보거나, 손금으로 사람 운명을 알아맞히는 것을 말하는 중이다. 뿐이 아니다. 집터를 보고 묘 자리를 잡는 것도 모두 음양학을 바닥에 까는 명리학命理學의 모두가 정해진 운명에 관해서다. 운명을 정하는 것은 조물주가 하는 짓이다.

이렇듯 주역 점에도 은연중 조물주가 나타난다. 물론 이 조물주는 천지개벽의 삼신이다. 그러나 삼신의 개벽이 서양의 신 야훼와 같은 색깔은 있다. 하늘과 땅과 사람의 삼신에서도 사람을 가장 귀하게 여긴다는 점이다. 이것은 야훼가 인간에게 신성한 권리인 자유의지를 부여했다는 점에서 하나의 근접점으로서의 공통점을 찾을 수가 있다. 비중이 반드시 같은 공통분모는 아니지만, 사람을 귀하게 여겼다는 비슷하게 맞는 이 모티브에서 동서양의 문명이 하나 되는 융화融和를 추구할 수 있었던 것이다. 전혀 뿌리가 다른 철학들이 서로 융화해 왔다는 말이다. 이 이야기는 뒤에서 덧대기로 하자.

막을 내리는 이성의 세계

이제 서구문명이 이끌어온 이성의 세계가 무너지는 중이다. 더 직접적으로는 이성의 서구문명을 이끌어온 기독교가 석양처럼 힘을 잃고 있다는 말이다. 보다 자세하게 말한다면 그리스 철학을 후견해온 유대인들의 기독교문명이 막을 내리는 중이라는 뜻이다. 그리스 철학은 인간의 이성으로부터 출발한다. 이성으로 사람의 살림을 설명하고 이해하다보니 이성보다 감성이 바닥에 있음을 알고, 다시 감성을 바닥삼아 철학을 하게 되니 이른바 감성철학이다. 우주의 본질인 감성적 다양성과 미美 속에서 신의 숨결을 알아채는 범신관汎神觀이 나타나는 것은 르네상스의 17세기에 이르러서다. 그 후 감성론이 곧 인식론이라는 철학적 명제가 영국의 경험론과 프랑스의 감각론 (또는 유물론) 등은 나중에 독일에서 계몽적 합리주의 대결을 통해서 감성론으로 귀결된다. 그런 귀결은 감성을 어디까지나 이성의 하위개념으로 인식하는 것이었는데, 그런 오류가 칸트와 피들러에 의해 완전히 정복된 것이다.

지금도 서양철학은 변화하고 발전하는 중이다. 이것은 사물의 본질을 쪼개고 나누는 그들의 버릇에서 파행된 짓거리다. 그것이 드디어 우주과학을 계발하고 발전시켜 찬란한 서구과학으로 우뚝 선 것은 크게 다행스럽다. 그것이 이제 석양을 맞는 해처럼 기울고 있는 것이다. 동양의 속담에 '생자필멸生者必滅이요 회자정리會者定離'라는 말이 있다. 태어나는 것은 죽기 마련이고 만나면 헤어지는 법이라는 뜻이다.

그렇다! 그 시작이 어느 지점이었는지는 모르는 일이지만 여하튼 시작이 있었으니 오늘 우리가 존재하는 것이다. 이것은 모두가 알고 있고 부정할 수 없는 사실이다. 시작을 알 수 없는 혈거생활에서부터 문명을 개발한 뒤, 불을 개발해서 문화 살림을 시작하여, 드디어 오늘의 인류가 걸어온 길을 돌아다보는 것은 장엄하고 아득한 일이다. 문명의 시작이 어디였을까? 그 단서의 시작은 아마도 불이었을 것이다. 태고의 원시삼림에서 저절로 일어나는 불이나 그 시절 벼락에서 떨어진 불이 있었을 것이다.

처음부터 불을 이용하자는 지혜가 있었을까? 아니다. 모르긴 해도 무서워하고 두려워했을 것이다. 한번 시작되는 산불은 며칠이고 계속되어 거창한 숲을 잿더미로 만들고 미처 피하지 못하는 중생衆生(짐승)은 나무든 풀이든 사정없이 죽이는 그 위력 앞에서 두려움으로 먼저 떨었다는 것이 옳을 것이다. 그러나 불의 피해를 자주 입는 동안에 생기는 이점도 발견했을 것이다. 무서운 산불이 휩쓸고 난 후 재가 수북하게 남은 숲에서 죽은 짐승을 발견했다고 가정해보자. 산불이 일어날 적마다 죽은 짐승을 힘 안들이고 거저 줍는 사냥에 재미를 들였다고 생각해보자. 그 짐승이 하필 너들 돌 위에서 죽어 자빠졌다고 가정해보자.

그 때 불에 탄 짐승의 고기 맛은 생으로 먹는 고기맛과 전혀 다르다는 것을 그들은 경험으로 알게 될 것이다. 아니다. 죽은 짐승을 주러 가서 그 짐승이 누워있는 돌덩이가 마침 구리나 주석 같은 광석이어서 불길에 견디지를 못하고 녹아 흘렀다고 가정해보자. 그들의 캄캄한 머릿속에서 한 줄기 섬광이 번쩍하고 스쳤을 것이다. 그리하여 고기를 줍기 전에 돌의 생김새에 자연스럽게 눈을 댔을 것이다. 그리하여 유심히 살피게 되었을 것이고, 이러저러한 돌은 불에다 구우면 마음대로 사용할 수 있다는 가마덕을 생각하기에 이르렀을 것이다. 신석기는 대개 이렇게 해서 시작되었지 않았을까?

신석기는 불을 생활에 응용했다는 것에서부터 옳게 시작되는 불의 문명이다. 불을 도구로 연모로 이용하면서 인류의 살림도 크게 달라진다. 산속 바위굴에 갇혀 있던 인류가 대담하게 버렁으로 들로 나오는 것이다. 신석기에 농경살림이 시작되는 것도 그래서다. 산에서 발견했던 불을 이제는 들로 직접 들고 나와서 대담하게 들판을 개간하는 것이다.

인류의 문명이 시작되는 것은 불을 연장으로 응용하는 지혜에서부터다. 생명이 물에서 시작되었다면 문명은 불에서 나왔다고 할 수 있다. 물과 불은 하늘과 땅의 몫이다. 사람의 몫이 있다면 그것은 향香나무의 향에 해당한다. 귀한 예물로 쓰는 향이야말로 하늘과 땅의 은덕으로 충실하게 자라온 사람의 감사한 정성을 표현하는 물건이다. 그래서 모든 제사에 반드시 청수淸水와 촛불과 향을 폐백으로 삼는 것이 삼신의 법이다. 이것은 바이칼의 삼신신앙에서 유래가 되는 배달민족의 법속이다. 물론 ᄇᆞᆰ달민족의 초기 제사에는 향이 없었던 것으로 보인다.

『삼국유사』에 보면 불교가 뿌리내리지 못하고 있는 신라 서라벌에 낯빛이 검은 외국승려가 숨어들었다고 했다. 그때 궁중에서 공주가 깊은 병을 앓고 있던 중, 중국에서 향이 들어왔던 것이다. 사용처를 몰라서 쩔쩔맨다는 소식을 듣고 숨어있던 중이 궁중으로 찾아가 향을 사르고 염불을 하자 신통하게 병이 나았다 했다. 그 후 부처님 전에 향을 사르게 되었고, 민간생활에 스며들어서 엄숙한 제사에 쓰는 재료가 되었다고 한다. 그래서 생명을 낳은 하늘에 감사하는 뜻으로 물을 드리는 것이고, 생명을 길러준 땅의 덕에 감사하는 정성의 예물로 촛불을 켜는 것이며, 사람의 자란 공을 스스로 장히 여기는 정성에서 향을 사르는 것이다. 이 세 가지는 모두가 천지신명께 드리는 폐백幣帛이다. 혼인식 끝에 시부모에게 드리는 예물을 폐백이라 하거니와, 본래는 천지신명께 드리는 제사에서 인간이 정성으로 바치는 예물을 폐백으로 일컬었음을 알라. 기독교도 세례의식에는 예외 없이 물을 폐백으로 사용하는 까닭이 그래서다.

제사의 폐백을 이야기하던 중이었으니 밤·곶감·대추에 대한 것도 마저 이야기하자. 한문문화권의 동양에서는 조상의 제사에서 반드시 빼놓지 않는 폐백이 셋이 더 있으니, 밤과 감과 대추다. 밤은 싹이 터서 자라면 마침내 열매를 맺게 되는데, 첫 열매가 달리기 전에는 땅에 심은 밤 껍질이 결코 없어지지 않는 유별난 열매이다. 그러니까 자손을 보기 전까지는 버티는 열매인 것이다. 그래서 사당에 위패를 모시면 그 위패를 반드시 밤나무로 깎는 법이었다. 그래서 자손을 기억하듯 조상을 기억하겠다는 약속으로 밤을 폐백으로 쓰는 것이다.

감은 고욤나무 뿌리에다가 감나무 가지를 접붙여서 기른다. 지금 오래된 감나무를 보면 밑동이 시커멓게 덩이 진 뿌리가 나타나는데 시커먼 것이 바로 고욤나무라고 보면 된다. 왜냐? 고욤나무는 수명은 기나 열매가 보잘 것이 없다. 또 감은 열매는 좋지만 나무가 오래가지 못한다. 그래서 불가불 고욤나무 뿌리에서 감을 얻는 식이다.

지금 남녀가 혼인을 하면 반드시 타성他姓바지를 구하는 것이 그래서다. 이것은 모계가 부계로 오면서 생긴 법칙이다. 옛글에 보면, 신부를 맞아들일 때는 반드시 산 설고 물 설은 타지방 처녀를 맞으라고 했다. 그것을 경계하여 남녀칠세부동석男女七歲不同席이라는 말이 생겼다. 심하게는 비록 모자간이라 하여도 외진 구석에서는 서로 피해 앉으라고 했던 것이다. 모계 시절의 풍속이 남은 것을 경계했다고 보인다. 또 새로운 피를 받아서 태어나는 자손이 건강하다는 것은 우생학적으로도 증명이 되는 일이다. 마지막으로 대추는 많은 자손을 낳겠다는 조상님과의 약속이지만 서원이기도 하다. 대추는 열매가 많기도 하지만 다른 열매와 달라서 꽃이 맨으로 떨어지는 법이 없다. 그러니까 뱃속에 두고 유산은 없다는 뜻이다.

별자리에서 출발한 동양의 신석기

신석기를 문명의 시작으로 보면서 돌도끼로 짐승의 뒤를 좇는 것을 강조해서 말하는 것은 서양문명이다. 물론 농경과 목축을 병행했다는 점도 빼놓지 않는다. 그러나 그것 이상을 말하는 것을 보지 못했다. 다시 말한다면 하늘을 바라보는 천체학에 대한 이야기가 빠져있다는 점을 지적하고 싶은 것이다. 이것은 인류학을 말하는 근세의 학자들이 자기들 중심의 서양문화로부터 인류 살림을 말했기 때문이다. 어디까지나 기록에 의한 시작이었고, 좀 깊게는 원시동굴이나 옛 무덤의 유물을 증거 삼는 고고학에 뿌리를 두었다고 말할 수 있다. 그리고 그것이 동서의 인류 살림을 통틀어서 말해온 관행이 된 것이다.

고고학이라는 것 역시 사물을 분석하고 쪼개는 서양학자들의 감각이 우선했다는 것도 사실일 터이다. 동양은 아직 서양의 뒤나 좇는 처지다. 앞서 말한 대로 지금까지의 인류는 서양과학의 힘에 의해서 키워졌다. 의식주의 육신살림에서 그렇다는 말이다. 그러나 정신을 들여다보면 서양인들의 신석기는 그들 말대로 원시야만의 시절이다. 서양에 비하면 동양은 원시시절에 훨씬 크고 깊은 정신문화를 누려왔다는 것을 알게 된다. 앞에서 선보인 제사 내용도 어디까지나 밝달민족에서 내림한 동양제사의 전통이다.

제사 이야기를 마저 해볼까? 서양인은 어디까지나 자기들만의 번영과 영광을 위해서 제사를 챙긴다. 그러니까 씨족이나 부족의 힘을 위해서 제사를 모시는 것이지 여타의 것은 모른다. 그러나 밝달민족에게 내림한 제사정신은 자기네 씨족이나 부족을 위해서만이 아니다. 부족과 민족을 포함하고 이웃 민족과 그것들을 에워싼 삼라만상 전체를 아울러서 모두의 안녕과 복을 위해 제사를 모신다. 자기들만을 위한 제사와, 인류 전체 외에도 만물을 함께 아울러서 서로가 잘 되자고 모시는 제사는, 이렇듯 동서만큼의 현격한 차이가 있다.

말했다시피 동양은 정신 살림의 기저를 하늘의 별자리 곧 천체에 두고 시작한다. 머리를 들어 하늘을 보고 다시 머리를 숙여서 땅을 보는 짓仰天俯地은, 사람이면 누구나 저절로 하게 되는 자연스런 몸짓이다. 그러나 자연의 이 몸짓에서 천하의 이치가 두루 드러나는 것이다. 왜 주역에서 말했지 않은가? 하늘의 이치는 쉽고 땅의 숨결은 간편하다. 그래 사람이 쉽고 간편한 짓을 찾아서 친하고, 그것으로 기준을 정하기 때문에 오래 통해지는 법이라고.

고구려 고분에서 사신도四神圖*와 함께 별자리 그림을 보게 된다. 28수二十八宿의 별자리나 사신도는 다 하늘이 아니라 땅위에 존재하는 검儉스런 영靈들이다. 이 영들에 의해서 인간의 길흉화복이 정해지는 것이다. 그래서 죽어서 가는 무덤에 이런 그림이 그려졌던 것이다. 특히 고구려의 고분벽화에 별자리와 사신도가 많다는 것은, 무덤이 죽음으로 끝나는 곳이 아니라 영생永生을 누리는 자리라는 생각에서 이런 장치를 힘들게 했으리라.

이것은 사람의 죽음을 '돌아가셨다'는 말로 표현하는 붉달민족의 오래 된 관습으로 알 수 있는 일이다. 그런 습관은 하늘과 조상을 거의 한 묶음으로 여겨서, 지극한 정성으로 제사를 모셔온 붉달민족의 제사가 서토중원의 문명을 일으키는데서 가장 밑동이 되고 원동력이 되었다는 것으로도 알 수 있을 것이다. 서토문명은 바로 붉달나라의 지방장관이었던 우리의 삼황오제, 그 중에서도 태호복희씨太昊伏羲氏**가 효시가 되는 문명이었다는 데서 증명

* 동쪽의 청룡(靑龍), 서쪽의 백호(白虎), 남쪽의 주작(朱雀), 북쪽의 현무(玄武)는 각기 동서남북의 방위에 따라 자기들이 맡고 있는 곳을 지키는 검(儉)스런 신장(神將)에 해당한다.

** 이 분은 붉달나라 다섯 번째 임검인 태우의 혼웅천왕의 열두번째 아드님이다. 맏이인 다의발(多儀勃)은 아버지의 법통을 이어 제6세 한웅천왕이 되고, 막내인 태호복희씨는 신시정부의 명령으로 여와씨(女媧氏)의 여(黎)나라에 진(陳)이란 이름으로 파견되어, 모계사회의 풍속을 부계로 바꾸고 주역을 가르치는 등으로 획기적인 문명 살림을 펼친다. 부계의 제사를 처음 서토중원에다 가르친 것도 이분이다. 그러나 그런 이야기가 아니다. 태호복희를 시작으로 삼황오제가 줄줄이 나오는데, 모두 이름 끝에 氏가 붙는 것을 설명하기 위해서다; 알다시피 氏는 존경하는 사람이름에다 붙이는 존칭어인데, 그 시작은 성씨(姓氏)의 氏에서 시작된 것이다. 그러니까

되는 일이다.

우리의 조상은 모든 문명의 시작을 천체에서 출발시킨다. 일찍이 파미르 고원에서 바이칼에 닿을 적에 수십 만 년을 산을 타면서 산에서 자라온 산의 민족이, 고개를 들어 하늘의 별을 살피면서 장차 올 땅의 일을 점쳤던 예지에서 나왔던 것이다. 그 예지에서 『천부경』이 나오고, 주역이 나오고, 홍익인세의 큰 지혜가 나온다. 뿐이 아니라 후세로 오면서 서토의 위진魏秦과 북조시대, 그리고 수隋와 당唐의 문화에서 줄기차게 발견되는 28수 별자리와 사신도의 그림들이 그것이다. 이것은 1983년 일본에서 발견된 기토라 고분벽화에까지 우리의 천체문명이 지난날에 어떠했다는 것을 웅변적으로 설명하는 대목이다.

아스카飛鳥 시대에 만들어진 기토라 고분벽화는 현재 일본의 국보로 지정되어 있다. 석실의 동서남북 벽에 그려진 12지상十二支像*과 천정에 그려진 북두칠성의 천문도는, 고구려 벽화에 나오는 천문도와 몹시 닮아있고, 사신도 역시 고구려의 벽화를 닮았다는 점에서 한반도의 영향을 받았을 것으로 보는 것은 당연한 귀결이다. 일각에서 주장하는 매장된 사람이 백제의 왕족일 것이라는 말에도 일리는 있다. 그 별자리의 위치가 조선의 평양에서 본 것이라야 서로 맞아 떨어지는 탓이다.

姓과 氏는 한 묶음으로 묶는다. 그것은 원시부족을 한 단위로 여겼던 풍습에서 유래가 된다. 사람한테 氏를 붙이는 것은 그가 한 一家를 이루었다는 뜻이고, 그만큼 훌륭한 사람이라는 뜻이다.

* 하나에서 열까지 세는 숫자는 본디 하늘을 상징하는 큰 숫자 – 大數 – 이고, 자(子) 축(丑) 인(寅) 묘(卯) 진(辰) 사(巳) 오(午) 미(未) 신(申) 유(酉) 술(戌) 해(亥)는 땅을 상징하는 짐승들을 나타낸다.

어쨌거나 별자리가 나타나는 우리의 신석기는, 돌도끼를 들고 짐승의 뒤를 좇는 서양인들의 신석기와는 정신면에서 확실하게 다른 것이 있었다는 점을 강조하는 중이다. 그것은 새둥지에까지 마실을 돌았다는 것은, 모든 짐승과 함께 어울렸다는 표현이 있어서다. 새의 둥지는 사람이 마실을 가기에는 사실상으로 불가능하기 때문이다. 그러면서도 그 피와 고기를 마음대로 썼다는 「신시본기」의 기록으로 증표를 삼는다. 사람이 새둥지에까지 마실을 다녔다면, 어느 짐승굴인들 마실을 다니지 않았을까? 그적 사람들의 살림은 나라는 이것과 너라는 저것에 차이를 두지 않았다. 아니 둘 줄을 몰랐다. 그렇기 때문에 서로를 의지했다는 말이 자연스럽게 나온다.

그러니까 이것과 저것의 차이를 느끼지 못했을 뿐 아니라, 그런 구별을 할 줄을 몰랐다는 이야기다. 고쳐서 말하면 그적 사람들은 자기 팔이 하나 떨어져나가도 나뭇가지가 부러진 것처럼 심상하게 생각했고, 죽음이 닥쳐도 당연한 질서로 여겨 덤덤하게 여겼을 것이라는 말이다. 그래서 백성은 살아도 일 같은 것은 몰랐다고 한다. 먹을 것이 이미 충분했기 때문이다. 또 걸어 다닌다고 해도 – 걸음마를 배우는 아이 같아서 – 목적지도 필요 없었으니 한없이 편안했고, 사물을 보되–그 눈망울이 강보에 싸인 아이 같아서 – 담담하였다고 했다. 그래놓고 덧붙인다. 먹을 것을 모아놓고 기꺼워 배를 두드리며 놀고, 해가 뜨면 일어나고 해가 지면 쉰다. 대저 하늘의 혜택을 널리 입어 궁핍을 알지 못함이라.

"뒤이어 후세에 이르러 백성들과 사물들은 날로 번성하더니, 소박한 것은 멀리하 게 되고 절름발이도 있게 되고, 몹시도 마음 쓸 일이 생기고 기운 없고 피로하여 허덕일 일이 생기고, 빈둥빈둥하는 이도 있게 되어 처음으로 생계를 염려하게 된다. 이것은 대지의 덕행인 경근불태敬勤不怠의 교훈을 등한히 했다는 말이다. 여기에서 밭가는 자는 이랑을 다투게 되고, 물고기 잡는 자는 바다의 구역을 가지고 다툰다. 다투지 않고 이를 얻게 되면 장래에 궁핍을 면키 어렵게 된다. 다투지 않을 수가 없는 세월이 된 탓으로다. 이렇게 된 이후 활이 만들어지니 새와 짐승들은 도망치고, 그물을 치니 물고기와 새우가 숨게 되었고, 칼과 창과 병사들도 생기게 되었다.

너와 내가 서로 공격하고 이를 갈며 피를 흘리고, 간과 뇌를 땅바닥에 뿌리게 된다. 이것 역시 하늘의 뜻이 참으로 이러했던가? 아아, 전쟁을 면할 수 없음을 알겠다. 이제 저들의 그 근원을 탐구해보면 아마도 한 뿌리에서 비롯한 – 삼라만상이 하늘의 숨결에서 비롯된 – 조상일 것인데, 땅은 이미 동서로 갈리어 각각 한 구역씩을 차지하였으니, 땅은 멀리 떨어져 사람들의 인연은 통하지 않고, 백성은 나 있음은 알면서 남 있음은 알지 못한다. 그러므로 사냥하고 나무를 베는 일 외에는 일찍이 험상궂게 이지러질 일이 없더니, 천년의 세월을 셀 수 있게 되자, 시국은 이미 변하여 중국仲國*은 서토인들이 노리는 보물창고가 되어 천 리 기름진 평야에 바람만 널리 마구 분다.

우리 환족桓族 가운데 그 지역에 나뉘어 옮겨간 족속들은 침을 흘리며 이리저리 전진하고, 토착의 백성들도 역시 마구 휩쓸려 모여들었다. 여기에서 어찌 같은 집안 식구들끼리 원수를 달리하고, 창칼의 움직임을

* 仲은 두 번째나 세 번째를 말하는 글자다. 그러므로 仲國은 중앙정권의 지배를 받는 작은 나라란 뜻이다. 그러니까 변두리 나라를 말한다.

노릴 손가? 이야말로 실로 만고의 전쟁의 시초더라."

이것은 돌도끼를 들고 짐승을 좇던 서양의 신석기가 아닌 동양, 그 중에서도 한문문화권으로 일컫는 여기 동방지역의 신석기를 설명하는 대문이다. 『흔단고기』의 「신시본기」에 적혀있는 내용이다. 그러니까 새둥지에까지 마실을 돌면서 그것들과 어울리는 좋은 시절이 가고, 활과 그물이 만들어지면서 점차 궁핍한 세상이 오는 것을 탄식하는 말이어서 표현 역시 서양문명과는 완연 다르다. '이것 역시 하늘의 뜻이 정녕 이런 것인가?'고 스스로에게 묻는다. 그것은 하늘에 뜻을 따라서 사는 백성들의 숨김없는 심정을 솔직하게 토로한 대목이다.

하늘에 떠 있는 기강紀綱

서양인들은 하늘의 별자리라면 황도黃道 12궁十二宮을 연상한다. 황도는 태양이 움직이는 천구상의 운동경로로 곧 하늘에 있는 태양의 길이다. 천구상을 중심으로 공전하고 있는 지구의 평면궤도면을 황도면黃道面이라고 하는데, 그것이 천구와 교차하는 큰 원이 황도이다. 지구에서 보면 이 큰 원은 천구상을 태양의 중심이 1년에 한 바퀴 도는데, 그때 그려지는 곡선의 평균 큰 원으로 나타난다. 황도는 천구의 적도에 대하여 23.5도가 경사져 있으며, 이것을 황도 경사각이라 한다.

또 황도에서 남북으로 각각 90도 떨어진 점을 황도의 남극·북극이라고 부른다. 태양이 적도의 남쪽에서 북쪽으로 통과하는 교차점을 춘분이라 부르고, 북쪽에서 남쪽으로 통과하는 지점을 추분이라 부른다. 또 태양이 적도 북쪽에서 가장 떨어진 것이 하지이고, 남쪽에서 가장 먼 것을 동지로 부른다.

황도 12궁은 곧 황도대를 12등분하여 춘분점을 기점으로 황경 30도에 있는 별자리를 백양궁白羊宮, 이하 30도 분할로 금우궁金牛宮, 쌍자궁雙子宮, 거해궁巨蟹宮, 사자궁獅子宮, 처녀궁處女宮, 천칭궁天秤宮, 천갈궁天蝎宮, 인마궁人馬宮, 마갈궁磨蝎宮, 보병궁寶甁宮, 쌍어궁雙魚宮으로 부른다. 이들 별자리는 고대 바빌로니아 시대에 유목민인 칼데아인들이 양떼를 몰면서 붙인 것이다. 그들은 밤하늘에 있는 별을 보면서 시간을 재고 계절의 변화를 어림했던 것이다.

그리스 신화에는 제우스에 의해서 이름이 다른 별자리가 나타난다. 그러나 동양의 별자리는 그렇게 인위적으로 되는 것이 아니다. 우주 전체를 어림하는 천지간의 호흡이다. 모두 28수二十八宿*의 별자리가 있는데, 동東에서 출발하여 북北으로 서西로 남南으로 자리를 옮기면서 별자리가 정해진다. 시계바늘과 반대방향으로 도는 것은 지구의 자전방향을 말하는 것이고, 동시에 공전방향이며 천체가 도는 방향이기도 하다. 이 28수의 별들이 하늘 복판의 별들을 다 싸안는다. 말하자면 밤하늘에 그물을 펼친 듯해서 수많은 별들이 28수宿 안에 모두 갇힌다는 말이다.

그래서 28수를 하늘의 경經이라고 부른다. 經은 베틀에서 베를 짤 때 도

* 각(角) 항(亢) 저(低) 방(房) 심(心) 미(尾) 기(箕), 두(斗) 우(牛) 여(女) 허(虛) 위(危) 실(室) 벽(壁), 규(奎) 루(婁) 위(胃) 묘(昴) 필(畢) 자(紫) 삼(參), 정(井) 귀(鬼) 유(柳) 성(星) 장(張) 익(翼) 진(軫)

투마리에 감겨있는 날줄을 말한다. 모든 옷감이 날줄에다 씨緯줄을 엮어서 짰듯이, 가마니를 짜거나, 자리席를 짜도, 날줄을 먼저 늘어세우고 씨를 넣어서 짠다. 지도의 좌표를 읽어도 경도를 먼저 읽고 위도를 읽는 것이 모두 경위經緯의 법칙에서 유래되는 것이다. 사람이 살면서 경위에 틀어지는 것을 타박할 때의 경우境遇도 경위에서 나온 것이 아닌가 한다.

하늘의 별자리의 위緯는 흔히 말하는 금金, 목木, 수水, 화火, 토土의 다섯 별 곧 오성이다. 가마니를 짤 때 움직이는 씨를 넣어서 가마니를 만들어 가듯, 하늘에 오성도 늘 움직인다. 움직이면서 춘하추동의 계절을 만들고, 길흉화복의 운명을 만드는 것이다. 그러나 베틀에 날줄이 움직이는 일이 없는 것처럼, 하늘의 경도 역시 움직이는 법이 없다. 그래서 28수의 별자리에는 아예 움직이지 못하는 추鎚가 붙는다. 실제로 있는 추가 아니라 움직이지 않는 별이라 하여 사람이 이름으로 붙이는 추다.

그 28수의 별자리에 붙이는 추를 그물코의 추라 하여 기紀라고 부른다. 복잡한 그물코들을 통섭하는 것이 기인 것은 두 말의 여지가 없다. 다시 말해 밑으로 쳐지는 추가 있어서 그물이 제 노릇을 한다는 이야기다. 그 28수의 기를 움직이는, 그물을 일사분란하게 움직여가는 손잡이 줄이 있다는 것도 우리가 아는 상식이다. 그 손잡이 줄이 북두칠성이고, 이 손잡이 줄을 이름 하여 강綱이라고 한다. 우리가 흔히 한 집단의 질서를 말할 때 기강紀綱이 서고 안 서고를 가늠하는 '기강'은 바로 하늘의 북두성에서 유래하는 말이던 것이다.

일본 기토라 고분에서 북두성을 새긴 돌판이 발견되었다는 것은, 곧 하늘의 숨결로 살아온 천손들의 영향으로 된 것임을 쉽게 알게 한다. 한문문화권의 민족들이 도덕을 말하고, 그 도덕에서 인간의 삶을 찾아온 까닭이 모두 그래서다. 우리가 말하는 『천부경』이나 주역의 문화가 그렇고, 홍익인세로 살아온 바이칼 문명이나 붉달문화 역시 그것 아닌 것이 없다. 정히 하늘의 숨결로 문명을 열었던 우리는 저 원시야만으로 시작하는 서구인의 문명과는 혈통이 다르다는 말이다.

우리 민족은 언필칭 천손민족이다. 험난한 시절을 천년 이상 겪으면서 그 뿌리를 거의 잃어버렸지만, 공자·맹자를 숭상하기 전의 우리 문화로 살던 시절로 돌아가면, 그런 면면이 확실하게 보이는 것이다. 이제부터 역사서가 불타기 전의 시절로 돌아가기로 하자. 그러니까 삼국 시절을 건너 팔조금법八條禁法으로 살던 단군조선의 나라 풍속을 살펴보는 것을 시작으로, 오가五加의 법속으로 살았던 붉달나라를 건너 오훈五訓의 교훈만으로 천하의 인민을 통솔했던 바이칼 문명을 살피면 된다. 이미 6만 년 전에 성신불위誠信不僞로 사람의 살림을 결정했던 그 문명을 밝히지 않을 수가 없어서다. 쉽고 간편한 것이 사람에게 오래 통해진다는 주역의 설명처럼, 쉬운 것의 표본이라고 할 것이 바로 바이칼의 오훈의 법속이기 때문이다.

물론 단군왕검의 법속으로 가기 전에 삼국 시절을 그냥 지나치지 못한다. 그 삼국을 통일한 신라는, 당나라에 비굴한 외교를 했던 김춘추를 두고 갈 수가 없는 탓이다. 김춘추는 용서가 안 되는 비열한 인물이다. 그는 모화慕華의 병균을 수입해 민족을 병들게 한 장본인이어서다.

단군의 조선나라

단군의 조선에는 백성을 통치하는 여덟 가지 법조문이 마련되어 있었다.

이름 하여 팔조금법八條禁法이다. 법조문이지만 요새 헌법 같은 인간의 법조문이 아니다. 하늘의 숨결로 살아온 천손민족이 밝달나라의 법속을 이어 단군의 법속에 맞도록, 어디까지나 풍속으로 이끈 단군 시절의 풍속법이던 것이다. 그러니까 쉽고 간편한 자연의 숨결에서 나온 법이다.

첫째: 서로 죽이면 당시에 죽여서 갚는다.
둘째: 서로 상하면 곡식으로 갚는다.
셋째: 서로 도둑질하면 재물을 빼앗고, 남자는 그 집의 노예가 되며, 여자도 종이된다.
넷째: 수두蘇塗를 헐게 한 자는 금고禁錮한다.
다섯째: 예의를 잃은 자는 군軍에서 복역한다.
여섯째: 일하지 않은 자는 부역에 징발한다.
일곱째: 사음邪淫을 한 자는 태형笞刑에 처한다.
여덟째: 사기詐欺를 한 자는 훈방하나,
스스로 속죄하고자 하면 면하 지만, 공표公表는 한다.

그 시절의 정치는 제정일치祭政一致였다. 하늘에 제사지내는 것을 가장 큰 행사로 여겼고, 정치는 그 다음 것으로 쳤다는 이야기다. 물론 서양에서도 제정일치였다. 그러나 기껏 자기네 씨족이나 부족을 위해서 제사를 지냈다면, 그 제사가 동양의 제사처럼 하늘에 통할 만큼 규모 있고 깊이가 있는 제사가 못되었다는 것은 미루어 짐작할 수 있는 일이다. 모르긴 해도 극히 하찮고 시답잖은 것이 서양인들 제사였을 것이다. 마치 서토인들의 모계 시절 제사가 공자에 의해서 미끈히 지워진 것처럼, 그들의 상고 시절 제사도 흔적을 모르는 것은 매 일반이다.

위의 팔조금법은 단군조선의 통치법이다. 그것이 어떻게 법령이 되었는지를 지금부터 살펴 볼 것이다. 먼저 이 법령은 요새 같은 성문율이 아닌 불문법인 것을 알고 출발해야 한다. 먹을 것을 찾아서 서로 어깨를 맞대고 살았던 게르만족의 관습에서 나온 영국의 불문법이 아니라, 풍요로운 초원의 숨결에서 나온, 원시 자연풍토의 불문법이다. 게르만의 관습이 동양에서처럼 하늘의 도덕에서 나오지 않았다는 것은 거의 확실하다. 굴절어를 쓰는 그들은 먹을 것이 적은 강팍한 풍토의 숨결에서 비롯된 것임을 알기 때문이다.

서로 죽이면 당시에 죽여서 갚는다는 첫 번째 항목은 살인이야말로 어느 시대에서나 가장 큰 범죄에 해당한다. 이것은 얼핏 '눈에는 눈 이에는 이'로 갚으라고한 함무라비 법을 떠올리게 하는 대목이다. 그러나 함무라비는 인간사회의 번다한 다툼질을 염두에 두고, 어느 경우에건 피차가 공평하게 주고받을 것을 주장하는 목적에서 내세운 동태형복수同態形復讐는 어디까지나 인간의 질서였다고 할 수 있다. 인간이 만든 법에는 재판이 따른다. 재판으로 가면 너절한 여러 이유가 따라붙기 때문에 '이에는 이, 눈에는 눈'이라는 원칙에서 비켜날 수가 얼마든지 있다. 그러나 단군사회의 율법은 하늘의 숨결로 된 법령이다. 그래서 쉽고 간편하다. 그냥 당장에 죽여서 갚으라고 명령한다. 이유 따위가 붙여질 수 없는 단순한 법령인 것이다.

하늘의 질서였다는 증표는 다섯 번째의 '수두를 헐게 한 자는 감옥에 가둔다'고 한 대문에서 드러난다. 수두蘇塗는 하늘에 제사지내는 그 시절 원시제단을 말한다. 단군신화에, 하늘의 환웅이 태백산 밝달나무 아래로 내렸고, 그 밝달나무 밑에다가 하늘에 제사모실 제단을 만드는데, 그 제단이 바로 수두이다. 죄인을 쫓다가도 급한 죄인이 수두로 피하면 더 이상 쫓지 않는 것이 당시의 풍속이었다. 죄인을 포기하자는 것보다는, 죄인을 잡자고 신성한 수두를 어지럽히는 짓을 차마 할 수가 없었던 것이다. 그런 숭엄崇嚴한 수두를 헐게 했다면 감옥에 가두고 징치했을 것은 너무 당연했을 귀결이다.

사람을 상하게 하면 곡식으로 갚고, 도둑질하면 그 집의 종이 되게 했다. 그것 말고도 예의를 잃거나 일하기를 싫어하는 게으른 자, 그리고 사음을 했거나, 사람을 속인 자에 대해 처벌하는 법도 줄줄이 나온다. 모두가 사람 사이에 살면서 해서는 안 될 짓을 한 사람들이다. 그 허물에 대해서 갚는 법이 크게 지나치지가 않고, 보편에 맞게 정해졌다는 것을 알 수 있다. 특히 사람을 속여서 제 이득을 취한 사기꾼은 훈방했고, 사기한 허물을 뉘우쳐서 속죄贖罪하고자 하면 죄를 면해주지만 사회에다 공표는 했다는 대문에서는 인간사회의 훈훈한 정이 느껴진다.

왜 굳이 공표해서 그에게 사기꾼이라는 딱지를 끝까지 달았을까? 그것은 사기죄가 결코 가볍지 않았음을 드러내는 대목이다. 동시에 이들 사회가 기울어지지 않았음을 알게 한다. 그러니까 급한 김에 수두로 쫓기는 죄인도 수두의 품격과 권위를 생각해서 쫓기를 포기하는 그 풍속이, 사기죄만큼은 딱지를 달아놓고 끝까지 죄인을 만드는 식이다. 그 딱지가 붙으면 친구로 사귀자는 사람도 없을 것이고, 죄인 집안과 혼인을 맺어서 사돈을 삼자는 사람도 없을 것이다. 이것은 사기를 치고도 죄만 치르면 얼마든지 껄껄거리는 서구사회와 큰 차이가 있다. 그것이야말로 자연의 숨결로 살아가는 사람들의 사회나 국가가 어떻게 다르다는 것을 웅변적으로 말하는 대목이 아닐까?

붉달나라倍達國의 법속

단군나라의 팔조금법은 국가를 다스리는 정식 법조문에 해당한다. 그러나 그 앞에 있던 붉달나라는 겨우 초기 국가형태에 불과한 나라였다. 그런 나라였기 때문에 팔조금법 같은 옹근 법령이 있었던 게 아니고, 어설프기 짝이 없는 몇 가지 조목의 정책이 있었을 뿐이다. 주곡主穀, 주명主命, 주형主刑, 주병主病, 주선악主善惡. 이것이 붉달나라 정치의 골격이다.

이것은 붉달나라 앞에 있었던 바이칼의 흔국이 국가형태를 띄고는 있었지만, 엄정한 국가라기보다는 그냥 인민을 가르치려고 애쓰는 소박한 형태의 나라였다는데 있다. 이제 바이칼에서 태백산으로 터가 달라졌고, 붉달이라는 나라를 세웠으니 그 나라에 맞는 정치기구가 있어야 할 것은 당연했다. 그래서 다섯 가지로 국가의 골격을 세워보는 것이다. 제대로 된 법령이 없었다는 건 그들 사회가 그만큼 느슨하고 평화로운 나라였다는 이야기다. 그 시절에 가장 주요한 것은 농정이었다. 그래서 곡식생산을 먼저 염두에 둔다. 그 직책은 농사와 가까운 우가牛加에게 맡긴다. 그 다음은 명분을 관리하는 직책이다. 그것도 모계를 부계로 전환해야 되는 벅차고도 힘든 명분이다. 원주민들의 뿌리 깊은 모계풍속을 부계로 전환해야 되는 더할 수 없이 큰 명분이었으므로 마가馬加에게 직분을 맡긴다. 그 다음이 형벌을 주관-狗加-는 일이다. 이것은 그들 사회에 범죄자가 나타났음을 말하는 대목이다. 정식으로 국가살림을 시작하고부터 생겨나는 사회악이다. 사고팔고가 시작되면서 도둑이 생기는 것이다. 그것은 말하자면 한 단계 올라선 문명 살림이다. 그 다음은 병마에 관해서다. 병을 돌아보는 직책은 저가豬加에게로 돌린다. 돼지는 언제고 병에 노출되는 가축인 탓이다. 그리고 끄트머리에 선악을 주관하는 것은, 선천적으로 품성이 착한 양가羊加에게 맡기는 것이다. 이렇듯 소, 말, 개, 돼지, 양이 벼슬이름으로 등장하는 것은 그 사회가 농경과 목축을 겸했음을 말하고 있음이다. 지금도 우리의 윷판에서 이들 명칭은 쓰여 지고 있다. 이제까지 설명한 밝달나라의 율법을 정리하면 아래와 같다.

1. 우가 주곡牛加 主穀
2. 마가 주명馬加 主命
3. 구가 주형狗加 主刑
4. 저가 주병豬加 主病
5. 양가 주선악羊加 主善惡

바이칼을 떠난 이들이 흑룡강을 건너고 흥안령을 지나, 대륙 내부로 깊숙이 잠입하여 태백산에 국가 제단인 수두를 묻고 나라살림을 하게 된 데는 그럴만한 이유가 있었다. 우선 그 터 – 址 – 가 한 나라를 세우기에 알맞기도 했지만, 그보다 먼저 바이칼이 침하하면서 환경이 크게 변화했기 때문이었다. 사람이 살지 못하게 된 환경을 버리고 떠날 수밖에 없었다는 이야기다.

바이칼에 가보면 호수가 깊게 가라앉았다는 증표가 누구의 눈에도 환하다. 호수 가장자리에 해당하는 뭍이 거의 절벽인데, 그 높이가 족히 두 세 길은 되어 보여서다. 말하자면 호수가 둘러꺼지면서 수면이 낮아졌던 것이다. 호수가 왜 낮아졌는지는 알 수 없다. 그 무렵의 흔한 조산운동에 의한 지진이나 화산이 폭발했을 수도 있고, 여타의 기후변동 같은 조건이 생겼을 수도 있다. 바이칼에 모여드는 물줄기는 세렌게 강을 포함하여 336개라고 한다. 그러나 나가는 물은 오직 앙가라 강이 있을 뿐이다.

가장 최근까지 바이칼에 사람이 살았던 것이 언제쯤이었는가 묻는 나에게, 대개 7천 년 전이었다고 이루크츠크 대학의 알렉세이 교수는 말한다. 사람이 살 수 없는 시절이 오자 사람들은 앙가라 강에 뗏목을 띄우고 떠나기로 한다. 가다가 사람이 사는 곳을 만나면 뗏목에서 내려서 그곳 원주민과 합쳐졌을 것이다. 빛나는 바이칼문 명을 가지고 온 사람들이었으므로 원주민들이 환영했을 것은 당연하다. 그렇게 환영했다는 것은 그들이 왕이 되었다는 풍문이 뒷받침을 해서다.

그것은 앙가라 강의 어원이 '왕으로 가는 강'이라는 것에서 밝혀지는 증거이기도 하다. 바이칼의 어원도 '밝은 칸'이 바르칸-퍼르컨*이 되었고, 다시 바이칼로 변했다는 말과 함께 했다. 흑룡강을 러시아에서는 '아무르 강'으로 부르는 것도, 하늘의 물이란 뜻의 '알물'이 그들의 발음상 아무르가 된 것이다. 바이칼 주변의 명칭들은 이렇게 조선족의 언어에서 출발하고 있다.

떠나기만 하면 왕이 되는 강이었으므로 남아서 미적거리던 사람들도 주저하지 않고 앙가라 강에 뗏목을 띄웠으리라는 추측은 이렇게 자연스럽게 이루어진다. 그러나 중도의 흥안령에 주저앉은 사람들과는 달리, 뱃장을 가진 환웅족은 내륙으로 깊이 짓쳐들어서 태백산에 이르러 그곳에 신시 제단을 묻고 밝달나라를 시작한다. 그 무렵 그곳에 살던 곰 토템족과 호랑이 토템족이 환웅족에게 "우리도 신계神界의 백성이 되겠으니, 방법을 알려달라"

* 흥안령(興安嶺)의 소수민족들을 취재할 때였다. 그들끼리도 이해다툼을 하는 일이 흔했다. 그래서 어느 날 물었다. "이 세상에 최고의 신이 누구냐?" 그들의 대답은 늘 하나였다. "우리 민족의 신 퍼르컨"이라는 것이다. 그들 일곱 민족이 똑같은 대답이었다. 그들 모두가 몽골반점이 있었다.

고 하자, 쑥과 마늘로 그들을 시험한다는 이야기는 단군의 개국신화에 나오는 이야기다. 하늘에서 내려왔다는 ᄒᆞᆫ웅은 실은 바이칼에서 온 사람이던 것이다.

내가 중국인의 역사를 우리 역사의 변두리 역사라고 주장하는 것도 이런 까닭이 있기 때문이다. 무엇보다 그들의 언어가 고립어라는 점에서 그렇다. 한 지역에서 자기들끼리 붙박이로 살면서 발생한 언어이기 때문에, 단순히 그때그때의 생각만을 나타내면 서로가 불편 없이 통해지는 것이다. 그렇게 나온 언어가 바로 고립어다. 그들이 우리한테 문명을 배웠다는 이야기는 무엇보다 증선지曾先之의 『사략史略』에 그 사실이 비슷하게나마 기록되어 있다.

공자보다 1300년을 뒤에 태어나서 중국 역사를 지은 그가, 삼황오제에 대한 자료를 제대로 구하지 못했기 때문에 중국 역사에 엉뚱하게 우리 조상을 끌어댔고, 바로 그들이 중국문명의 비조鼻祖*였다고 말했다는 이야기다. 다시 말하지만 삼황三皇은 문명을 처음 일으킨 이들이고, 오제五帝는 삼황이 일으킨 문명을 계승하고 발전시킨 사람들이다. 무엇보다 그들의 모계사회를 부계사회로 바꿨다는 점이 그들 문명의 시작인 것이다.

ᄇᆞᆰ달나라의 다섯 번째 임검인 태우의太優儀 ᄒᆞᆫ웅천왕의 열두 번째 아드님인 태호복희가 모계의 나라에 지방장관으로 내려가는데, 거기서 팔괘八卦의 주역을 창안하고, 매듭을 묶는 글자로 정치를 했고, 사슴가죽 두 장을 보내서

* 포유동물이 뱃속에서 생길 때는 코가 먼저 생긴다고 한다. 먼저 숨을 쉬어야 하는 생명체가 우선적으로 코가 급한 이유일 것이다.그래서 시조(始祖)보다 앞서는 낱말이 되었을 것이다. 시조가 1순이라면 비조는 0순인 셈이다.

신부를 맞아들이는 혼인법을 제정했고, 그물을 얽어 사냥법을 가르치고, 희생을 길러 부뚜막에서 요리하여 하늘에 제사지내고, 용의 상서로움이 나타나자 관직을 용으로 표기했으며, 목덕木德으로 왕을 했다는 것이다.

이상은 『사략』에 있는 내용을 그대로 옮겨본 것이다. 증선지는 주역 창제를 먼저 쓰고 있으나, 나는 혼인법을 제정했다는 사실을 첫째로 꼽는다. 모계사회를 부계사회로 전환했다는 것이야말로, 주역 창제보다 훨씬 큰 공적이고 큰 사건이라고 보는 까닭이다. 목덕으로 왕이 되었다는 것은 사람을 길러서 썼다는 말을 그렇게 하고 있는 것이다. 나무는 길러서 쓰는 법이어서다.

복희가 제 봉토 받은 진陳나라를 후임자로 맡기는 이는 염제 신농씨炎帝神農氏다. 염제신농은 여름의 임검이고 검스런 농사꾼이었다는 뜻이다. 복희 흔아비는 족보를 앞에서 밝혔다. 이제 신농의 가계를 말할 차례다.

"웅씨熊氏*가 갈라져나간 자에 소전少典이라고 있었는데, 안부련安夫連 말기에 소전은 명령을 받고 강수姜水에서 병사들을 감독하게 되었다. 그의 아들 신농은 온갖 약풀을 혀로 맛보아서 약을 만들었다. 뒤에 열산列山으로 옮겼는데, 한낮에는 교역하게 하여 사람들로 하여금 편리하게 하였다. 소전의 별고別孤에 공손公孫이라고 있었는데, 짐승을 잘 기르지 못하였으므로 헌구軒丘로 유배시켰다. 헌원軒轅의 무리는 모두 그의 후손이다. 사와라 흔웅 초기의 일이다."

* 단군신화에 곰족과 호랑이족이 나온다. 그들은 당시의 토템을 말한다. 그 웅씨의 딸이 흔웅의 은혜를 입고 단군을 낳는 이야기를 알 것이다. 『흔단고기』의 「신시본기」에 의하면 웅씨의 나라가 단군왕검의 나라 중에서 제법 큰 세력을 떨치는 나라였다는 기록이 보인다.

끄트머리에 헌원의 무리가 헌원의 후손이라고 한 것은, 제13대 환웅천왕인 사와라斯瓦羅 임검 때 황하의 북쪽으로 쫓겨 간 호랑이 토템족이 있었다. 부도符都의 법*을 따르지 않으므로 추방시킨 것이다. 제14대 치우천왕은 우사직의 헌원을 또 추방시켰다. 우사직책에 게으르다는 것이 죄목이었다. 헌원이 자기 앞에 쫓겨난 호랑이 토템족을 먼저 찾아가서 그들의 우두머리가 되었고, 호랑이족들은 마침내 자기들의 조상으로 삼는데 이르렀다. 본문은 그 대목을 말하는 것이다.

안부련은 18세 환웅천왕 중에 제8세에 해당하는 환웅천왕의 이름이다. 안부련 환웅천왕 때 신농의 아버지 소전이 나라의 명령을 받고 강수姜水에서 병사들을 감독하고 조련했던 모양이다. 신농씨의 성姓이 강씨姜氏인 것도 그 물 이름에서 유래한다는 것을 알게 한다. 또 소전의 별고에 헌원이 있었다고 하는 건, 신농의 친 동생에 욱勖이 있었고, 바로 그 욱의 8대 손자가 헌원이였다는 이야기다. 별고라는 표기는 헌원이 곧은 사람이 아니라는 뜻이다. 그에 대한 구체적인 이야기가 「신시본기」에 실려 있다. 이에 의하면 헌원은 일찍이 신시에서 우사 벼슬을 살았지만, 맡은 직책에 등한히 하여 내쫓기었다. 제13대 사와라환웅 때의 일이다. 참고로 염제신농씨의 이름은 석년昔年이다.

신농씨는 농사짓는 법을 처음으로 백성들에게 가르쳤다. 『사략』에는 나무를 구부려 따비와 쟁기를 만들어서 땅을 갈았다고 했다. 그리고 갈아엎은

* 『천부경』 도시의 율법이란 뜻이다. 『천부경』의 가르침대로 살았던 나라가 바이칼의 환국(桓國)이었고, 지금의 밝달나라다. 모두 홍익인세의 풍속을 좇아서 사는 나라였던 것이다. 그러나 바탕이 거세고 거친 호랑이족은 나라 풍속에 끝내 어울리지 않았으므로 사와라 천왕은 그들을 추방했다. 『부도지』의 기록이다.

땅에 곡식을 심었던 것이다. 호남성 주주시株洲市 염릉현炎陵縣에 있는 염제의 사당에 가보면 사당 안에 오곡의 곡식을 손에 모아들고 있는 염제의 소상塑像을 만날 수 있다. 그리고 사람이 많이 모이는 한낮의 우물가에 시장을 열고, 서로 필요한 물건을 교환하게 했다는 것을 기념하는 오문午門이 있다. 많은 사람이 드나드는 이 오문은 사람들이 모여서 물건을 사고파는 요새 시장의 효시인 셈이다. 이외에도 온갖 풀을 맛보아서 의약의 시조가 된 공로가 있다.

삼황의 끄트머리로 치는 사람은 황제헌원씨黃帝軒轅氏이다. 이름에서 드러나는 것처럼 헌원은 수레를 만들어서 사람들에게 여행의 편리를 도운 이다. 그리고 창과 방패를 만들어서 염제와 탁록涿鹿에서 싸워 이겼고, 치우蚩尤와는 판천阪泉에서 이겼다고 했지만 믿을 것은 못 된다. 판천과 탁록은 같은 지역의 다른 이름이다. 이 『사략』의 기록을 뒤늦게나마 그대로 믿는 것은 동북공정 이후의 서토인들 뿐이다. 동북공정 이전에는 줄기차게 황하문명만을 주창해온 것이 저들 서토인들이었다. 북경에서 서북쪽으로 버스로 한나절이면 닿는 탁록의 들판에다가, 그래서 중화삼조당中華三祖堂을 짓고 황제의 승전을 기념하지만, 그것도 서토인들이 홍산문화를 황하문명에 갖다 붙이느라고 만든 생판 억지주장이다.

경우로 보아 황제가 치우와 싸웠다는 것은 맞다. 실제 치우천왕의 천하통일에 딴지를 걸었던 사람이 황제였기 때문이다. 이것은 우리의 『환단고기』에도 있는 기록이다. 그러나 10년의 싸움 끝에 사로잡힌 것은 치우가 아닌 황제였다. 치우는 별이 되어 전쟁의 신으로 기념될 만큼 싸움에 능한 전쟁영웅이었다. 그가 황제에게 졌다면 전쟁의 신으로 기념될 리가 없는 것이다. 또 신농은 헌원의 집안사람이기는 하지만, 족보로 따져 9대 할아버지에 해당한다. 9대 할아버지와 전쟁을 했다는 게 처음부터 말이 안 되는 소리다. 그러므로 중화삼조당은 서토인들이 억지로 만들어낸 허위증거라는 이야기다. 이런 것이 다 『사략』에서 비롯되는데, 증선지 시절이 사료가 없는 상황에서 역사가 지어졌기 때문이다.

삼황을 이어서 서는 것은 오제다. 소호금천씨, 전욱고양씨, 제곡고신씨, 제요도당씨, 제순유우씨를 오제로 칭한다. 소호와 전욱과 제곡과 요까지는 모두 헌원의 피내림으로 되어 있다. 그러니까 오제의 태반이 황제의 자손이라는 이야기다. 요에게서 벼슬하고 그에게서 왕을 이었다는 순舜만이 유호씨有戶氏의 아들로 되어 있는 것이다.

공자의 『서전』 이후로 서토인들은 삼황오제에 관한 이야기를 죽어라고 피했던 것이 사실이다. 그러했던 서토인들의 역사가 1300년을 지나 원나라에 와서 증선지가 비로소 삼황오제에 대해 언급을 하게 되는데, 그 자료에 엉터리가 많이 섞여들었기 때문이다. 증선지는 중국인의 입장에서 역사를 보지 않았으므로, 자유롭게 삼황오제를 말하고는 있으나, 그들에 대한 사료史料가 거의 없는 상태였으므로 항간에 전하는 엉터리 말을 주워서 썼고, 그렇게 짜 맞추기를 했다는 것도 사실일터이다. 실제로 『사략』에는 그렇게 보이는 실수가 많이 나타난다.

단 요·순에 관한 것은 우리들 기록인 『부도지』에 나타나는 데가 있으므로 설명하려 한다. 『부도지』에 의하면, 하늘이 가진 자연의 수數는 1에서 9까지이다. 이 숫자들이 하늘의 음악인 율려律呂의 리듬*을 따라 쿵~! 하고

* 우주의 삼라만상에는 음양의 호흡을 따라 각기 감기고 풀리는 법칙이 있는 법이다. 이 자연스런 법칙의 호흡이 리듬이다.

마찰하면서 비비고 어울려서 밀물과 썰물이 교차하고, 사계의 질서가 생겨난다. 이 자연법 곧 하늘의 질서를 따르는 것이 부도의 율법이다. 곧 홍익인세의 내용인 것이다. 그런데 요堯가 부도의 법을 배반하고 오행법을 만들어서 스스로 제왕을 참칭하고, 단군왕검이 부도를 나간 기회를 틈타 여러 사람을 이끌고 공격했기 때문에 그곳에 살던 묘족의 후예가 동서북 세 방향으로 흩어지는 사단이 발생한다. 그것만이 아니다. 요는 두 딸로 순을 꼬여서 제 편으로 만들고, 그에게 촉탁을 내려 현자를 찾아 죽이며 유인씨有人氏의 후손들인 묘족苗族을 정벌하는 등으로 폭돌한 행패가 자심하였다. 순은 결국 자기 족속들을 정벌한 셈이었다.

안되겠다고 생각한 유호씨가 마침내 아들 상象에게 명령하여 요·순을 정벌하자, 요는 유폐 중에 죽고 순은 창오蒼梧의 들로 도망치는데, 지난 '9년 홍수'에 아비가 죽은 원한이 있는 우禹가 순을 찾아서 기어이 원수를 갚는다. 우의 아비 곤鯤은 요의 정부에서 섭정을 살고 있는 순의 명령을 받들어 8년이나 물을 다스렸지만 끝내 실패한다. 그래서 국법에 따라 순은 곤을 우산羽山에서 죽였던 것이다. 우는 그 일을 가슴에 묻었다가 창오로 도망친 순을 쫓아가서 죽이게 된다.

그 후 주인이 없는 요의 정부를 차지하고 스스로 하夏나라의 왕이 된 우는, 요·순과 한가지로 부도와 맞섰다. 답답한 유호씨가 권사權士를 우禹에게 보내서 유시諭示하기를.

"요는 천수天數를 몰랐다. 땅을 쪼개서 천지를 제멋대로 하였다. 기회를 틈타 독단獨壇을 만들고, 사사로이 개나 양을 기르기 위하여 사람을 몰아낸 후, 자칭 제왕이 되어 혼자서 처리하였다. 세상은 토석土石이나 초목처럼 말이 없고, 천리天理는 거꾸로 흘러 허망에 빠져버렸다. 이것은 거짓으로 천권天權을 훔쳐 사욕의 횡포를 자행한 것이다. 제왕이 만약 천권을 대행하는 것이라면, 능히 일월을 개폐하며 만물을 조작할 수 있을 것이 아닌가?

제왕이란 것은 수數의 요체요. 사람이 거짓으로 칭하는 것이 아니다. 거짓으로 칭하면 다만 사기詐欺와 허망의 나쁜 장난이 될 뿐이다. 사람의 일人之事이란 증리證理요, 세상의 일人世之事이란 그 증리한 사람의 일을 밝히는 것이니, 이 외에 다시 무엇이 있을 수가 있겠는가. 그러므로 부도의 법은 천수의 이치를 명확하게 증명하여 사람으로 하여금 그 본무本務를 수행하게 하고, 그 본복本福을 받게 할 따름이다."

이것은 제왕을 참칭한 요의 죄를 드러내는 대문이다. 만물을 능히 조작하고 일월을 개폐할 수 있어야 제왕이라고 할 수 있다는 논조다. 그러나 제왕의 책무는 그것에도 있지 않다. 제왕은 수數의 요체要諦일 뿐이라고 한다. 다시 말하면 세상 사람들이 받을 복을 미리부터 증명해내는 사람이 곧 제왕이다. 그것은 오미五味의 죄책을 보속報贖하는 일과 대성의 일大城之業*을 회복

* 『부도지』에 나오는 내용을 말했다. 검둥이 흰둥이 할 것 없이 섞여서 살던 때, 개벽에서 막 시작된 인간의 살림은 땅에서 솟는 지유를 먹고 사는 것이었다. 그래 지유 외에는 무엇도 먹을 줄을 모르는 인간이 지유가 모자라서 포도를 먹는 사건이 생긴다. 그러면서 이빨이 생기고 점차 혼탁해지는 것이다. 말하자면 이유식을 하게 되는데, 마침내 지유의 샘이 망가져서 성 밖으로 뿔뿔히 흩어지는 날이 온다. 그때 무리 중에 가장 어른인 황궁씨가 앞으로는 칡을 먹을 것과, 타락해진 인간본성을 기어이 회복하자는 뜻의 해혹복본(解惑復本)을 맹서한다. 대성의 일이란 이것을 말하는 것이다.

하는 것이어서, 황궁씨나 유인씨 일처럼, 본래부터 정해진 사람 외에는 세상에 누구도 대신할 수 없는 일이다.

그런 후에 요는 천수를 몰랐다고 말한다. 요가 주창한 오행법은 1에서 9까지의 수들이 모두 같은 것이 아니라, 가장 중심에 놓이는 수 5의 영향을 크게 받는다고 생각한 것이다. 그래서 움직이지 않는 5가 제왕의 수라는 주장이다. 이것은 돌고 도는 천체의 운행으로 볼 때, 지구가 움직이지 않는다고 주장한 천동설일 수 있다. 그러나 모든 수는 끊임없이 움직인다.

"천도天道가 돌고 돌아 종시終始가 있고, 종시가 또 돌아 4단씩 겹쳐 나가 다시 종시가 있다. 1종시의 사이를 소력小曆이라 하고, 종시의 종시를 중력中曆이라 하고, 네 번 겹친 종시를 대력大曆이라 한다. 소력의 1회를 사祀라 하니, 사에는 12기期가 있고, 1기에는 28일이 있으며, 다시 4요曜로 나뉜다. 1요에는 7일이 있고, 요가 끝나는 것을 복服이라 한다.

그러므로 1사에 52요복이 있으니 즉 364일이다. 이는 1, 4, 7의 성수性數요, 매 사의 시작에 대사大祀의 단旦이 있으니, 단과 1은 같기 때문에 합하여 365일이 되고, 3사의 반半에 대삭大朔의 판昄이 있으니, 판은 사의 2분절이다. 이는 2, 5, 8의 법수法數요.

달이 긴 것이 1과 같기 때문에 제4의 사는 366일이 된다. 10사의 반半에 대회大晦의 구晷가 있으니, 구는 시時의 근원이다. 300구가 1묘眇가 되니 묘는 구가 눈에 느껴지는 것이다. 이와 같이 9633묘를 지나서 각刻 분分 시時가 1일이 되니, 이는 3, 6, 9의 체수體數다. 이와 같이 끝나고 또 시작하여 차차 중력中曆과 대력大曆에 미쳐서 이수理數가 이루어지는 것이다.

대저 요의 이 세 가지 잘못은 허위虛爲의 욕망에서 나온 것이니, 어찌 가히 부도의 실위實爲에 비길 수가 있겠는가. 허위는 이理가 안에서 불실하여 마침내 멸망에 이르고, 실위는 이理가 나를 언제나 만족케 하여 스스로 함께 존립한다."

위는 천동설을 주장한 요에게 들려주는 유호씨의 지동설이다. 끝에 요의 세 가지 잘못을 虛爲라고 말한 것에 주목할 일이다. 이 말은 허위虛僞와 완연히 다르기 때문이다. 虛僞는 단순히 진실을 은폐하는 '거짓'이지만, 虛爲는 차원이 다른 말이다. 이것은 작정을 하고 '허망한 것을 만든 짓'이다. 얼핏 같아 보여도 내용과 격이 달라서다.

천도가 돌고 돈다는 것은 요새말로 태양계의 위성들이 태양을 중심으로 움직인다는 지동설인 셈이다. 이것은 땅이 붙박여서 움직이지 않고, 여타의 별들이 움직인다는 요의 천동설과 좋은 대조를 이루는 천체관이다. 소력이니 중력이니 대력이니 하는 것은 책력의 크기를 말하는 해年의 내용이다. 사祀는 1년을 나타내는 세월의 단위이다. 옛날 은殷나라가 한 해를 년年이 아니라 祀로 말했다.(은나라 앞에 있었던 하나라는 載로 썼다) 祀 안의 기期는 한 달을 뜻한다. 요曜는 일주일이다. 한 번의 期를 28일로 했으니, 한 해가 365일이면 13개월이 1년인 것이다.

1, 4, 7의 성수性數, 2, 5, 8의 법수法數, 3, 6, 9의 체수體數는 천체의 움직이는 여러 호흡을 뜻한다. 그 호흡을 나타내는 구晷와 묘眇는 시간을 쪼개서 나타낸 시간의 길이인 셈이다. 그 순간적인 시간의 단위가 기껏 초抄를 가장 낮은 것으로 정한 오늘 우리들의 시간개념보다 훨씬 세밀하고 자세했다는

것을 알게 한다.

그러나 이 책력이 어떻게 해서 만들어지는가는 내가 끝내 밝혀내지 못하고 실패한 공식이었다는 것을 고백한다. 그런데 이 복잡한 공식을 실수 없이 풀어서 책력을 만든 사람이 있다. 이정희李貞姬라는 서울 여자다.그가 만든 책력을 보니, 1년이 틀림없이 13개월로 만들어졌고, 2-3년 만에 윤년閏年이 돌아오는 음력이나, 4년 만에 주기적으로 윤월이 있는 요새의 책력이 아닌 것을 알겠다.

1월부터 12월까지 지나면 첫해의 시작을 어김없이 정월正月로 시작하는 우리 민족 고유의 이 태양력은 윤일閏日이나 윤월閏月을 정월 안에서 소화시키는, 그야말로 완벽한 책력이다. 대신 첫해의 첫날을 일요일로 시작하면, 1년 13개월의 첫날 역시 반드시 일요일이 되는 것이다. 그래서 새해를 시작하는 달이 1월이 아닌 正月로 이름을 삼고 있다. 정월은 그런 모든 부조리한 조건들을 머금어 소화하고, 곧고 올바르게 시작하는 정正*한 달月이 되기 때문이다.

『부도지』에 나오는 이 책력의 법수法數는, 요임금의 오행법이 틀렸음을 지적하는 유호씨의 설명에서 끌려나오는 내용이다. 그렇게 보면, 요가 임금된 것이 단군왕검 시절이므로 단군조선 때 책력법이 나왔다고 보는 게 정설일 것이다. 그러나 이 법은 단군왕검 시절을 만나면서 끌려나왔을 뿐, 그 이전에 이미 쓰여 졌던 것으로 보는 것이 옳을 일이다. 거침없이 쏟아지는 웅변적인 내용들이 물샐 틈 없이 탄탄한 것으로 볼 때 그런 심증은 당연한 것이

* 正은 하나에서(一) 그치는 것(止)이다. 만물의 이치가 하나로 돌아감을 말하고 있다.

아닐까?

ᄇᆞᆰ달나라 문명은 한 마디로 『천부경』에서 나온 문화로 말해지는 것이 옳다. 『천부경』에서 주역이 나오는데, 그 주역 중천건重天乾 괘의 문언文言 장에 음력의 법수가 기록되어 있다. 한 가지만을 소개하자면, 지구가 태양을 한 번 공전하는데 드는 시간을 365일 5시간 48분 46초라고 정확하게 셈을 했다는 점이다. 그런 문명을 누린 사람들이었으므로 부계사회는 새삼스럽게 말할 필요도 없는 일이다. 또 홍익인세 살림도 당연했던 것이다.

ᄒᆞᆫ국桓國의 선진 문화살림

이제 ᄇᆞᆰ달나라의 뿌리가 되는 ᄒᆞᆫ국의 살림이 어떠했는가를 살펴보기 하자. 『ᄒᆞᆫ단고기』의 기록이다.

> "파나류波奈留산 밑에 ᄒᆞᆫ님의 나라가 있으니 천해 동쪽의 땅이다. 파나류의 나라라고도 하는데, 그 땅이 넓어 남북이 5만 리요 동서가 2만여 리니, 통으로 말하면 ᄒᆞᆫ국이요, 갈라서 말하면 비리국卑離國, 양운국養雲國, 구막ᄒᆞᆫ국寇莫桓國, 구다천국句茶川國, 일군국一群國, 우루국虞婁國 또는 畢那國, 객현ᄒᆞᆫ국客賢汗國, 구모액국句牟額國, 매구여국賣句餘國 혹은 稷臼多國, 사납아국斯納阿國, 선비국鮮椑國 혹은 豕韋國, 通古斯國, 수밀이국須密爾國이다. 천해는 지금의 북해라 한다. 7세에 전하여 역년이 3,301년, 혹은 63,182년이라고 하는데, 어느 것이 맞는 말인지 알 수가 없다."

끄트머리에 환국의 역년을 말하면서 3,301년 설과 63,182설이 있는데, 어느 쪽이 맞는지는 알 수가 없다고 한다. 나는 앞에서 6만년설을 지지한다고 했다. 동서양문명의 뿌리가 그쯤은 된다고 생각되기 때문이다. 동시에 이렇듯 자기주장이 없이 역사를 기록해서 전해준 『환단고기』의 저자에게 말할 수 없는 다행스러움과 존경심을 갖는다. 왜냐하면 사료를 가지고 역사를 기록할 때, 이렇게 애매한 부분은 자기 의견대로 미끈하게 고치는 것이 역사를 쓰는 사람의 특권인 것처럼 인식되어온 탓이다. 그런데 그런 특권의식을 포기하고, 모르는 것은 모르는 채로 넘겨준 것은 후일의 눈 밝은 사람을 위해서였을 것이다. 그 태도가 몹시 다행스럽고 장하게 여겨진다.

이 대목에서 역사를 지키지 못한 우리의 운명에 새삼 뼈아픈 비애를 느낀다. 삼국을 통일한 통일신라를 원망하는 심정이 어쩔 수 없이 드는 것도 당나라 군대를 불러들여서 형제 집에 불을 질러가며 얻은 통일이기 때문이다. 통일을 했다면 흩어진 힘을 모아 국력을 한 번 크게 떨치는 것이 원칙이다. 그러나 신라는 그 대목에서 완전히 낙제점수다. 그 너른 고구려 국토를 당나라한테 다 빼앗기고 대동강 이남으로 바짝 줄어든 것이다. 죽 쒀서 개 좋은 일만 시킨 셈이었다.

그러고 나서도 당나라 문물을 수입해 들이는 데에 정신을 놓은 것이 신라다. 통일을 이룬 문무왕이 호국용이 되겠다고 한 것도 동해안에 출몰하여 해적질로 좀도둑질이나 해가는 왜구를 염두에 둔 것이었지, 잃어버린 영토를 찾겠다는 염원에서가 아니었다. 이런 좀스럽고 정신을잃은 듯한 태도는 그 아비 김춘추를 그냥 보는 듯해서 안타깝기 그지없다. 그러나 빼앗긴 영토는 다시 찾으면 된다고 할 수 있다. 하지만 전쟁의 불길에 넣어버린 역사서책은 영영 되살릴 수가 없는 일이다. 백제와 고구려 사고에 불을 지른 당나라 군사 설인귀薛仁貴가 그래서 용서할 수 없고 두고두고 미운 것이다.

역사가 없는 민족은 내세울 자존이 없는 법이다. 늘 사대事大에 시달려온 통일신라 이후의 민족 살림을 되돌아보라. 신라는 당나라에 멍이 들었고, 고려는 원나라에 끌려 다녔고, 이조는 명나라를 한사코 주장하면서 청을 반대했기 때문에 나라꼴이 말이 아니게 돌아갔다. 그 끄트머리가 섬나라 왜놈들의 식민지 살림이었다. 기왕에 사대를 하면서도 청나라보다 명나라를 섬기겠다고 나선 작태도 어이없는 짓이었다. 굳이 뿌리를 따진다면 청은 그래도 우리와 혈통적으로 가까운 사람들이었기 때문이다. 그러나 공·맹의 나라가 아니었기 때문에 반대를 한 것이다.

불길에 들어간 역사가 살아있다면, 우리가 바이칼 한국의 역년을 두고 고민하지 않아도 된다. 또 동서양문화가 우리에게서 번져나갔다는 자부심도 가질 수 있다. 중국의 유교를 받아들여 공·맹의 빈껍데기나 좇는 얄궂은 일이 없었을 것이고, 더욱이 『삼국사기』 같은 허망한 역사를 짓는 일도 없었을 터이다. 이렇게 민족의 힘이 줄어들고, 씩씩했던 기백을 잃게 된 것도 다 역사가 없어지면서 생긴 일이다.

그러나 동서양의 모든 문명이 우리의 한국에서 시작되어 번진 것일 때, 그런 바탕이 되는 애당초의 정신문화를 살피는 것이야말로 의미가 크다. 한국은 앞에서 말한 대로 12연방으로 된 큰 나라였다. 그런 큰 나라였으므로 통치하는 법령도 거창했을 것 같지만, 그저 소박한 몇 개의 훈령訓令이 있었을 뿐이다. 아래는 한국의 법령이다.

1. 성신불위誠信不僞
2. 경근불태敬勤不怠

3. 효순불위孝順不違

4. 염의불음簾義不淫

5. 겸화불투謙和不鬪

주역이 천하의 이치를 말하면서 쉽고 간편해야 통해진다고 한 것을 기억할 것이다. 그것은 일찍이 바이칼의 한국에 그런 사표되는 사례가 있었기 때문이다. 이 법령은 크게 하늘을 어떻게 대할지 하늘을 대접하는 태도를 말했고, 다음으로 땅을 어떤 태도로 응대해야 하는지를 말했고, 다음으로는 사람을 대하는 태도가 어떠해야 할지를 말했다. 그냥 그뿐이다. 그러니까 하늘과 땅과 사람에 대한 간편하고 쉬운 것뿐이라는 이야기다.

먼저 하늘을 대할 적에는 거짓 없는 성실과 신념으로 대하라고 했다. 성신불위誠信不僞라고 한 것이다. 무엇보다 양심에 비추어서 아무 거리낌이 없는 것이 誠이다. 그야말로 하늘을 우러러 한 점 부끄럼이 없어야 한다. 그런 거짓 없는 마음, 티가 없는 마음으로 하늘과 마주 서라고 한 것이다. 거기에 신信을 보충했다. 信은 정성스럽게 믿는 마음이다. 그런 미쁨이다. 그러니까 誠信은 가장 참되고 순수함이다. 거짓되지 말라는 불위不僞는 덤으로 붙는 혹 같은 것이다. 不僞까지 갈 것도 없다는 이야기다.

하늘 다음으로 조심스러운 것은 땅이다. 일체 생명은 땅을 떠나서 살 수가 없다. 또 모든 기업이 땅이 베푸는 은덕에서 이루어지는 까닭이다. 그래서 경근불태敬勤不怠라고 했다. 앞에서 신시 시절 살림을 말하면서 '절름발이도 생기고, 빈둥거리는 사람도 생겼다'고 지적한 것은 바로 이에 대한 부족한 자세를 말한 것이었다. 디디고 서는 땅도 공경하는 마음으로 대하라는 것이다. 우선 생명을 기르는 땅은 제 소임을 등한히 해서 때를 놓지는 법이 없다. 다시 말해서 봄 되면 땅에 깃든 생명이 모두 기지개를 켜고 일어설 때, 그 기회를 놓지는 풀이나 나무나 다른 여타의 생명은 없다는 뜻이다. 그 부지런에 실수나 게으름이 없듯, 사람도 땅의 덕을 법 받아서 부지런히 노력하라는 것이다.

하늘과 땅을 대하는 자세를 말한 다음에는 사람을 대하는 태도에 관해서다. 부모와 형제와 이웃에 대하여 각기 어떻게 할 것인지를 말하고 있다. 극히 소박한 인간의 윤리를 가르친 것이다. 먼저 부모에 대해서는 효도하고 순종해서 거슬리지 말라고 한다. 이것은 마음에서 자연스럽게 우러나는 천연적인 태도라고 할 수 있다. 그 자세를 효순불위孝順不違라 한 것이다.

부모 다음으로는 형제간의 우애를 말했다. 염치와 의리를 내세워서 음란하지 말라廉義不淫고 한다. 염치와 의리는 가까운 사람들이 항용 조심해야 할 덕목이다. 가까운 사람들은 친하기 때문에 모르는 사이에 금도禁度를 넘어설 수가 있어서다. 그렇게 남녀가 허물없이 지내다보면, 자칫 음행淫行의 죄를 범할 수도 있다. 사람들의 유전인자 속에는 모계사회 때의 버릇이 있는 탓이다. 그래서 음행을 조심하라는 것이다.

마지막으로는 이웃과의 관계에 대해서다. 겸손하고 화목하여 싸우지 말 것謙和不鬪을 당부한다. 이웃이라고 했지만, 울타리 너머의 이웃이나 한 마을사람들만 이웃인 것은 아니다. 그 이웃을 확대하면 한 고을일 수도 있고, 한 국가일 수도 있고, 인류 전체일 수도 있다. 사람 사이의 화합이 깨지는 것은, 그 시작이 서로 겸손하지 못한 데 있다. 겸손하면 저절로 화목해서 시키지 않아도 화합을 하는 법이다. 서로가 화합을 하는데 무슨 다툼질이 있고 싸움이 있을 것인가.

이렇게 하늘과 땅과 사람 사이의 관계를 가르친 풍속의 율법이 그대로

ᄒᆞᆫ국의 오훈五訓이다. 주역의 말처럼 간편하고 쉬운 법이다. 그래서 동서의 폭이 2만 리가 넘고 남북의 길이가 5만 리나 되는 12연방의 거대한 국토가, 검둥이 흰둥이가 복잡하게 섞인 연방에 사는 인민들이 이런 단순한 가르침의 법령을 따르면서 하나로 쉽게 통해질 수 있었던 것이다. 그 국토가 바로 ᄒᆞᆫ국이다.

그러나 ᄇᆞᆰ달나라에 이르면 국가의 틀거리를 갖추는 것이 보인다. 문명이 한 단계 올라선 것이다. 여러 전문직이 나서게 되는데, 특히 여겨볼 것은 형벌을 맡은 기관이 있다는 점이다. 이때까지는 그런대로 홍익인세의 살림을 살았다고 보인다. 그러나 단군의 시절은 주로 범죄자를 어떻게 했다는 것 중심이다. 순전한 홍익인세가 저물어간다는 증표라고 할 수 있다.

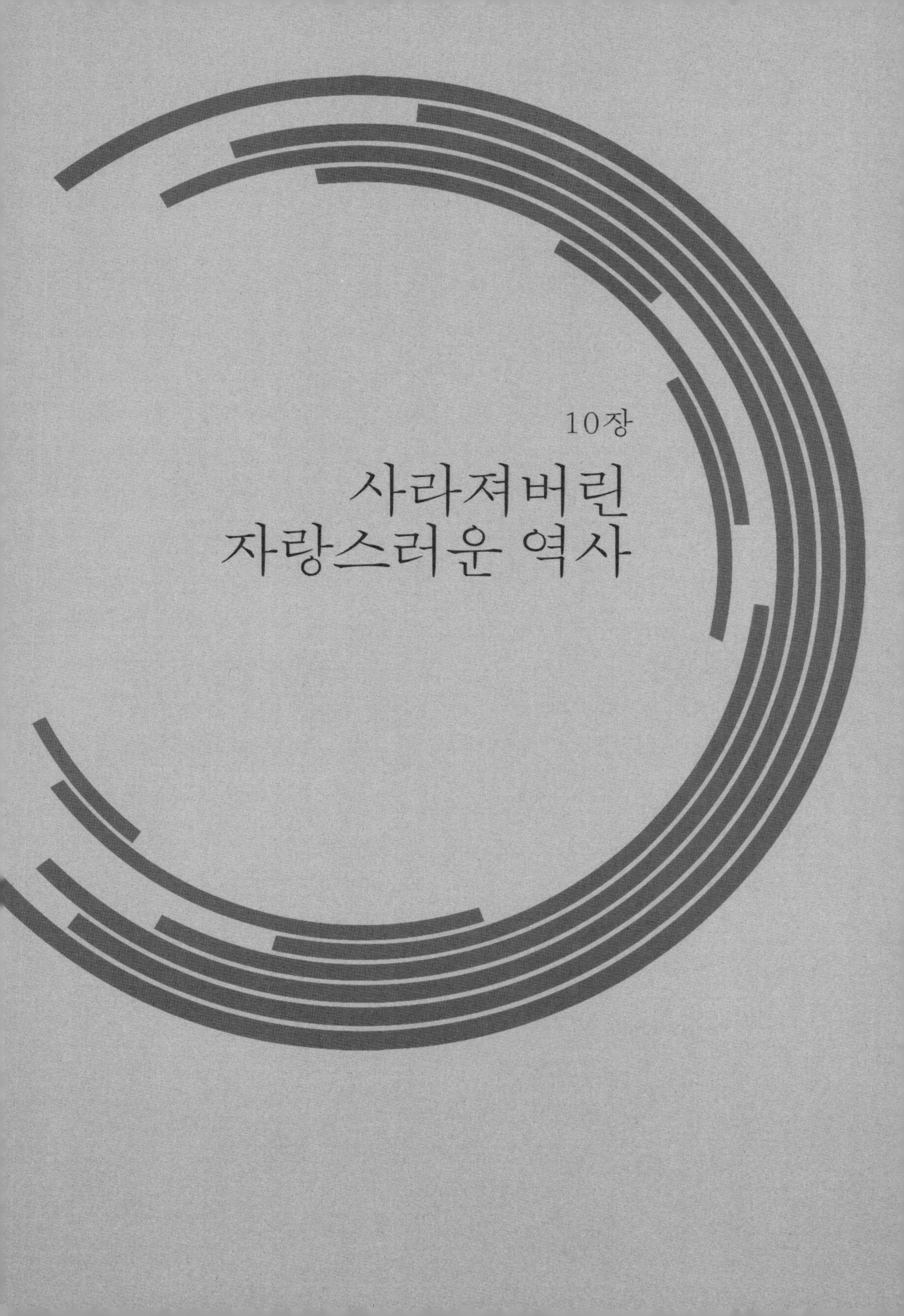

10장

사라져버린 자랑스러운 역사

사라져버린 자랑스러운 역사

『삼국사기』가 나오게 된 배경

신라의 통일에 당나라가 개입했다는 것은 다 안다. 13만이나 되는 소정방의 대군이 나선 것이다. 신라군만 해도 5만이었다. 그 5만이 백제의 황산벌 - 지금의 육군훈련소가 있는 연산連山 - 로 쳐들어온 것이다. 그 5만에 맞선 것은 계백의 5천 결사대가 고작이었다. 그러나 백제군은 결사대는 의외로 강했다. 열 곱이나 많은 신라군을 나무 등걸 하나 가려지지 않은 허허벌판에서 세 번씩이나 격퇴시킨 것이다.

이 대목에서 드라마 같은 작전이 연출된다. 안 되겠다고 생각한 신라군에서는 화랑인 관창官昌을 투입한다. 신라군의 사기를 위해서 그를 희생시키기로 작정한 즉흥적인 각본에 의해서다. 그의 나이 겨우 열여섯이었다. 홀로 백제군에 쳐들어온 적의 장수를 사로잡은 계백은 그의 투구를 벗겨보고는 손수 목을 베고 나온 제 가족과 어린 아들을 떠올렸다. 그래 차마 죽이지 못하고 말에 묶어서 돌려보낸 것이다. 신라장수 품일品日은 다시 백제군 속으로 아들 관창을 쫓아 보냈다. 계백은 할 수없이 관창을 죽여서 그 목을 말에 묶어 신라군한테 보낸다. 목을 받아든 품일이 '내 아들의 목이 살아있는 듯하다'고 탄식했다던가? 그리고 노도와 같이 덮치는 신라군에게 무너진 것이다.

이쯤에서 생각할 것이 있다. 계백階伯은 전쟁터에서 늙은 백전의 노장이다. 관창의 목을 신라군에게 보내면 어떤 결과가 될지 모르는 사람이 아니다. 그래서 순간이나마 망설여지기도 했을 것이다. 그러나 계백은 역시 대장이었다. 관창의 목을 백제군에게 주어 마음껏 차고 던지게 하여 일시적인 아군의 사기를 도울 수도 있었을 일이다. 그러나 그렇게 하지 않고 관창의 기백과 명예를 존중하여 정중히 신라군에게 보낸 것이다. 훌륭한 대장으로서의 면모다. 그리고 나서 노도와 같이 덮치는 신라군에게 졌다. 그러나 그런 이야기를 하자는 것이 아니다.

사비성이 함락되고 불길에 휩싸인 것은 당시 전쟁의 상황을 읽을 적에 너무 당연했다. 그 불길이 하필 백제의 사고에서 시작되었다는 점을 놓지 지 말자는 이야기다. 당 고종의 밀명을 받고 온 설인귀薛仁貴가 그 불을 질렀기 때문이다. 왜 고종은 백제의 역사서책을 없애라고 했을까? 서토인들이 조선의 역사를 없애기 위한 노력은 진작부터 있었다. 그리고 그 연원을 추어 올라가면 공·맹에 닿는다. 그 까닭은 앞에서 설명했다.

나당羅唐의 점령군이 다시 고구려를 침범한 것은 백제가 망한 10년 후의 일이다. 평양성에 입성한 당나라 군대가 처음 한 짓거리도 사고에 불을 놓는 일이었다. 역시 설인귀에 의해서였다. 그 불길은 무려 4개월 이상 연기를 올렸다는 기록이다. 백제 역사가 수개월을 탔고, 고구려 역사책이 4개월 이상을 두고 탔다면 우리 역사는 그때 민멸했을 수밖에 없다. 단군의 조선역사와 밝달나라 역사, 그리고 한국의 역사가 모두 그 불속에서 없어진 것이다. 그때부터 우리는 역사 없는 민족이 되고 말았다. 실로 가슴 저리게 억울하고 통분할 일이다.

그렇게 신라는 통일을 본 셈이다. 그 너른 고구려 국토를 몽땅 당나라에 내준 반쪽짜리 통일이다. 기가 막히는 것은 그런 당나라를 배척할 줄 모르고 당나라 문물이 신통해서 그 문물에 엎어졌다는 사실이다. 통일을 이룬 문무왕도 잃어버린 고구려 영토에는 아무 미련이 없었고, 동해안에서 해적질을 해가는 왜구를 쫓아내고자 호국용이 되려 했다는 이야기는 좀 전에 했다.

이렇게 정신없는 나라에서 내 것이 지켜졌을 리는 없다. 그 앞에 김춘추가 애꾸눈 당태종이 지은 『해동사海東史』를 가져다가 신라에 모화의 독을 퍼뜨렸다는 이야기도 지나온 바 있다. 더욱이 신라는 인민을 여러 등급으로 나눈 골품제도*를 시행하고 있었으므로 바닥 백성의 사기가 말이 아니었다. 그런 정신의 풍토가 계승되었으므로 중국의 사대주의를 받는 데서 아무 장애 될 것이 없었다.

고려태조 왕건 임검은 훈요십조**를 남기면서까지 민족의 얼을 지키라고 했으나, 손자 광종 임금은 태조의 유훈을 깨고 유교를 수입하는 것이다. 그렇게 고려를 유교의 나라로 만든다. 유교의 풍토에서 올라온 것이 『삼국사기』다. 그것은 역사라기보다 유교의 썩은 늪에서 올라온 해로운 독이다.

* 신라의 신분제도. 왕족을 대상으로 성골(聖骨), 진골(眞骨)있었고, 귀족 대상으로는 6개의 두품제(頭品制)가 있었다. 두품제는 고위급과 하위급에 따라 복색이 달랐다. 일반백성에게는, 귀족이 쓰는 그릇과 백성들이 쓰는 그릇도 구별되었다.

** 왕건 임검이 자손들에게 남긴 황제로서의 유언인 셈이다. 열 가지 조목에 이르는 이 훈령(訓令)은 장차 고려를 경영하는 자손들이 반드시 지켜야 할 명분에 해당한다. 얼핏 불교를 신봉하는 듯하지만, 깊게는 민족 고유의 정신을 지켜가라는 유훈(遺訓)이다.

우리가 아닌 서토인의 관점에서 우리 역사를 보았기 때문이다. 그래서 중국이 우리 땅을 침범한 것은 토벌 – 討 – 이라했고, 우리가 중국을 정벌한 것은 도둑질 – 寇 – 이라 한 것이다. 우리가 저들에게 포상을 한 것을 두고는 조공이라 했고, 저들이 우리에게 조공을 바치면 오히려 포상이라 적었다. 그러고도 우리의 자존이 될 만한 것은 일체를 접은 것이다.

그래서 140년 후의 『삼국유사』에 나오는 단군의 개국신화조차 쓰지 않는다. 또 있다. 『삼국사기』에는 인물열전이 있다. 모든 역사서에 나오는 열전이다. 총 50인이 나오는데, 신라인이 40명이고, 고구려가 7명이고, 백제는 3인으로 그친다. 이 대목에서 분명히 말하건대 『삼국사기』는 제 또래의 유생들이나 읽자고 만든 사서私書일 뿐이다. 김부식은 신라 왕족의 끄트머리다. 김춘추의 곁가지거나 그 비슷한 것일지도 모른다.

유교정치가 시작되면서 바로 사대모화事大慕華가 시작된다. 공·맹의 가르침을 잘못 해석하여 그림자를 밟지 않겠다는 태도로 일관한 것이다. 그러다 보니 자연 공·맹의 나라 중국을 상전으로 여겼다. 공·맹의 나라만이 아니라 큰 나라는 무조건 섬기는 것이 옳다는 비굴한 사대주의事大主義가 그때로부터 가슴 속에 싹트게 된다. 고려가 원나라에 끌려 다닌 것도 바로 그런 발상에서 생긴 것이다. 사대를 하게 되면 내정간섭이 따라 붙는 것은 자명한 이치다.

원나라가 섬나라 일본을 침략한 일이 있었다. 그러나 무슨 일인지 태풍에 연이어 덮치면서 그때마다 거덜이 난다. 첫 번째 원정에서는 9백 척의 함선이 침몰했고, 7년이 지나 2차로 출병했지만 또 태풍 때문에 고배를 마셔야 했다. 그때마다 원정비용도 고려가 부담하는 형편이었다. 세 번째로 일본을 치는 데는 다음과 같이 고려의 분담액수가 정해졌다. 조정의 고관들은 쌀

20석이었고, 아래 벼슬아치들은 쌀 15석, 10석, 8석, 6석, 4석, 제일 낮은 관리가 1석을 공출 당했다. 백성은 쌀이 10말씩이었고, 상인들은 규모에 따라 7석, 5석, 3석을 내야했으며, 백정이나 노비에게도 몇 되씩 배당되는 형편이었다. 철저히 바닥을 긁는 수탈을 당하는 고려 민중의 고통은 실로 말이 아니었던 것이다.

유교가 창궐한 고려에서 다시 수입한 것이 주자의 성리학이다. 그것이 민족을 망치는 근본이 된다. 본래 성리학은 서토에서 학자들끼리 갑론을박을 하다가 생긴 학문이다. 주자 앞에 장재張載－橫渠가 '태허즉기太虛卽氣'라 하여 우주는 氣로 되어있다는 일종의 유물론적인 학설을 발표한다. 이것은 당시의 불교에 맞서기 위한 데서 나온 다소 억지스런 주장이었다. 장재는 훗날 주자 학통의 선배인 정자이가程子李家의 외숙이기도 하다. 그 유물론에 맞서는 학설이 유심론에 해당하는 주자의 성리학이었다. 그러나 성리학적인 유심론은 바로 정자이가로 일컫는 명도明道와 이천伊川에 의해서 말해졌다.

형님 명도가 성性에 대해, 사람의 생명작용을 자연 그대로 性이라고 한데 반해, 동생 이천은 기氣가 생명에 관계되는 면을 기질氣質의 性이라 이름 짓고, 氣의 청탁에 따라서 선과 악이 나뉜다고 보았다. 그래서 마음의 긴장상태를 유지하는 거경居敬과, 사물의 이치를 밝히는 궁리窮理를 겸하는 것이 학문이라고 주장했다. 거경궁리는 주역 곤괘의 문언文言 장에 나오는 글귀다. 군자의 평소 학문자세와 행동거지를 말했다. 그런데 주자는 이천의 학설을 따른 것이다. 거경궁리를 『대학』에서는 격물치지格物致知로 말한다.

성리학은 고려 말 안향安珦의해 수입된다. 그는 원나라에 사신으로 갔다가 그곳에서 성리학을 발견하고 마음에 들어서 베껴온 것이다. 새로운 학문이었으므로 학자라면 응당 할 짓을 한 셈이다. 그러나 고려의 학자들로서는 그 새 학문이 왈칵 눈에 띄게 된다. 거기까지는 좋았다고 할 수 있다. 문제는 그것으로 정치의 밑천을 삼았던 데에 잘못이 있었다. 성리학은 밥을 먹고, 힘을 쓰고, 돈을 버는 학문이 아니다. 그것은 문학이요 철학이다. 정치와는 전혀 연이 닿지 않는 학문인 것이다. 그런데 이조는 처음부터 성리학 정치로 출발한다. 고려를 뒤엎고 이조를 창건한 개국공신들이 모두 성리학자 일색이었기 때문이다.

더욱이 이조는 인민을 처음부터 양반과 상놈으로 나눈다. 양반 중에서도 서출庶出은 사람 대접을 안 했고, 과거에도 응시 할 수 없었으므로 사대부쯤 되어야 제 값을 받는 사람 축에 들었다. 이조는 처음부터 사대부로 출발된 나라였다. 상놈들은 양반의 부속품에 해당했으므로, 처음부터 인권이란 무시되었다. 모든 생산은 상놈이 하는데, 누리는 것은 양반이 먼저인 것이다. 거기에 따르는 양반의 횡포나 폭력이 끝도 없이 자행되었다. 이것은 정히 하늘이 두려운 질서였다. 그 질서의 끄트머리가 왜놈의 식민지였던 것은 우리가 알고 있는 대로다.

지구촌 속의 우리 모습

이렇게 하늘이 두려운 풍속의 법령을 만들어 놓고, 아무 뉘우침도 거리낄 것도 없는 질서로 그들만이 누리는 태평성대의 쇄국정치를 하다가 거덜이 나서 망한 것이 이조였다. 그 이조 시절의 정치는 오늘의 한국에서 재현되고 있는 중이다. 이조 시절의 정치는 양반만을 위한 양반들의 정치였으므로 국민인 상놈들은 크게 문제를 삼지 않아도 좋았으나, 이제 시절의 기류가 바뀌어 그 상놈들이 바로 국민이 되어, 국가의 주인으로 나서는 세상으로 되었다는 데 문제가 있다.

그래서 헌법이란 것이 생겨났고, 그 헌법의 첫 조항이 대한민국은 민주공화국이라고 한다. 빼도 박도 못하는 법령이다. 그래놓고 모든 권력은 국민으로부터 나온다고 했다. 이쯤 해놓고 민주공화국이 무엇인지 짚어보기로 하자. 공화국共和國은 얼른 말해서 왕이 없는 정치를 하는 나라이다. 기록에 의하면 옛날 주나라 여厲왕이 정치를 잘 못해서 쫓겨나자, 주공周公과 소공召公이라는 어진 신하들이 협력하여 나라를 다스린 적이 있었다. 겨우 14년의 기간이었지만 그 기간을 共和로 칭했던 것이다. 共和는 윗대가리가 없는 정치라는 뜻이다. 그러나 민주공화국이라는 말은 그런 어진 신하까지도 지워진 순전한 백성들이 주인인 나라를 말한다. 그러니까 민주공화국은 옛날 상놈들이 임금 같은 권세를 누려도 되는 세상의 나라인 것이다. 바로 그런 나라가 민주공화국이다.

그러나 시절 따라서 바뀐 법령이 그렇다는 것이지, 정말로 백성 – 민중 – 이 주인인 것은 아니다. 물론 이 땅의 민주주의도 세계사의 변천을 따라서 성장을 해왔다는 게 사실이긴 하다. 이제 그것을 한 번 짚어보기로 하자. 해방이 오고, 반민특위가 해체되고 했던 시절이야기는 여기서 접는 것이 옳다. 그냥 민주주의가 자라온 대표적인 과정을 대략 짚어보자는 말이다. 대충 열 가지면 된다.

먼저 1960년 2월 28일의 대구학생의거를 든다. 다음으로는 1960년의 3·15부정선거, 세 번째 그 해의 4월혁명이 있다. 네 번째로는 1979년의 부산과 마산의 민중항쟁을 들 수 있고, 다섯 번째로는 1980년 5월의 광주민주화운동, 여섯 번째는 1987년에 전국에서 일어났던 6월항쟁이다. 그것은 박정희와 전두환의 군부독재를 무너뜨린, 30년 만에 직접선거를 만드는 쾌거였다. 일곱 번째는 2002년 미군의 심미선과 신효순 양 장갑차 축살에 맞선 사건이다. 중학생 여학생들이 장갑차에 깔려죽자, 그런 미군들의 불의不義에 맞서 전 국민이 들고 일어났었다. 여덟 번째는 2008년 광우병쇠고기 수입사건을 든다. 당시 대통령 이명박이 국민을 무시한 채 광우병 우려 쇠고기를 수입하다가 국민들의 저항에 부딪친 사건이다. 아홉 번째로는 2016년의 박근혜와 최순실의 국정농단에 항의한 촛불시위를 꼽는다. 마지막 열 번째는 박근혜 탄핵과 촛불정부가 출범한 사건이다. 그렇게 출범된 정권이 오늘의 문재인 정부이다.

이렇듯 우리의 민주주의는 시련을 겪으면서 성장해 왔다. 그럼에도 오늘 우리에게 완전한 민주주의가 있느냐? 보수와 진보로 시끄러운 우리의 정치판을 보면 답이 나온다. 어느 학자의 탄식처럼, 한국에는 민주주의는 있으나 민주주의자가 없다고 한 것이 옳은 답이라는 생각이다. 이 말은 형식은 있으나 알갱이가 없다는 말과도 같다. 당연하다. 알갱이가 없다는 것은 실제로 국민이 주권자로서의 대접을 못 받는 나라가 바로 대한민국이라는 이야기이다.

대한민국의 국민은 여전히 이조의 양반정치를 되풀이하는 정체성 속에서 살고 있는 상놈 국민이기 때문이다. 나라의 주권을 국민이 가지고 국민이 대표를 뽑아 나라를 다스리게 하는 정치가 바로 민주주의다. 그런데도 국민이 국민다운, 국민으로서의 대우를 못 받는 나라가 대한민국이라는 주장은 어째서인가. 상놈 국민들이 양반정치가를 뽑았기 때문이다. 그들 정치가의 가슴 속에는 여전히 이조 시절의 양반들 피가, 아니 양반들의 DNA가 들어 있다는 말이다. 그들 눈에는 국민이 여전히 상놈들로 보이고 있어서다.

시절 따라 세월이 굴절하다보니 민주주의 나라가 된 것은 맞다. 그러나 그것은 바깥바람이 그렇게 불어서 만들어진 조건이 그렇다는 이야기다. 서양에서 같은 풀뿌리 민주주의가 경험된 역사가 전무한 것이 우리다. 그래서 위정자들이나 기업가의 가슴속에 흐르는 피는 어디까지나 양반정치에 대한 기억뿐이고, 그래서 정치도 재벌기업도 자기들이 다스리고, 또 자기들한테서 돈을 받는 노동자를 지난날 상놈들로 여기는 오늘의 작태는 어쩌면 당연한 현상일지도 모른다.

모든 권력은 국민으로부터 나온다고 했다. 이것 역시 쉽게 움직일 수 있는 법조항은 아니다. 국민이라는 대목에다가 단단히 못을 쳤기 때문에, 국가를 대표하는 대통령조차도 국민을 섬기게 판이 돌아간다. 그러니 그 아래 장관이나 공무원들은 두 말의 여지가 있을 수 없다. 모두가 하나같이 국민의 머슴을 자처하는 것이다. 이 대목은 얼핏 옛날의 어진 임검壬儉들이 무지렁이 백성을 몸과 마음을 다해 섬기면서, 그것으로 충忠을 가늠했던 시절의 법속을 떠올리게 한다. 마치 강보에 싸인 어린 아기를 돌보는 심정으로 백성을 보살폈던 시절의 어진 율법이면서, 풍속을 이끌었던 풍속의 법이다.

이런 생각만으로도 우리는 가슴 저리게 그 시절이 그리워진다. 그러나 우리가 디디고 선 현실은 전혀 그렇지가 못한 데에 문제가 있다. 양반정치는 오늘날로 말하면 독재정치다. 그 독재정치가 지금도 틈만 나면 우리를 위협하고 있는 중이다. 위에서 살펴본 열 가지의 부조리했던 내용들이 모두 독재정치 속에서 치렀던 것들이지만, 언제라도 틈이 생기면 비집고 들어 설 수 있는 위기가 우리를 감싸고 있는 탓이다. 위기는 무엇인가? 바로 보수를 자처하는 세력들이 만만치 않다는 데에 늘 문제가 머물고 있다.

오늘의 보수는 이승만이 만들어 낸 친일세력이라는 이야기는 알 것이다.

그 세력은 늘 독재자와 재벌 편을 들어왔다는 내용도 지나왔다. 보수保守는 옛것을 지키는 데서 비롯된 말이다. 그런데 우리는 한문문화 속에서 공·맹의 거탈만 배우면서 어긋나기 시작했고, 더욱이 이조는 성리학의 붕당정치로 바닥을 보이면서 섬나라 왜놈에게 나라를 넘기게 되었고, 그 대목에서 친일파와 친미파가 생기게 되었고, 시절의 흐름 따라 공화국 정치를 하게 되었다. 정치의 물결 따라 보수와 진보가 등장하는데, 본래부터 가진 것 있고 힘 있는 자들이 보수를 자처하게 되었다는 것, 그래서 아무 것도 모르는 무지렁이 백성들이 빨갱이라면 치가 떨리는 민중이 멋모르고 보수로 함께 나섰다는 말을 반복하는 중이다.

옛것을 지키면서 역사의 행진을 할 때, 그 지키는 것이 자부심과 긍지를 가질 만 큼 든든하고, 내용이 실제적이어야 할 것은 물론이다. 그런데 우리의 보수는 지난 시절의 당파싸움, 해방 이후의 친일 하고 친미 하던 기억밖에 없으므로 그 기억을 바탕 하여 보수를 자처한다는 이야기다. 그러니까 보수의 본질과는 터무니없이 동떨어진, 그야말로 어처구니없는 바탕이 나쁜 보수인 것이다.

다시 말한다. 보수는 독재자나 재벌의 이익을 대변하는 집단이 아니다. 무슨 그럴 듯한 정의가 있는 것도 아니다. 다만 인간은 극히 불완전한 존재여서 극락이나 천국을 이룩할 수가 없으니, 서로 조금씩 노력하여 보다나은 세상을 이룩하자는 생각이 보수인 것이다. 그러나 언제나 독재자와 재벌의 편을 들어온 것이 한국의 보수였다. 해방 이후의 정치가 늘 그래왔다. 박근혜의 탄핵이 진보세력에 의한 촛불혁명이었다면, 그에 맞선 것이 보수의 태극기부대였다는 것도 우리가 알고 있다.

태극기부대에 기독교가 한몫을 하는 것도 그렇다. 반세기 전만 해도 기독교는 틀림없이 진보세력이었다. 함석헌咸錫憲, 문익환文益煥, 서남동西南東이 모두 진보에서 어른 노릇을 했다고 볼 수 있다. 그러던 기독교가 극우세력이 되어 태극기집회면 으레 앞장을 서는 것이다. 왜 그렇게 되었을까? 두 가지 이유가 있어서라고 생각된다. 첫째는 사람들의 근기가 갈수록 좁쌀처럼 작아진데서 기인하는 것이요, 둘째는 자기들의 행위를 옳던 그르던 무조건 하나님 뜻이라고 돌린다는 점에서다. 그것은 우리 민족의 본래 하느님* 을 자기들의 하나님으로 착각하고 있는 기독교인들의 성서에서 생기는 난센스에서 비롯되는 일이다. 거기에 반공을 지상명령으로 받들어온 독재자 시절에 몸에 밴 버릇도 있다.

사람의 버릇이란 하찮아보여도 그것이 일단 관습으로 굳어지면, 늘상으로 쉬는 숨결과도 같아서 고칠 수 없는 자기의 일부가 되는 법이다. 세종대왕의 「훈글해례」에 띄어쓰기가 없어서 '서로사 맞지 않을 새'를 '서로 사맞지 않을 새'로 읽고 있는 지금의 우리들을 그렇게 잘못된 예의 표본으로 삼을 수가 있다. 그렇다면 이승만과 박정희 시절의 반공이나 멸공의 국가지침의 해독에 대해서는 더 말할 필요도 없는 일이다. 빨갱이라면 무조건 치를 떠는 사람들이, 거의 한 세기 동안이나 국민의 정서를 줄기차게 지배해 온 원칙이었음에랴.

또 있다. 앞서 말한 사람들의 근기根氣가 갈수록 작아지는 데 대한 언급이다. 본디는 홍익인세 정신으로 살아온 민족이 왜 자꾸 작아지는가 하는

* 하늘에 있는 주인을 지칭하는 말이다. 그러니까 하느님이라고 하면 단순히 하늘의 님이다. 그러나 훈울님이라고 하면 큰 울타리의 님, 곧 우주의 님이란 뜻이다. 성서를 번역할 때 유일신(唯一神)을 하나님으로 번역했지만, 발음상 우리의 하느님을 연상하는 말이 된다.

문제다. 이것은 거기에 든 한 세기란 밑천이 있으므로 차근차근 따져볼 일이다. 어느 날 갑자기 된 일이 아니므로 뿌리가 깊다는 말이다. 현재의 우리가 서구문명의 혜택 속에서 살고 있다는 것은 누구도 부정할 수가 없는 대목이다. 그렇다면 그 서구문명의 후견인 노릇을 해온 것이 바로 기독교라는 것도 분명하게 짚어야 한다.

여기는 좀 설명이 있어야 할 부분이다. 결코 가벼울 수 없는 까닭이 잠복해 있는 탓이다. 서구인들의 언어는 그 출발점이 동양에서처럼 하늘의 도덕에서가 아니라, 단순히 먹고사는 것을 해결하려는 풍토의 메마른 조건에서 파생되었다는 이야기는 진작 지나왔을 것이다. 그들의 언어는 사람 사이의 약속을 매우 중시한다. 말하자면 언어가 살아있다는 이야기다. 살아있는 언어로 이야기하고, 살아있는 언어로 약속한다. 그래서 그들의 말에는 낭비가 없다. 어디까지나 절제된 언어가 그들 사이를 지탱한다.

동양인의 언어에는 과장과 허세가 용납되지만, 그들한테는 그런 여유, 아니 빈틈이 없다. 언어에서만 그런 것이 아니라 행동에서도 그렇다. 그들의 행동은 언어에 못지않게 절제되어 있고 확실하게 나타난다. 도대체 우물쭈물한다거나 망설이는 법이 없다. 어떤 경우에도 단호하다. 그것이 동양과 다른 서양인들 언행의 특징이다. 동양인의 도덕은 자연의 숨결에서 오지만, 서양인들의 윤리의식은 그렇게 그들의 언행에서 나타난다. 이것이 도덕과 윤리의 차이라면 차이다.

가령 동양인들은 친구 사이에서도 '죽다'는 말이 쉽게 오간다. 조금만 힘드는 상황이 오면 '아이고 죽겠어'라든가, 비슷하게 '죽겠다'라는 말을 어렵성 없이 뱉는다. 꼭 그 말을 실천하거나 책임을 지지는 않아도 좋은 그런 과장이 아예 버릇이 된 탓이다. 좋게 보자면 너른 초원에서 살아온 사람들만의 여유로 볼 수도 있다. 그러나 서양인들에게는 결코 그런 과장이나 허세가 애초에 없다.

실제로 있었던 일이다. 미국 이민 초기 한국 아이가 미국인 아이와 놀면서 생각 없이 '죽인다'는 말을 했다. 그냥 몸에 밴 동양인의 버릇이 터진 것이다. 그러나 새파랗게 질린 미국아이는 곧 제집으로 뛰어 들어가 부모에게, 저 아이가 나를 죽인다고 했다고 일러바친다. 놀란 것은 아이 부모도 마찬가지였다. 그래서 아이를 앞세운 미국인이 한국인 부모를 찾아가, 자기 아이가 죽을 짓을 한 적이 없는데 죽인다니 무슨 연유냐고, 따져 물었다. 언어에 확실하게 책임을 지는 서양인다운 태도였던 것이다. 그들로서는 그 항의가 당연했음은 물론이다.

그러나 아이들끼리 놀면서 해본 말인데, 어른이 정색을 할 것까지는 없지 않느냐는 것이 한국 부모의 태도였다. 결국은 아이들 싸움이 어른 싸움을 만든 셈이었다. 이것은 언어의 풍토가 서로 다른 사람들의 문화가 충돌한 실례實例의 경우지만, 서양인들이 동양인들에 비해 언어의 책임을 무겁게 진다는 것은 거의 확실하다. 죽이겠다는 말은 정말 죽일 경우에만 한정된 말이던 것이다. 그게 서양인의 언어습관이다. 강팍한 풍토에서 살아온 저들은 그렇게 절제된 언어로 살았다는 이야기다. 그런 문화가 기독교를 통해서 우리 문화에 유입된다.

기독교의 신은 하나밖에 없는 신이어서 '하나님'으로 불린다. 가뜩이나 돈에 악착한 기독교가, 돈에 집착하는 것은 참으로 어쩔 수가 없다. 그런데 그들이 돈에 탐착을 보이면서도 끊임없이 하나님(우리의 하느님)을 부른다는 점이다. 그들이 결국 돈에 집착하는 풍조를 사회에다 유포시키면서도, 정작 기독교인들은 사회 전반이 자기들 때문에 돈에 헐떡인다는 사실을 모르고 있다. 돈 때문에 친구 얼굴에다 총을 겨누는 것이 그들이다. 그런 서양 풍조가 쉽게 번지다보니, 우리들 사회가 돈에 의한 사고 사건이나 살인이 점차로많아지는 것이다.

기독교 문화가 유입되면서 고쳐진 것이 있다. 흐리터분하던 한국인에게 시간의개념을 심어준 것이다. 특히 약속시간을 칼 같이 지킨다는 점이 확실하게 달라진 태도라고 할 수 있다. 반세기 전만 해도 한국인은 '코리안 타임'이란 말을 스스로 부끄럽게 여겼다. 그 말은 6·25 이후 한국에 주둔하게 된 미군들에 의해서 만들어진 말이었다. 한국 사람과 약속을 하면 거의 시간보다 훨씬 늦게 나오는 데서 그런 말이 생겼다. 그 말이 창피해서 너도나도 코리안 타임을 부지런히 극복한 것이다.

그러나 지구촌에는 약속시간에 늦는 사람들이 얼마든지 있다. 아랍인만 해도 국빈國賓과의 약속도 보통 두 세 시간은 늦는 것이 통상적 예법이라 하지 않던가? 물론 코리안 타임을 극복한 것은 잘 한 일이다. 그러나 그 말이 창피해서 부랴부랴 고쳤다는 건 모종의 사대주의 사상이 발동된 것 같아서 뒷맛이 개운치가 않다. 홍익인세 같은 큰 정신이 흐르는 민족이 이렇게 좁쌀이 되는 데는, 타고난 기우氣宇가 작아서가 아니다. 수없이 사대事大를 해오면서 생겨난 저급한 기억들이 피 속에 잠재해 있는 탓이다.

한문문화가 들어오면서부터였으니 그 기간은 천 년이 훨씬 넘는다. 당·송을 섬기다가, 원나라를 섬기다가, 명·청 시기에는 명明을 섬기는 것이 옳다고 버티는 철부지 짓을 하면서 사내들의 가슴에는 비굴한 사대주의 정신이 켜켜이 쌓이게 되었던 것이다. 거기에 친일·친미가 다시 생겨 쌓인 것은 이제 놀랍지도 않다. 이러고도 이 민족이 좁쌀이 되지 않고 배기어 낼 수가 있었을까?

11장

정치가 잘못되면

정치가 잘못되면

염려스런 인류

우리의 모습은 기왕에 그렇다 치자. 그렇다면 인류의 모습은 어떤가? 어차피 지구촌이라는 미명 아래 문화가 뒤섞이면서 한 묶음의 살림살이가 되고 있는 마당이다. 그렇다면 거덜이 난 우리 민족이 혹시 옆에다 기대 볼 여지는 있는가? 그러니까 양반정치로 망해가는 민족 살림이 행여 지구촌에 기대면 추스르고 일어날 가망은 있느냐고 자문하는 중이다. 생명의 호흡이나 질서로 볼 적에 어떻게든 일어서는 것이옳겠기 때문이다. 그러나 결론부터 말한다면 기댈 수가 없다는 게 답이다.

육신의 살림에서는 과학으로 일으켜 세운 서양문명이 확실히 성공적이다. 그들의 물리학이 빚은 천체학이나 우주과학은 더 이상 궁금하달 것이 없을 만큼 발전한 것이 사실이다. 그러나 인간 내면의 정신 살림에서는 구차하고 지리멸렬해서 전혀 취할 것이 없다. 무슨 말인가? 서양인들의 윤리는 '나'라는 이것이 있다는 것은 알지만, '너'라는 저것이 있는 것은 모르는 탓이다. 아니다. '너'라는 저것은 언제라도 여기에 있는 '나'를 위해서 존재하는 것으로 여긴다. 그래서 늘 공격하고 지배하고 소유하려는 속성을 갖는다.

서양문화가 자연을 정복하는 것을 당연하게 알아온 것이 그래서다. 인간끼리도 늘 우위를 다투는 법령의 풍속에서 그렇다.

그러나 동양인의 가슴에는 천지간에 저절로 흐르는 자연의 숨결이 있어서, 언제라도 자연에 대한 고마움이 살아있다. 그 고마움은 자연을 공격하고 정복하는 것이 아니라, 오히려 자연을 아끼고 사랑하는 동안에 결국 사람도 자연의 일부가 되는 것이다. 자연과 사람을 똑 같이 여기는 동안에 '나'라는 이것과, '너'라는 저것을 구분하지 않고 하나로 생각한다는 말이다. 이런 동·서양의 차이는 편지봉투를 쓰는 습관에서도 쉽게 볼 수가 있다. 이 버릇은 먹을 것을 찾아 헤매던 풍토의 차이에서 오는 것이다. 풍토에 대한 이야기가 다시 반복되고 있다.

먹을 것을 찾자면 우선 내가 서 있는 곳에서부터 찾기 마련이다. 그리하여 그 눈길이 나를 벗어나서 차츰 이웃으로 옮겨가고, 그 이웃이 마을-洞-을 벗어나 고을로 가고, 고을-州-에서 못 찾으면, 국경-國-으로 번져 가는 식이다. 그 관습이 나타나는 것이 바로 편지봉투를 쓰는 방식에서 나타나고 있다. 그러나 '나'라는 이것과 너라는 '자연'을 구분하지 않고 통으로 생각해온 동양은, 봉투의 표기가 전체에서 먼저 시작하여 나 쪽으로 차츰 당겨지고 있다. 먼저 국가에서 시작하여 고을로, 마을로 좁히면서 들어와, 최후에 멎는 종착점이 내가 되는 것이다. 인류의 살림이 마침내 지구촌으로 변했어도, 이렇게 동양과 서양은 서로가 다른 DNA로 살아가고 있다.

양반정치로 살아가는 우리가 서구문명에 기댈 수가 없는 것은 DNA가 달라서가 아니다. 혈거의 인류가 오늘의 지구촌을 만들어온 과정을 생각한다면 그런 것쯤은 뛰어넘을 수 있는 경험이 축적되었다고 볼 일이다. 당장에 서양인들의 아파트에서 불평 없이 살고들 있지 않은가? 서구문명의 자동차로

'마이 카' 시대를 구가하고 있고, 의학의 발달로 수명이 늘어서 백세시대를 눈앞에 두고 있다.

지금 세계인구는 70억을 웃돈다. 반세기 전만 해도 30억의 인구가 갑작스럽게 불어난 것이다. 환경문제가 다소 심각하기는 하지만, 서구의 과학은 이 문제도 해결할 것이다. 또 반세기 전에는 식량문제가 심각했으나, 서구과학은 이 문제도 마침내는 해결할 것이다. 유엔이 낸「인류 미래보고서 2050」에 의하면, 선진국에서는 이미 '수직농장'이 있어서 우리의 먹을거리를 생산 중이라 한다. 이를테면 텃밭에서나 길러내던 채소를 거대한 공장을 만들고, 그 공장 안에서 수직으로 된 층층이 인공 밭을 만들어 배추나 상추 같은 채소를 길러낸다는 것이다. 이런 식으로 먹을거리를 생산해낸다면 먹을거리는 문제가 해결된 것이나 한 가지다.

또 공장에서 고기를 생산해내는 소위 '배양식용육'이 나온다고 한다. 뿐만 아니라 사람이 먹을 만한 벌레와 곤충을 길러내는 공장이 있어서, 그것들이 식용으로 식탁에 올라온단다. 그렇게 되면 뙤약볕 아래서 쟁기로 땅을 갈고 힘들게 농사를 짓던 지금까지의 방식이 완전히 환골탈태하는 셈이다. 또 사람이 하는 일을 로봇에게 맡기고, 그것들이 버는 돈으로 하고 싶은 짓을 하면서 여유롭게 살 것이라고 한다. 겉으로의 육신살림은 이렇게 편리해졌다. 이제 남는 것은 시간과 돈밖에 없다. 과거에는 가난에 쪼들리고 돈에 쫓기느라 옆 돌아볼 틈이 없던 인류가, 이제는 거기에서 완전히 해방이 되었다고 할 수 있는 세상이 오는 것이다.

세상이 좋아지고 있다는 증거는 이외에도 얼마든지 있다. 컴퓨터가 보급되면서 누리는 행운이지만, 각종 첨단의 IT기술을 들 수 있는 것이다. IT의 보급으로 가히 상상할 수 없는 편리가 오는 중이다. 그 한 예로 은행계좌를 뛰어넘는 전자화폐가 사용된다는 점이다. 그러니까 은행계좌를 사용하는 것도 불편하다고 여겨서 더 손쉬운 방법을 찾았다고 할 수가 있다.

또 25km가 넘는 상공에서 비행하는 드론을 상상하면 태양광 에너지가 일반화되었을 때 거기서 나타나는 시너지 효과는 엄청날 것이라는 점, 다시 이 드론을 이용할 적에 전 세계에서 나타나는 무료 와이파이의 공급계획도 결코 작은 것은 아닐 것이다.

이런 좋은 세상임에도 한편으로 마음이 안 놓이는 것은 세상을 이끌어가는 풍속이 염려스럽기 때문이다. 풍속을 결정하는 것은 사회의 근간이 되는 법률의 문제이다. 법률이 가리키는 방향대로 국가의 풍속은 흐르기 마련이어서다. 풍속은 국민 된 사람들의 관념과 언어의 총체적인 무엇이요, 그런 결과물이다. 사람이 만드는 율법이 아니라, 자연이 만드는 자연의 법성法性이 그렇다는 뜻이다.

차제에 돈이면 만사가 다 되는 것처럼 여기는 서양인들의 관념과, 그들 풍속에 대해서 살펴보기로 하자. 먹을 것이 귀한 그들 풍토에서는 어차피 그런 율법이 나오도록 판이 만들어져 있다. 동양인들의 언어와는 달리 말에 느슨한 낭비가 없고 칼 같은 책임감이 따르는 것도, 바로 그런 각박한 풍토가 만들어낸 결과물이란 뜻이다. 언어가 단단하고 낭비가 없는 것은 좋은데, 그런 언어를 쓰는 사회는 늘 도덕의 폿대가 없어서 항상 언어가 나부끼는 것이다. 나부낀다는 것은 정해진 초점이 없다는 뜻이다.

가령 어떤 문제를 풀 때 하나가 왼쪽이 옳다고 점을 때리면, 반드시 오른편에다가 점을 치는 사람이 나선다. 말하자면 하나의 문제에 답은 두 개가 나온다는 이야기다. 이런 습관이 한 사람의 범죄인을 두고 검사와 변호사가 나서는 것이다. 검사는 어떻게든 죄를 만들려 하고, 변호사는 죄를 인정하면 안 되는 사람이다. 이것이 발전해서 나중에는 제가 보고 싶은 것만을 보는 사회가 되어버리는 것이다.

거기에 인권을 최상의 값으로 여기는 것이 서구사회다. 인권人權이야말로 인본人本이다. 그것 이상으로 귀한 것은 어디에도 없다. 그들의 휴머니즘은 하늘이 용서 못하는 범죄자라도 일단은 살려놓고 본다. 이것이 그들의 윤리다. 마땅히 죽여서 없애야할 범죄자도 살린다. 그래서 옳고 그른 것이 마구 뒤섞이다보니, 도대체 갈피를 잡을 수가 없다. 홍익인세로 살아온 우리의 눈으로 볼 적에는, 저들 법이야말로 모순투성이다.

가령 흉악한 연쇄살인자라도 일정한 시기가 지나면 살인죄가 없어지는 것이 서양법이다. 살인자만 그런 것이 아니다. 모든 범죄에는 일정한 시기가 지나면 그 죄가 없어지는 공소시효라는 게 있다. 우리 쪽이라면 애초에 이럴 법이 없다. '서로 죽이면 당시에 죽여서 갚는다'고 했다. 재판이고 뭐고 그 당장 죽인다는 말이다. 그것은 하늘의 숨결로 된 도덕이다. 절대絶對의 법인 까닭이다. 검사와 변호사가 나서서 서로 옳고 그름을 주장하고 어쩌고 할 필요도 여지도 없다.

검사와 변호사가 제 보고 싶은 것만을 보고, 각자의 옳음을 주장하게 되는 서양인들의 재판은 그래서 진실이 가려지는 엉터리 재판이 허다할 수밖에 없도록 판이 돌아간다. 앞에서 '조선족의 변주곡'이라는 제목을 붙이고 열거했던 서양법의 맹점들이 있다. 숫제 상식이 통하지 않는 엉터리를 법으로 유지시키는 저들 사회윤리가 우리 풍속을 교란시키는 것이 못내 분해서 뱉어내본 소리들이다.

대한민국에 민주주의가 시작된 것은 대개 70년 남짓이다. 70년을 키워온 민주주의 나무는 지금도 뿌리를 못 내려서 법률이 왈가왈부를 계속한다.

국회에서 법을 늘 고치고 손질한다는 말이다. 양반들의 정치풍토에서 풀뿌리 민주주의가 쉬울 리가 없는 것이다. 양반사회의 권위와 갑질은 피 속에 흐르는 버릇들이어서 은연중에 나타난다. 거기에 자기가 보고 싶은 것만 보고, 듣고 싶은 것만을 듣는 버릇이 가세한다. 그러니 거짓말은 어디서나 진실이 되어 판을 치는 것이다.

다스와 대통령

"도곡동 땅이 어떻다고요? BBK가 어떻다고요? 새빨간 거짓말입니다. 여러분!" 이것은 수세에 몰린 대통령 이명박李明博이 자기의 범죄사실을 강하게 부정하느라고 텔레비전에서 내뱉은 말이다. 그러나 그는 자기의 정체성을 스스로 부인하는 꼴이었으니, 새빨간 거짓말은 결국 자기가 한 셈이었다. 한 나라의 대통령이란 자가 국민 앞에서 이렇게 거짓말을 할 만큼 세상이 타락했다는 이야기다. 생각할수록 기가 막히고 어이없도록 세상이 돌아간다.

"다스는 누구의 것입니까?" 이것은 2007년 12월 19일 이명박이 대통령이 되면서부터 2016년까지 줄기차게 이명박에게 던지는 국민적인 의문이자 질문이기도 했다. 이 의문은 2020년 1월인 오늘까지도 여전히 문제로 떠오르고 있다. 다스DAS가 누구 것이냐는 질문은, 오늘을 사는 대한민국 국민으로서는 신물이 날 만큼 들어서 알고 있는 내용이다. 따라서 이명박이 구제될 수 없는 자라는 것도 두루 알려진 사실이다. 결론부터 말한다면, 다스라는 회사는 이명박의 것이기 때문이다. 다스에 도곡동 땅과 BBK가

감추어진 것이다. 여기서 잠시 내용을 들여다보자.

재미교포 김경준이 이명박과 함께 1999년 4월에 BBK라는 투자회사를 설립한다. 그해 이명박은 중앙일보 및 동아일보와 인터뷰하면서 자신이 BBK라는 투자회사를 설립했고, 벌써 상당한 이문이 생겼다고 텔레비전에 나와서 자랑 삼아 말한다. 이렇게 빼도 박도 못하게 된 사람이, 자기는 그 투자회사와는 아무 관련이 없다고 다시 말을 바꾸었다. 오리발을 내민 것이다.

애초에 사기를 칠 목적으로 설립된 회사라, 영국령 버진아일랜드에 LKe를 설립하고, 그 회사가 BBK에 투자를 하는 형식을 취했다. 그래놓고 BBK는 해외투자를 받을 만큼 유망한 회사라고 선전을 한 것이다. 그런 결과는 BBK 주가조작으로 5천명이 넘는 소액주주가 피해를 보는 사건으로 나타난다. 우리나라 역대 최악의 주가조작사건이다. 한편 텔레비전에서는 연일 BBK 투자회사를 설립했다고 말한 이명박의 광운대 동영상을 집중적으로 터뜨리고 있었다.

1996년, 이명박은 서울 종로구에 국회의원으로 출마하여 당선된다. 그러나 돈을 쓴 부정선거였음이 드러나자, 1998년 의원직을 사퇴하고 미국으로 도피한다. 거기서 김경준을 만났고, 함께 사업을 하기로 결의를 한 것이다. 그는 2002년에 한국에 돌아와서 서울시장이 되었고, 2007년에는 대통령까지 된다.

그러나 도곡동 땅과 다스 문제가 터지면서 그것들이 이명박의 숨통을 조이는 조건이 되었다. 다스는 현대자동차에 부품을 제공하는 하청업체로, 1987년에 설립된 회사다. 이명박이 현대건설 사장을 할 때 차명借名으로 설립했지만, 실제로는 이명박이 주인인 것이다. 연매출액이 2조를 웃돌고, 직원만 해도 4,100명을 헤아리는 큰 회사다. 다스가 만드는 부품이 현대로

납품된다는 것은, 언제라도 최고의 가격에 온갖 특혜가 있었다는 것은 누구라도 의심할 만한 일이다.

도곡동 땅은 서울 강남구 도곡동에 위치하는 654평의 대지이다. 이명박의 큰형 이상은과 처남 김재정이 1985년에 현대로부터 15억 6천만 원에 사들였다가, 1995년에 포스코개발에 263억으로 매각했다. 두 사람은 그렇게 매각한 대금의 일부를 활용해서 1987년부터 다스의 전신인 대부기공을 사들인 것이다. 이런 것들은 김영삼 대통령 이전이라면 문제될 것이 없었다. 그러나 김영삼이 모든 금융거래나 부동산을 사고 팔 때는 반드시 실명實名이라야 된다는 법을 만들고부터 실명제가 등장하면서 일이 까다롭게 된 것이다.

표면상으로 도곡동 땅이나 다스 문제는 이명박과 하등의 관계가 없다. 그러나 땅 매입 시에 현대건설 사장이 이명박이었다는 점, 포스코로부터 받은 땅값의 일부가 다스로 흘러들어간 점 등을 토대로, 다스와 도곡동 땅을 모두 부동산 차명계약으로 보게 된 것이다. 이명박이 아무리 아니라고 주장을 펼쳐도 그가 당시 현대건설의 사장이었다는 것은 명백하기 때문이다. 실제로 2007년에 포스코건설을 세무조사 할 때 금고에서 도곡땅의 실소유주가 이명박이라고 된 서류가 나타났었다.

이명박과 함께 BBK를 만들었던 김경준은 지금 감옥에 갇힌 몸이다. 주가조작을 하고 사기를 쳐서 그가 챙긴 돈은 381억이었다. 물론 더 많은 돈이 BBK로 흘러들어갔다. 그러나 자기들이 감당하기 힘들다고 생각되는 사람들에게는 모두 돈을 되돌려 준 것이다. 그러니까 힘 있는 사람들 돈은 되갚았다는 이야기다. 결국 하소연 할 데 없는 힘없는 서민들의 돈만 챙긴 셈이다. 그 서민이 5,200명이었고, 액수가 600억이었다는 이야기다.

함께 사기를 쳤으니, 이명박도 당연히 구속되고 수감되었어야 마땅할 것이지만, 대통령이 될 만큼 힘이 있는 사람은 언제라도 법적 제재를 안 받는 것이 당시까지의 이 나라 법이자 전통이었다. 이조의 양반정치가 그랬던 것처럼, 검찰이고 언론이고 나서서 힘 있는 사람을 보호하기에 바쁜 것이다. 당시 이명박은 검찰수사에서 세 가지 범죄의혹을 받고 있었다.

첫째, 도곡동 땅의 실소유주는 누구인가 하는 점.

둘째, BBK 주가조작에 관한 것.

샛째, 다스는 누구의 것인가 하는 점.

이것이 2008년 온 나라를 들썩거리게 한 정호영 특별검사팀의 수사내용이다. 그러나 결국 무혐의로 처리되고 만 사건이다. 국민들은 행여나? 싶은 기대치가 있었으나, 역시나!로 끝을 본 것이다.

더 가관인 것은 2007년 12월 19일 대통령이 된 이명박이, 자기에게 면죄부를 준 검사들 모두를 승진을 시킨 사실이다. 그중에서도 장영석이란 검사는 청와대 행정관이 된다. 뒷맛이 마뜩치를 않다. 이래서 보수가 독재자를 편든다는 것이고, 이래서 이조 시절의 양반정치에 머물고 있다는 말이 나오는 것이다.

장부일언이 중천금이라는데

사내의 말은 천금보다 무겁다고 했다. 특히 정치가의 말이라면 더 무거워야 할 것은 두 말의 여지가 없다. 그런데 정치가가 먼저 말을 타락시키는 것이다. 정치가의 말은 곧이곧대로 믿지를 못한다는 것이 우리 사회의 대체적인 통념이다. 믿는 날에는 영락없이 허망에 빠지게 마련이어서다. 본래부터 정치가의 말을 못 믿었던 것이 아니라, 해방 후의 공화정치를 시작하면서 그리 되고 있다. 비록 망한 세상이었지만, 이조 시절 정치가의 말은 무거웠다. 장부일언이 중천금丈夫一言重千金이란 표어는 그적 시절의 것이었다.(정치에는 공약을 내건다. 공약은 반드시 지키려는 노력은 한다. 이것은 최근에 들어서 조금씩 달라지고 있는 일이다) 그러니까 서양법이 근간이 되면서 정치가의 말이 미덥지 않도록 된 것이다.

왜 갑자기 사회 분위기가 그리되었을까? 그것은 먹을 것이 늘 적어서 상대방을 따돌리거나 속여야 했던 저들의 풍토에서 원인을 찾아야 한다. 곧 말하면 그들의 풍속을 만든 사회적인 율법의 호흡에서 찾아야 한다는 이야기다. 그들의 인간적인 법령은 동양의 도덕법과 달라서 약한 자를 위해 만들어진 법이 아니라 강하고 힘 있는 자들이 자기들을 위해서 만들었다는 데 있다. 그러니까 강한 놈들이 살아가는 법인 것이다.

비유해서 말한다면, 강이나 늪지에서 서식하는 여러 동물들이 공생하기 위해서 만들어진 규칙이 아니라, 힘센 악어가 저 살자고 만들어낸 규범이라는 말이다. 악어가 만든 법규이므로 약한 자를 돌아보지 않았다는 건 누구라도 알 수 있다. 악어의 세상에서 살자면 악어새라도 될 수밖에는 없다. 이런 비유법에 의지해서 현재 우리 사회가 움직여가는 실태를 한 번 돌아다보라.

얼른 말해 아파트에서 살고 있는 서민들의 실상을 도마에 올릴 수 있겠다. 정부가 아파트를 끊임없이 짓지만 늘 아파트가 모자라는 것은 왜인가? 아파트를 수 십 채 혹은 수백 채를 소유한 사람이 있기 때문이다. 약자를 위한 법이었다면 정직하게 하나씩만 나누면 모자랄 일이 없다. 그런데 하나씩이 아니라 얼마든지 가질 수가 있는 것은 바로 악어가 만든 법규, 곧 악어의 법인 탓이다. 이런 악어의 법에서 살려면, 악어가 못 되면 악어새라도 되어야 살아남을 수가 있다.

이제 악어새가 누구인지 밝힐 차례다. 악어 아파트에 살고 있는 서민이 악어들 법에 걸려서 꼼짝없이 당하는 수가 있다. 무슨 이유가 생겨서 이사를 가고 싶은데 아파트 소유자의 신변에 탈이 나서 전세금을 빼지 못하는 일이 발생한 것이다. 중간에서 아파트를 소개해준 중개업자를 찾아가 하소연을 하면 그는 세주貰主가 임대했던 돈을 못 낸다는 말을 되풀이한다. 수십 채의 아파트를 소유한 자본가가 세입자에게 돈은 돌려주기 싫은 까닭이다. 그러면서도 중간거래상은 새로운 세입자가 오면 반겨서 전세금을 못 내놓는다는 세주의 아파트를 다시 소개하는 것이다. 이 중개업자가 바로 악어새이다.

또 있다. 아파트에 사는 주민들은 아파트 층 사이의 중간소음 때문에 늘 문제가 많다. 그렇다면 중간소음이 없도록 아파트를 지으면 될 일이다. 마음만 있다면 중간소음 없는 아파트를 짓는 것은 식은 죽 먹기일 것이다. 그런데도 입주민들의 불편은 돌아보지 않는다. 물론 핑계는 있다. 건축비가 많이 든다는 것이다. 그러나 그 이유가 바로 악어가 만든 악어 법임을 증명할 뿐이다. 정부가 나서서 소음 아파트를 못 짓게 하면 문제는 풀린다. 그러나 정부 역시 주민들의 불편에는 눈을 감는다. 소음에 이골이 난 서민들은 소음을 당연하게 생각하고 있고, 소음문제가 사회문제가 되고 심하면 살인이 나는데도, 그것을 알면서도 그런 것쯤은 하찮게 여겨 책임을 질 관청은 나서지를 않는다. 아파트 법만 그렇다는 것이 아니다. 모든 법은 힘 센 놈들 중심법이다. 약한 놈은 끝내 돌아보지를 않는 것이다.

서양인들의 법령은 항상 나부끼는 것이 문제다. 사람을 죽였는데도 검사와 변호사가 나서는 것이 그것이다. 하늘의 도덕을 모르는 채 인간이 만든 법이므로, 인간의 지식으로 그 잘잘못을 따져보자는 것이다. 서로가 저 보고 싶은 것만을 보고, 듣고 싶은 것만을 듣는 검사와 변호사는 서로 자기주장만을 열심히 내세운다. 피차 증거를 내세우면서 목청을 높이다보면, 거짓과 술수가 판을 치게 되고, 번연히 제가 한 짓을 천하가 알고 있는데도 자기는 모르는 일이라고 잡아뗀다. 말에는 도장이 없으므로 증거로는 불충분하다는 것을 알고 있어서다. 광주시민을 학살한 전두환이 떳떳할 수 있는 것도, 돈이 29만원밖에 없다는 핑계도 그래서다.

이렇게 세상이 엉터리로 돌아간다. 양심도 정의도 죽은지가 오래인 세상이다. 그래서 제 욕심을 위해서는 어떤 짓도 망설이지 않는다. 사람을 죽여도 변호사만 잘 만나면 무죄가 되는 판이다. 그러다보니 돈 때문에 부모를 살해하는 패륜도 생기는 것이다. 반드시 부모를 죽이지 않아도 패륜은 얼마든지 있다. 이런 흉악한 죄를 두려워하지 않는 패륜아들이 도처에 넘쳐난다. 그들은 언제나 자신감에 차서 설쳐댄다. 그런 자들이 두고 쓰는 말이 있다. 법대로 해보자는 것이다.

서양인의 언어가 늘 분명하게 나타나고 행동에도 망설임 없이 분명한 것은 사실이지만, 법령이 나부끼는 탓에 진실을 가리지 못하는 것이다. 법령이 나부낀다는 것은 확실한 초점이 없다는 뜻이다. 언젠가 텔레비전을 보니 화훼산업의 앞날이 불투명하게 되었다고 한다. 꽃을 땅에 심으면 합법이지만 화분에 심으면 불법이 된다는 이야기이다. 이것이 무슨 논리를 근거하는지는 나로서 알 수가 없는 대문이다. 짐작이 되는 것은 서양인들의 법이 자꾸 복잡해지고 어렵게 되고 있다는 것을 알 뿐이다. 쉽고 간편한 도덕의 법이 아니라, 복잡해지는 인간지식을 따라서 함께 복잡해진다는 것을 짐작케 한다. 따라서 이런 서양 법을 좇아가는 우리의 꼬락서니가 지극히 염려스럽다.

국회가 늘 서양 법을 의지해서 국가의 법령을 세운다는 것도, 또 사회가 서양 법의 언어를 쓰면서 타락하는 것도 못내 심정이 쓰린 것은 사실이다. 그 시작이 어디서부터였을까? 최소한 이조의 성리학 정치는 책임을 면하지 못할 것이다. 그 앞에 한문문화의 정치를 비켜 갈 수도 없다. 그 한문문화는 김춘추의 어리석은 외교에서부터였다. 거기서부터 민족정신이 병이 들고 두루 멍들기 시작한 것이다.

성리학 정치는 민족의 골수를 말렸고, 그 결과가 친일파들을 만들었고, 겹쳐서 친미파가 생겼고, 기독교문화가 들어와서 서구정신을 합리적으로 부채질하다보니 오늘의 젊은 세대는 돈에 허천이 나서 제 아비 어미도 돈으로 보게 되었다면 지나친 말일까? 어떻게든 돈이나 많이 모아놓고 유산이나 많이 남기는 부모이기를 바라는 그들의 나무랄 수 없는 심리상태를 이제 탓할 수도 없는 세상이다.

국민이 위임한 권력을 사유화하고, 그래서 제 것으로 여기는 정치인들의 오만과 독선이 차츰 빛을 잃고 있다. 그것은 지난 70년 동안 독재자를 두 번이나 바꾸어 낸 국민들의 위대한 힘에서 생겨난 결과이다. 특히 촛불혁명으로 되찾은 민주주의 정권 이후, 정치인들이 부쩍 국민을 의식하는 발언을 하게 된 것도 사실이다. 이것은 분명히 전에 없던 짓거리다. 이게 다 역사가 발전하고 있는 증거인 셈이다.

생태계가 깨지고 있다.

텔레비전에 개가 고양이 새끼를 양육하는 모습이 비친다. 다 큰 어미오리가 개를 좋아해 쫓아다니기도 한다. 이것은 분명 전에 없던 일들이다. 곰과 호랑이가 한 굴에서 살더라는 단군신화는 신화이기 때문에 그런 표현이 가능하다. 곰과 호랑이는 생래적으로 함께 살 수가 없는 관계다. 사실을 말한다면, 곰 토템족과 호랑이 토템족이 한 버렁에서 살고 있었다는 뜻이다. 그것을 가리켜 곰과 호랑이의 동혈설同穴說을 말한 것이다. 어디까지나 신화의 표현방법이라고 보면 된다. 그런데 이런 신화적 현상이 우리 주변에서 실제로 일어나는 중이다.

공자가 저술한 『서전』이라는 책이 있다. 정치를 옳게 하기 위해서는 반드시 읽어야 했던 지난날의 역사교과서 같은 책이다. 우리도 과거시험을 볼 적에는 『서전』에서 문제를 출제했던 경우가 있었다. 『서전』에 「홍범洪範」이란 장이 있다. 어진 정치를 하는데 필요한 규범을 말한 것이 바로 홍범이다. 홍범에서 좋은 정치를 하기 위해 필요한 몇 가지 조건을 예시하는데, 그 조건 중에 하나가 서징庶徵이다. 서징은 여러 가지 조짐이란 뜻이다.

자연의 순리를 따르는 것이 옛 정치였으므로 사물의 흐름을 살피면서 그 변화하는 조짐을 여겨보라고 한 것이다. 그런 눈으로 살핀다면, 도저히 어울릴 수 없는 개와 고양이 사이가 갑작스럽게 서로 우애하는 사이로 나타났다면 이것은 분명 이상한 조짐일 수밖에 없다. 앞으로 어떤 일이 벌어질지를 예측할 수가 없다는 말이다. 조짐이란 뜰에 핀 꽃 한 송이를 보고 천하에 봄이 왔다는 것을 아는 것과도 같다. 그 드러난 조짐을 모르는 경우가 있는 것이다.

내가 살고 있는 가산사 앞에 작지 않은 시내가 있다. 산골을 벗어나지 못하는 그 시내는 언제나 깊은 풀숲에 싸여서 제 모습을 옳게 드러내는 법이 없다. 그것을 보면 항상 내가 자라난 전라도 정읍의 그 마을을 떠올린다. 여름에 소나기가 쏟아지고 냇물이 불으면 동진강東津江에서 올라오는 붕어 몰이를 했던 기억이 새로웠다. 그리고 그 냇둑에서 꼴을 베었던 추억이 있다. 항상 맑은 물이 흐르고, 풀이 자랄 겨를이 없는 말갛던 냇둑은 내 마음 속에서 숨을 쉬고 있는 그리운 고향이었다.

그 마을에는 백제 시절의 벅수가 동네로 들어가는 초입의 논귀에서 오는 사람 가는 사람을 내려다보고 있었다. 그 벅수에서 백 여 미터 떨어진 김현옥이네 밭가에는 두어 길이나 되는 남근석이 서 있다. 십 여 년 전 어느 잡지에서 그 마을의 남근석과 벅수가 지방보물이 되었다는 기사를 읽었었다. 반가운 마음에 그것들을 다시 보고 싶어 일삼아 고향마을을 찾아 갔다. 남근석이 서 있던 신작로 밭두렁 구석에 남근석과 벅수를 나란히 옮겨다 모시고, 아주 융숭 깊은 대우를 하는 것이 한눈에 보였다. 그러면서 덤으로 확인한 것은 말갛던 냇둑과 맑은 물이 흐르던 내의 모습이었다. 그곳 역시 가산사 앞의 내처럼, 깊은 풀숲에 가려져서 바닥을 볼 수가 없었던 것이다. 항상 맑은 물이 흐르는 것으로만 추억되던 고향이 갑자기 증발하는 기분이었다. 그때 서징을 생각하면서 나는 미련한 사람이라는 것을 깨닫지 않을 수가 없었다. 내가 사는 마당에 꽃이 피었다면 이미 천하에 봄이 온 것을 알아야 했던 것이다. 그것을 굳이 가서 확인을 하고나서 알았다면, 그건 미련한 사람일 수밖에 없다는 이야기다. 그렇다는 관점에서 개가 고양이를 양육한다면, 이 조짐은 하늘 아래 생태계가 별별 이상한 짓으로 지금 무너지고 있다는 이야기일 수도 있다는 말이다. 그런 조짐에 대한 이야기는 『부도지』에서 세세한 설명을 하고 있는 것이 보인다. 아래에 그 일부를 옮긴다. 요 임금 때 堯가 오행법을 주창하면서 부도의 법에 맞서자 생기는 조짐이다.

> "… 죄는 땅에 가득하고, 북두성罡은 하늘을 가리어 수사數事*가 많이 어그러져 인세가 곤고하여졌다.… 이로부터 천산天山 남쪽 태원太原 지역이 뒤숭숭하고 떠들썩하여 주인이 없는 것과 같아서, 소위 왕이란 자는 눈이 멀고, 소위 백성은 장님이 되어 암흑이 중첩하였다. 강자는 위에 있고 약자는 아래에 있어, 왕과 제후를 나라에 봉하고, 생민을 제압하는 풍폐風幣**가 만연하여 고질이 되고, 마침내 서로 침탈하기에 이르니, 헛되게 생령을 죽이고 한 가지도 세상에 이로운 것이 없었다. 그러한 까닭으로 하은夏殷이 다 그 법으로 망하고서도 끝내 그 까닭을 알지 못하니, 이는 스스로 부도에서 떨어져 나가 진리의 도를 들을 수 없게 된 까닭이었다.…"

사람의 잘못된 법이 나오면서 생태계의 질서가 어긋난 것을 설명하는 대목이다. 다시 말해, 인위적인 사람의 법이 자연계의 질서에 영향을 미치게

* 하늘의 수가 아홉임을 밝히고 있는 것이 『부도지』의 내용이다. 이들 數가 율려(律呂; 하늘의 음악, 혹은 우주의 숨결)에 맞추어서 만물은 생성되고 또 소멸하는 것이 하늘의 질서 곧 도덕이다. 이것은 지동설을 말한다. 그런데 堯가 이 數의 율동을 잘못 해석하여 천동설을 주장한 것이다.

** 폐백의 지나친 풍속을 말했다. 폐백은 천지신명에게 바치는 엄숙한 예물인데, 그것이 일상의 생활에서 보편이 된 것을 한탄하고 있다. 곧 귀한 것이 귀하게 되지 않고 천하게 남발된 것을 지적했다.

했다는 말이다.

그렇다면 이 주장이 과연 타당한가? 그러니까 사람의 먹은 마음이 자연계에 정말 미칠 수가 있느냐는 이야기다. 위의 본문으로 봐서는 틀림없이 그렇게 말하고 있다. 맞다. 이 대문을 두고 의심할 필요는 없다. 이것은 사람이 자연계의 주인이기 때문이다. 사람의 마음은 언제라도 자연계에 영향을 미칠 수밖에 없다.

주역이 하늘과 땅과 사람 셋을 한 묶음으로 긋는 것은, 천지간에 주인을 사람으로 세우는 까닭에서 그렇게 된다. 그것의 완성이 바이칼 ᄒᆞᆫ국의 홍익인세였다는 것도 누누이 말해온 터다. 堯임금 이후로 주역은 잘못 풀이되고 있다. 중앙에 있는 5의 숫자가 항상 제왕의 수로 씌어 지기 때문이다. 그렇다면 자연의 질서를 흩트려서 잘못 쓰는 것은 서양인들만이 아니다. 동양에서도 버젓이 중앙에 있는 5를 제왕의 수로 쓰고 있어서다.

아니다. 동양에서도 제왕이 늘 명령하고 권위를 갖는 역사를 살아온 것은 부도의 법이 아니라 요의 법을 따랐다는 증표다. 특히 우리 조선족들은 오백년이나 성리학의 양반정치를 했고, 그 양반정치가 골수에 박혀서 지금도 그 버릇에서 헤어나지 못하는 백성百姓*이지 않은가? 부도의 법으로 살 때는 홍익인세라는 자긍심으로 더 할 수 없이 컸던 인민이, 성리학 시절을 만나서 하늘을 두려워하여 차라리 눈을 감고 외면을 할 양반 상놈의 법으로 살았다는 것은 근본이 잘못되어도 너무 잘못되었다는 한탄이 나온다.

* 백가지 성씨들이 모여서 된 것이 백성이다. 그러니까 그냥 많은 인민(人民)이라는 말이다. 백성을 요새는 국민이란 말로 대체해 냈다. 국민은 나라에 대한 의무만 있다. 국민에서 한 단계 올라서야 시민(市民)이 된다. 시민이 되면 국정에 참여할 수 있는 자격과 권리를 갖는다.

그래서일까? 인류가 위험해지고 있다는 신호는 갖가지 조짐으로 나타난다. 특히 환경 면에서 그런 징후는 도드라진다. 여름이 덥고 겨울이 추운 것도, 밀물과 썰물이 서로 갊아 들면서 초하루와 보름을 만드는 것도 생태계의 질서인 것이요, 북극의 에스키모가 이글루라는 얼음집에 살고, 아프리카의 토인들이 쉽게 마련하는 오두막에 사는 것도 환경의 자연스런 영향이다. 그런데 전혀 새로운 적신호가 생겨나는 중이다. 겉으로 드러나는 생태계가 아닌, 인간의 내면에서 이상한 징후가 돌출하는 것이다. 사람의 내면이 변한다는 것은 자연계의 더 큰 변화일 것이다. 어처구니가 없는 일이다.

마당가 집이나, 마루 밑에서 살던 개가 방에서 분수에 넘는 대우를 받는 것도 서양인들에게서 배워 들인 풍속이었다. 이런 개를 애완견이라고 불렀다. 그러던 개가 어느 때부터인지 '반려견'으로 불리기 시작하고 있다. 텔레비전에서고 주변에서고 그 말이 전혀 어색하지 않을 만큼 보편으로 번지는 모양이다. 반려伴侶라는 말이 그렇다. 한 평생을 같은 방향을 바라보면서, 함께 손을 잡고 위험한 철길을 건너는 부부를 반려자라고 부른다. 그런데 개가 갑자기 신분 급상승을한 셈이다. 세상이 어찌 돌아가는지 모를 일이다.

앞에서 본대로 요의 오행법이 등장하면서 "세상은 토석土石이나 초목처럼 말을 잃고, 천리天理는 거꾸로 흘러서 허망에 빠졌다"고 했다. 그렇다면 이런 변화야말로 오행법 못지않은 위기적 상황이다. 그 변화가 바야흐로 사람들의 내면에서 시작되었다는 말이다. 앞의 「조선족의 변주곡」에 나열된 사건들이 그런 것들이다. 개를 반려자로 호칭하는 변주곡도 따지고 들면 그런 징후 못지않을 것들이다.

그렇다. 지금 주변에서 나타나는 사회적인 범죄현상들은 예사롭지가 않다. 돈 때문에 살인을 정당화하고 부모를 죽이는 패륜이 흔한 것은 이제 놀랍지도 않다. 신종 성범죄가 대담하게 확장되고 있다. 올해 대한민국을 뜨겁게 달군 사건은, 스물다섯 살짜리 청년이 인터넷에 'N번방'이라는 것을 가설하고, 악마나 함직한 짓을 태연하게 했다는 것이다. 소름이 끼치는 이런 범죄는 앞으로도 늘어날 것이다. 사람들의 양심이 그만큼 무디어졌고, 신흥범죄는 기술의 발달로 자꾸 새로워질 것이기 때문이다. 양심이 무디어지면 무슨 짓이나 하게 된다. 무슨 짓이든 하게 되면 그게 바로 악의 사회일 수밖에는 없다.

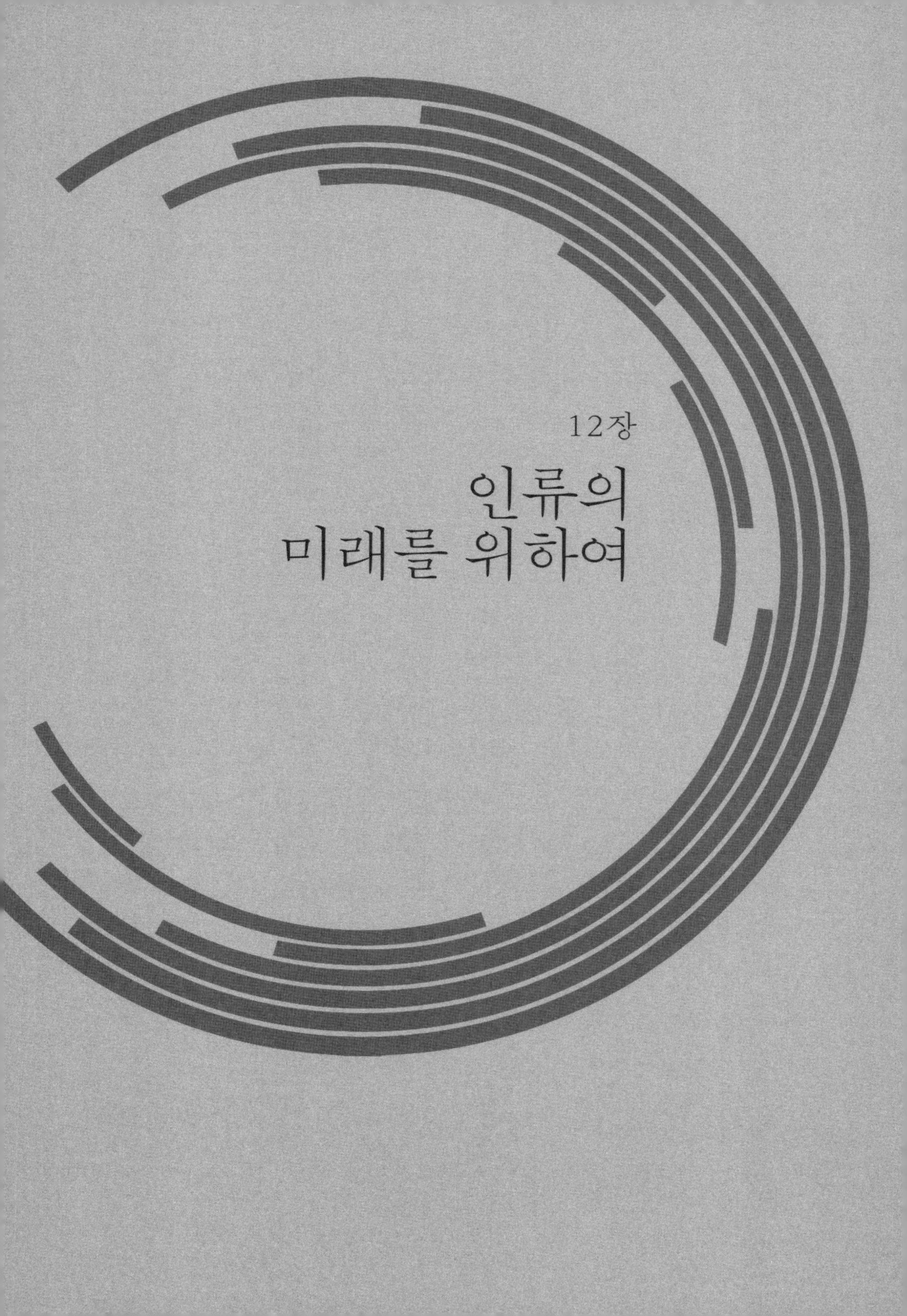

12장

인류의 미래를 위하여

인류의 미래를 위하여

예상되는 지구촌 재앙

지금까지는 서구문명이 일군 과학의 힘이 위대했다는 것과, 그 과학의 힘이 빚어낸 인류의 살림에 대해서 이야기했다. 그러니까 먹고사는 의식주에 대한 걱정은 없어졌지만, 내면의 정신 살림은 실수투성이였다는 점을 비판한 것이다. 그리고 이 실수를 고치는 것은 동양의 도덕정신이 아니고는 안 된다고 처음부터 역설했다.

나는 동양의 도덕과 서양의 과학을, 각기 철부지 어린 아들을 바라보는 아버지에 비유했다. 가령 강보에 싸인 아이가 방긋방긋 웃는 웃음을 내보이거나, 터덕터덕 뒤치면서 실수 없이 자랄 때, 그리고 그 아이가 아장아장 걸음마를 배울 때까지는 아버지는 어떤 경우에도 웃는 얼굴로 아이를 바라보지만, 뜀박질을 할 만큼 자라게 되면 웃는 얼굴이 차츰 근엄하게 바뀐다. 이제 제 행동에 책임을 질 나이가 된 탓이다.

그때부터 아버지는 옳고 긇고가 무엇이라는 것을 가르친다. 지금까지는 좋고 싫고가 저절로 행해지는 감성으로 살아왔지만, 이제부터는 옳고 그른 것이 확연하게 다른 이성의 세계가 어떻다는 것을 구별해야 하는 탓이다.

감성은 단순히 본능에 이끌리는 대로 살아가는 육신의 살림이지만, 이성은 옳고 그른 것이 출발점에서 나뉘는 정신의 살림이다. 가슴으로만 살아온 충동의 살림이, 이제부터는 머리로 냉철하게 생각해야 되는 이성으로 변하는 단계다. 따라서 이성理性이 아이의 평생을 지탱할 것이다. 생각에 따라 움직이는 것이 사람이기 때문이다. 육신의 감성을 무시하지도 소홀히 하지도 않으면서 이성의 세계로 옮겨가는 것이다. 이것을 가르치는 것이 도덕이다.

도덕은 하늘과 땅의 호흡질서다. 그러니까 사계四季의 질서다. 간단하게 말한다면 그냥 그뿐이다. 그러나 간단하게 지나치면 안될 터이므로 차근차근 풀어서 말하는 것이 옳다. 도道는 하늘의 질서다. 그냥 길이라는 뜻이다. 서양문명이 상륙하면서부터 도가 무슨 철학적인 거창한 뜻이 있는 것처럼 호들갑을 떨었지만, 본뜻은 이렇듯 간단하고 쉬웠다. 그러나 사람이 다니는 길이므로 반드시 먼저 목적의 방향을 정해야 한다는 의미가 전제된다. 그래서 道라는 글자는 사람이 다니는 네거리 복판에 머리 – 首 – 가 있는 상형문자다. 어디로 튀어야 할지 몰라 두리번거리고 방향을 찾는 글자인 것이다.

그에 반해 덕德은 사람들 통행이 번다한 네거리에서 많은 사람들 눈이 한곳으로 쏠린 것을 지적하는, 그 지적의 초점을 그린 상형象形이다. 사람들 눈이 일정하게 한곳으로만 쏠렸다면, 그것은 그만한 가치가 있거나 옳다는 것을 뜻하는 것이다. 동시에 이것은 땅의 직분이다. 하늘이나 땅의 호흡질서는 이렇듯 쉽고 간편하다. 하늘과 땅은 삼라만상을 보듬는 만물의 보금자리다. 다시 말해 하늘이 덮어주고 땅이 실어주는 속에서 만물은 편안할 수가 있고, 존재할 수가 있다는 말이다. 하늘과 땅을 다른 말로 하면 우주宇宙가 된다. 천자문에서 우주는 넓고도 거친 것이라고 했다. 우주홍황宇宙洪荒이다. 이것은 우주가 삼라만상森羅萬象을 싸안는 보금자리라는 뜻이다.

그런데 삼라만상을 싸안고 길러내는 우주는 삼라만상이 되어가는 대로 그냥 둘 뿐이지 전혀 참견을 하거나 간섭을 하지 않는다. 우주는 인간과 달라서 좋고 싫은 감정도 없고, 옳고 긇고를 구별하자는 생각도 없다. 그냥 무심하고 무위할 뿐이다. 착한 일을 하면 복을 주고, 악한 일을 한 사람에게는 재앙을 내린다는 것도 거짓말이다. 하늘은 마음도 손도 없는데 어떻게 무엇을 주겠는가. 다 자업자득일 뿐이다. 복도 화도 다 제가 짓고 제가 받는다는 이야기다. 그러나 착한 사람이 복을 받고, 악한 사람이 재앙에 처해지는 것만은 틀림이 없다. 그래서 착한 사람이 되도록 교육하는 것이다.

강보에 싸였던 아이가 철이 들게 되면 아버지는 근엄하고 엄숙해지면서 도덕을 가르치는 것이 아비의 할 바이자 책무다. 그런데 도덕을 가르치는 아비의 교육이 아들에게 잘 통하지 않는다고 해보자. 그럴 때 아버지는 매를 든다. 예로부터 동양에서 엄부자모嚴父慈母라고 해온 데는 까닭이 있었다. 어떤 경우에도 어머니는 자애롭지만, 교육을 담당하는 아버지는 엄격해야 했던 것이다.

엄부라는 말에는 이런 내용이 따라서지만, 그러나 그 매는 사랑으로 내리는 매이기 때문에 말처럼 그렇게 엄격할 수가 없다는 데에 문제가 있다. 그래서 교육은 스승을 찾아서 스승에게 맡겼다. 아비가 해야 되는 일을 스승이 대신하는 것이다. 그래서 아비와 스승을 하나로 여겼다. 자기 자식을 매때릴 수가 없는 사람들은 그래서 자식을 서로 바꾸어서 가르쳤다. 역자이교易者而敎라는 말은 그렇게 생겨난 것이다.

하여튼 자식을 바꾸어 가르치면서까지 성취하려고 했던 교육의 목표는 완전한 인격의 군자君子를 만드는 것이었다. '학문과 덕이 높고 행실이 바르며 품위를 갖춘 사람'이 사전에서 말하는 군자이다. 한 마디로 줄인다면 도덕을 실천하는 사람이다. 이렇게 도덕을 아는 전인全人이라야 했던 것이다. 전인은 서구교육이 말하는 전인 – university – 과는 격이 다르다. 처음부터 도덕을 모르는 서양인들은, 그저 많은 지식을 두루 갖춘 인격을 원했고, 그런 인격을 전인으로 인정했지만, 동양은 천지간에 머금어진 도덕을 알고 실천할 수 있는 인격을 전인, 곧 군자로 칭했다. 그 군자가 전인이다.

오는 세상에서는 정말 국민을 위하는 정치가가 나와야 한다. 오늘의 정치인들은 전혀 믿을 수가 없다. 국민을 위해서라고 명분을 앞세우는 것이 정치인이다. 그러나 그들의 속마음은 국민도 명분도 없다. 오직 자기네 당이 집권하기를 바랄뿐이다. 가령 상대방의 정책이 정말 국민들을 편케 하고 이롭게 하는 것이라고 판단되면, 그 정책을 힘껏 돕는 것이 옳다. 그러나 실제에 있어서는 그 정책을 못 쓰도록 한사코 반대하고 방해한다. 그 정책이 정말 쓰여 지는 날에는 자기네 당의 집권은 영영 멀어지기 때문이다. 상대방의 공적은 아무리 훌륭해도 무조건 무시하고 보는 것이 그것이다. 그래서 국민을 위한다는 명분이 거짓이라는 이야기다. 이제 구시대 정치윤리가 심판을 받는 날에는, 이 따위 정치 심보는 제발 없어져주기를 바라는 마음이다.

서구문명이 자라서 인류 살림을 볼 만하게 만들기까지는 실로 오랜 시간이 들었다. 혈거시절부터 셈을 하자면 여러 천 년의 세월이다. 인류의 가슴속에는 서양문명이 숨을 쉬고 있다. 이제 이것을 동양문명으로 바꾸는 데는 다시 많은 시간이 필요할 것이다. 그러나 그 노릇이 결코 쉽지는 않을 것이라는 생각은 누구에게나 든다. 피 속에 들어있는 유전인자를 바꾸는 일이 어찌 쉽겠는가.

그러기 위해서는 엄청나고 무서운 시련을, 인류는 각오해야 한다. 경험으로 보아 하나의 병집이 생기면, 그 병통을 치료하는 데 드는 시간도 병이 생기던 만큼의 시간을 요하는 법이다. 이치가 그렇다는 말이다. 그렇다면 서양문명의 관행慣行을 지우는데 드는 시간은 얼마나 들까? 아니다. 시간이나 세월이 문제가 아니라 방법이 문제다. 인류의 기억 속에는 방법에 대한 면역이 충분하다고 보기 때문이다. 어떤 방법이 나와 서구문명을 없애느냐에 따라 드는 시간도 결정될 것이다. 이것은 회초리를 들고 있는 아버지의 몫이다. 자연이 할 일이라는 뜻이다.

그렇다면 자연은 어떤 방법으로 서구문명의 잘못을 지우려 들까? 생각건대 자연은 자연의 방법을 쓸 것이다. 그 자연의 방법은 지금 지구촌 도처에서 나타나고 있다. 개가 고양이를 양육하는 것이 그것이며, 오리가 개를 쫓아다니는 것이 그런 징후다. 전에 없이 지구촌에 쓰나미가 부쩍 많아진 것이나 화산폭발이 잦은 것도 그것일 수가 있다. 이것은 잘못된 문명을 선택한 인간에게 자연이 내리는 경고다. 앞으로도 이런 유형의 경고는 쉬지 않고 계속될 것이다.

그러나 정말 큰 경고가 무엇이 될지는 누구도 짐작할 수가 없다. 다만 예측되는 것은 지구촌의 사람 숫자를 줄일 것이라는 생각이다. 줄여도 아주 많이 줄일 것이다. 그것이 인류가 잘못된 선택을 한 것에 대한 자연의 보복이기도 하지만, 동시적으로 잘못을 확실하게 깨닫게 하는 방식일 것이기 때문이다.

천재지변이 계속되는 동안, 그리고 인류의 숫자가 줄어드는 동안 인류는 스스로의 반성을 통해 점차 도덕적으로 기울면서 변할 것이다. 서구문명을 탈피하여 동양의 문명으로 서서히 진입한다는 말이다. 인류의 숫자가 줄어들수록 동양문명이 차지하는 비중이 차차 크게 나타날 것이다. 얼마가 줄어들어야 줄이는 숫자를 멈추게 될까? 알 수 없다. 서구문명으로 살아온 실수를 스스로 깨닫게 될 때까지는 멈추지 않을 것이라고 막연하게 어림할 뿐이다. 그렇게 자연의 하는 짓을 관망할 뿐이다. 전쟁을 유발하여 한꺼번에 대량으로 인구를 줄이는 방법도 있다. 아니면 현대의학으로 감당할 수 없는 괴질병이 나돌 수도 있을 것이다.

마침내 대 통섭 신인류의 세상

이 책을 마무리하는 지금, 예전에 없던 '코로나19'가 지구촌을 덮치는 중이다. 중국 후베이성湖北省의 우한武漢이란 도시에서 시작된 이 신종 병이 우리에게 유입된 것은 대구에 있는 신천지교회의 교인들에 의해서였다. 차차 밝혀진 이야기지만 이들은 자기들의 신분을 노출시키지 않는 교묘한 수법으로 세력을 확장시켜가는, 지금까지는 유례가 없는 희한한 사이비 집단이다.

사이비종교는 대개 교조가 강력한 카리스마를 갖는다. 그 카리스마로 세상에 나서면서 말세론을 퍼뜨리고, 그 말세를 자기가 아니면 구원할 수 없다는 쪽으로 사람을 현혹시키는 특징이 있다. 그러나 신천지교회는 육신이 죽지 않고 몸 그대로 영생을 한다는, '영생불사'가 핵심이다. 이만희라는 교조는 그 동안 실패했던 다른 사이비를 찾아다니면서 실패의 원인을 연구하고 분석했다는 것이다. 그래서 철저하게 숨어서 말세의 복음을 퍼뜨리는 방법을 택했다고 한다. 지금 그들의 교세는 30만을 넘는데, 신천지교회 신자라는 것을 가족한테까지 숨기고 있으므로, 그 가족조차도 정체를 잘 모른다는 것이다.

이렇게 확장한 교세가 세계적으로 뻗어나가는 추세에 있고, 가까운 중국에도 수십 개의 교당을 갖다보니 우한에서도 그들 신자가 숨어서 활동을 하게 되는 것은 자연스런 일이다. 코로나가 무서운 전염병인데도 정작 환자의 몸에는 어떤 증상도 나타나지 않는 병증이라서 그들도 자기가 병에 걸렸다는 것을 모르지만, 병을 퍼뜨린다는 사실도 모르고 있다는 점이다. 거기에다 그들은 자기가 죽지 않는다는 강한 신념이 있으므로 마음껏 활개를 치고 다닐 것도 사실이다. 그래서 방역당국이 감염자를 힘써 찾아도 늘 숨어 다니는 그들의 습성 상 좀체 찾아낼 수가 없다는 이야기다.

실제로 우한에서 대구 신천지교회로 건너온 '31번 확진자'가 계속 숨어 다니면서 전도를 하는 통에 대구를 중심으로 확진자들이 대량 증폭했던 것이 사실이었다. 그러나 숨어 다니는 감염자가 어디 그 한 사람뿐이었으랴. 대구 신천지교회가 대한민국의 코로나 진원지가 되었을 만큼 뉴스의 초점이 된 것은, 그렇게 나타나지 않는 그들의 수법이 크게 한몫 했을 것이다.

일찍이 에이즈라는 면역결핍 유행병이 세계를 크게 놀라게 한 적이 있었고, 아프리카 사하라에서 시작된 에볼라가 그랬고, 낙타에게서 시작된 중동 사막의 메르스가 그랬다가 조류가 옮기는 사스가 있었다. 에볼라나 에이즈가 아프리카 원숭이에서 시작을 했고, 이번의 코로나 역시 박쥐가 퍼뜨린 역병인 것을 감안한다면, 과학의 철없는 짓을 매질하는 자연의 형벌인 것이 쉽게 드러났다고 볼 대목이다.

왜 이런 인재人災를 자연의 형벌로 끝을 대는가? 인간이 자연의 은혜를 감사하는 마음을 갖는 대신, 자연을 도리어 공격하고 함부로 정복하는 것으로 나타났기 때문이다. 그것이 서구문명이라는 것은 부인하지 못한다. 그러다보니 숲속에 살던 원숭이가 자기들 삶의 터전을 잃어버리고 인간의 마을로 내려올 수밖에 없었던 것이다. 그것이 에이즈였고, 에볼라였었다. 이번의 코로나도 숲을 잃어버린 박쥐들이 사람들 곁으로 내려오면서 생긴 사단이었다.

물론 앞에서 열거된 세계적 유행병들이 한때의 전염병으로 끝났던 것처럼, 코로나도 잡히는 날은 올 것이다. 문제는 이것들이 인간에게 내리는 하늘의 경고가 아닌가 싶은 생각이 들어서다. 그들 역병의 정도가 갈수록 강해지고 있어서다. 그 동안 서구문명은 자연의 질서를 역행해온 것이 사실이다. 그들 문명 중에서도 특별히 과학이 심했다고 할 수 있다. 그 외에도 초점 없이 흔들리는 철학도 그렇지만, 인간의 사회적 질서를 정립해온 게르만족의 관습법인 세계의 헌법을 들 수가 있다. 인간 중심의 그들 휴머니즘도 철학과 함께 풋내가 나는 학문일 수밖에는 없다. 주역을 중심으로 하는 동양 쪽과 비교할 적에 그렇다는 말이다.

이조 말기에 전라도 고부 땅에 증산甑山이란 성인聖人이 잠시 출현했던 적이 있었다. 그는 4204년(1871)에 태어나서 4242년(1909)에 화천化天했으니, 세상에 머문 것은 겨우 38년이었다. 그러나 모자라지도 남지도 않은 삶이었다. 그로서는 충분한 삶이었다는 뜻이다. 그는 생전에 천지공사天地公事라는 전대미문의 업적과 자취를 남겼다. 하늘과 땅에 산재한 신명神明들을 두루 입회시키고, 점點을 치거나 선을 그어서 사회적 질서를 근본적으로 갈아엎는, 말하자면 도덕혁명道德革命을 했던 것이다.

천체과학자들은 지구가 23.7도로 비슷하게 넘어진 상태에서 자전을 하는 탓에 황도를 한 바퀴 도는 데에 365일 5시간 48분 46초가 든다고 한다. 그러나 장차는 비슷했던 지구가 반듯하게 바로 서서 돈다는 것이다. 그러면 1년이 360일이 된단다. 그 때부터를 후천後天세계로 일컬었다. 그는 그 앞의 수운재가 지은 시천주侍天呪*를 완성해 그를 따르는 교도들에게 가르쳤다. 14글자에 머물던 주문을 21자로 완성한 것이다. 특이한 것은 서양문명을 양반정치의 낡은 틀을 부수는 데에 용인하면서도, 환부역조換父易祖하는 자는 죽으리라고 했다는 점이다. 그러니까 무슨 말이냐? 성리학 정치의 적폐를 부수는 데는 서양과학을 소용대로 썼지만, 정작 하나님을 아버지로 부르는 기독교는 용납을 안했다는 말이다.

그것은 동학의 창시자 수운재水雲齋가 서양문명(기독교)이 상륙하자 그에 맞서는 동학東學을 일으켰다는 데서 알 수 있는 일이다. 그는 스스로 말한다.

> "나는 천계탑 – 파리의 에펠탑 – 위에 있던 하늘의 상제였다. 너희 국토에 원한이 많이 쌓였기로 수운에게 도수道數를 붙여주고 금산사 미륵불**에

* 시천주조화정(侍天主造化定) 영세불망만사지(永世不忘萬事知). – 여기까지는 수운재가 마련한 주문이다. 다음에 오는 구(句)는 증산상제의 지은 바다. 지기금지원위대강(至氣今知願爲大綱). 해석한다면, '하느님을 모시면 (저절로) 만사가 풀린다. 영세토록 만 가지 일이 하나인 듯 하리니, 지극한 그 기운이 큰 강령이 될 것이다.' 이것은 동학이 인내천(人乃天)사상, 사람이 곧 하늘이라고 말한 대문에서 나오는 말이다. 그러나 이 주문이 갖는 직접적인 의미는, 수운재가 사람으로 오는 하느님을 모실 것을 말했다면, 증산은 수운재가 말했고 기다린 하느님이다. 그 하느님은 (길에서 만나는) 한 사람 한 사람이 그대로 하느님이라는 것이다.

** 금산사 미륵불은 무쇠솥 위에 서있다. 미륵전은 신라의 진표(眞表) 스님이 늪지대를 숯으로 메운 다음 가마솥을 걸고 솥 위에다 미륵불을 모신 것이다. 그러니까 숯불 위에 무쇠솥을 얹고 솥 위에 시루를 앉힌 셈이다. 증산(甑山)은 곧 시루를 의미한다. 본래 시루는 제기(祭器)였다. 시루 바닥에 구멍이 아홉 개인 것은 사방(四方)과 사유(四維)를 상징한다. 그러니까 증산은 제기(祭器)이면서 부처님이다. 부처는 신이 아니라 깨달은 인간이다. 절에 중들은 부처를 믿기 위해서 출가한 것이 아니라, 부처가 되기 위해서 수행을 하는 사람이다.

의탁하여 30년을 기다렸으나, 정작 해원解冤을 푸는 데는 끝내 미치지 못하기로 직접 나섰다."

이리하여 그는 자기를 따르는 교도들에게도 자신을 상제上帝로 부르도록 한 것이다. 증산상제의 천지공사는 자연의 호흡을 쓰는 방식이었으므로, 맺혀 있는 모든 것이 저절로 풀려서 제자리에 돌아가게 만든다. 가령 당시까지만 해도 지독하게 학대받던 여자의 권리를 평등하게 만든 경우가 그랬다.

천지공사 중의 하나에 그런 것이 있었다는 이야기다. 하룻날은 증산상제가 허리춤에 찼던 주머니칼을 끌러서 당신 아내에게 건네면서, 방바닥에 누운 상제의 배를 걸터 타고 목에다 칼을 겨누면서 "이제 내놓으시오, 내 권리를 내놓으시오" 하게 했고, "가져가소, 자네 권리를 돌려 줄 터이니 어서 가져가소" 했다는 것이다. 이것이 그날의 천지공사였던 셈이다.

성리학의 양반정치라면 여자에게 권리는 없었다. 그저 사내들의 생활에 필요한 도구노릇으로 머무는 게 당시까지의 사회율법이었다. 그러던 여자 권리가 해방 이후 개화바람을 타면서 점차로 높아지다가, 이제는 여성상위를 말할 만큼 달라졌다. '암탉이 울면 집안이 망한다'고 했던 사내들이 이제는 월급을 타다가 아내에게 맡기고 용돈을 얻어 쓰는 사회기류로 변한 것이다.

증산상제가 '환부역조하는 자는 죽으리라' 했던 것은, 야훼를 조상으로 여기는 당시의 한국 기독교인들을 향해서 한 말씀이다. 그러나 우리는 서구문명의 후견인 노릇을 해온 기독교를 향해서도 그 말씀을 확대해석할 여지는 있다. 왜냐하면 이제 서구문명은 어차피 지는 해 같아서 제몫의 책무를 다했다고 보기 때문이다. 이것은 기독교를 폄훼하자는 뜻이 있어서가 아니다. 혈거의 인류가 오늘 같은 문명의 혜택을 누리는 것은 기독교의 힘이자 은혜였다는 것을 알고 있다. 단지 어려서 입었던 옷을 성인이 된 지금은 입을 수가 없으니, 부디 몸에 맞는 옷을 입자는 것뿐이다.

이제 어른으로 성장해버린 인류가 버릴 것은 구원의 대상을 밖에다 두는 기독교윤리만이 아닐 것이다. 그들의 철학도 그렇지만, 게르만족의 관습에서 시작했다는 세계적인 헌법도 버릴 때가 되었다. 약한 자가 만든 법이 아니라 강한 놈이 제 편리대로 만든 법이기 때문이다. 헌법이 그렇게 잘못 되어있으니 나라의 법령들이란 것도 기본헌법을 닮아서 우왕좌왕 정신을 못 차리고 시끄러울 것은 당연하다. 그러나 수 천 년 동안 지속해온 몸에 밴 관습을 어떻게 쉽게 버리는가? 어느 날 갑자기 될 일은 정녕 아니다. 뉘우치고 반성한다는 것도 사람의 노력으로는 한계가 있다. 어떻게 할 것인가? 자연의 섭리가 할 일이다. 그리고 자연은 자연의 방법을 쓸 것이다.

이쯤에서 천지공사를 했던 증산상제의 예언에 귀를 대보자. 장차 닥칠 새로운 세상을 그는 후천세계後天世界라고 한다. 물론 후천세계는 더 없이 좋은 세상이다. 그런데 그 세상을 맞자면 엄청난 병난病難을 지나야 한다는 게 증산상제의 말씀이다. 모르긴 해도 오늘의 코로나는 그에 대한 예비적 조짐일 것이다. 앞으로 올 병난은 끔찍하게 규모가 크고 그만큼 희생도 클 것이다. 적어도 현재의 인류 숫자가 반 토막이 되는 지경까지는 시련이 있지 않을까? 아니 십분의 일 심하게 말하면 백분의 일이 될지도 모른다.

초기에 우한에서 신천지교회 교인이 병을 옮겨왔을 때, 우리나라에 번지는 발병은 세계가 두려워할 만큼 무서운 것이었다. 그러나 철저한 방역에 정부가 앞장을 섰고, 정부정책에 국민들이 잘 따라 활활 타오르던 확진의 불길을 잡았고, 이에 서구 여러 나라들이 한국의 방역대책을 수입하기에 이르렀다.

그러나 문제는 미국, 영국, 프랑스 등이 선진국이라는 점이고, 그 선진국에서 코로나가 창궐했고 더욱이 기독교국가라는 점에 있다. 우리도 신천지 교회에서 코로나가 시작되지 않았던가? 이것은 서구문명을 매질하는 자연의 섭리일 수도 있는 일이어서다. 그러나 내 보기에 이것은 예고편일 가능성이 크다. 앞으로 서구 과학문명을 매질하는 자연의 섭리가 본격적으로 시작되면 그 희생은 상상이 안 될 정도로 크리라는 추측이다.

그런 무서운 희생을 거치면서 인류는 반성하는 줄도 모르게 반성하게 되고, 그러는 동안에 점차 달라지기 시작할 것이다. 어떻게 달라지는가? 몸에 배인 서양 관념을 자기들도 모르게 시나브로 버리고 동양의 정신으로 차츰 바뀌어가는, 가히 개벽적이고 혁명적인 자세의 인간이다. 동양의 생각으로 동양인의 삶을 쳐다보면서 사는 그런 사람들의 사회이다.

우선 인간의 구원에 대한 관념을 신에 의지하는 것이 아니라 불교적으로 내면에서 찾게 될 것이다. 이상한 일이다. 이 생각에 도움을 준 것은 수원의 칠보산 용화사 주지인 성주性珠 스님이다. 우연한 기회에 도반들이 모인자리에서 인류가 닥칠 미래에 관한 이야기가 나왔을 때, 나는 홍익인세 경험이 있는 우리 민족의 길을 따를 것이라고 하자, 성주 스님은 조심스럽게 천상천하 유아독존天上天下唯我獨尊*의 불교를 주장했다.

그러면서 덧대어 설명했다. 지금 해인사에 있는 팔만대장경의 경판經板에 있는 글자는 모두 10조 9만 5천 48자다. 이것은 아침마다 외우는 종성鐘聲에

* 석가모니가 깨달음을 얻고 나서 뱉어본 말이다. 여기 유아독존의 나(我)는 깨달음을 뜻한다. 하늘과 땅 사이에서 오직 꼽을 것은 '깨달음 뿐'이라는 말이다.

있는 말이다. 그 중에서도 핵심 되는 문구文句는 화엄경의 사구게四句揭*로 일체유심조一切唯心造**가 핵심이다. 인류가 최후에 도착할 종착점은 숱한 착오와 실수를 지나서 마침내 거기일 것이다. 대충 그런 말이었다. 나도 평소에 즐겨서 쓰는 말인데, 거짓말 같이 그 생각을 못한 것이다. 그러면서 깨달았다. 내가 홍익정신에만 너무 몰입해 있었다는 것을.

앞에서 나는 인도의 소승불교를, 달마가 한문문화권으로 와 참선參禪을 가르치면서 대승불교로 전환했다는 것을 말했었다. 그렇다면 이제 그것을 다시 말할 차례다. '큰 길에는 문이 없다大道無門'는 속언은 불교의 참선에서 항용 쓰는 말이다. 신에게 구원을 의지하는 기독교라고 해서 들어서지 못할 길은 아니다. 문이 없는 길이라 하지 않은가? 한 생각을 바꾸는 찰나에 구원의 길로 들어선다고 할 수 있다. 생각을 어떻게 바꾸는가. 신을 놓아버리는 것이다.

그러나 신을 놓는다는 것은 말처럼 쉽지만은 않다. 거기에 든 세월이 여러 천 년이다. 그것을 어떻게 말처럼 쉽게 버리는가? 그만한 시련의 값을 지불하지 않고는 결코 이루어낼 수가 없는 원초적 문제가 놓일 것이라고 나는 생각한다. 어쩌면 지구촌의 인류가 지금의 반 이상으로 줄어들면서 얻어야

* 불교경전은 네 마디의 글귀로 내용이 집약된다. 이를 사구게라 한다.

** '일체는 마음-觀念-의 지은바'라는 의미다. 이는 화엄경 사구게에서도 결구에 해당한다. 앞에 있는 구절은 이렇다. 약인욕요지(若人欲要志) 삼세일체불(三世一切佛) 응관법계성(應觀法界性). 그리고 나서 一切唯心造가 붙는다. '사람으로서 요점을 알고자 한다면, 삼세의 제불(諸佛)이 법계성을 관했듯, 그 마음을 觀하라.' 결국 관념에서 모든 것이 나타난다는 뜻이다. 기독교인의 관념은 神을 믿는 데서 나오고, 불교의 관념은 깨닫는 데에 있다는 말이다.

할 엄청난 시련의 값을 치러야 하리라. 그러는 동안에 달라지는 줄도 모르게 달라질 것이다. 그게 자연의 법칙이니까.

갑작스럽게 몰려든 검은 구름이 소낙비를 퍼부으면서 사방이 갑자기 컴컴해진다. 그럴 때 작정 없는 섬광과 번개의 불 칼질이 허공을 난장판으로 찢으면서 정신을 못 차리도록 천둥이 불같은 호령을 어지럽게 날리면, 지은 죄가 없는데도 까닭 없이 가슴을 졸인 경험이 있을 것이다. 그런 법이다. 코로나 같은 전염병이 지금보다 비교도 안 되게 커져서 인류를 무섭게 덮친다고 가정해보자. 그 기간이 몇 달이 될지 혹은 몇 년이 될지는 아무도 모른다. 보이는 것은 죽음뿐이고, 들리는 것도 죽음뿐이다. 그렇게 모든 희망이 몰수되고 잿빛의 미래만 암울하게 보일 때, 한껏 졸아든 가슴들은 서로의 얼굴을 쳐다보면서 오직 자기의 신앙 속으로 더욱 깊이 침잠할 것이다. 그게 그 때까지 굳게 믿어온 법칙이었기 때문이다.

그러나 새로운 싹의 움은 어차피 트기 마련이다. 언제나 선각자는 있는 법이기 때문이다. 칸트가 죽은 뒤 책상서랍에서 주역점周易占을 치는 육효의 산대六爻算竹가 발견된 것이 그런 것이다. 그런 절망 속에서 그들 중의 선각자가 동양의 구원방식에 칸트처럼 눈을 돌릴 수도 있다. 말하자면 신에 의지하는 구원방식이 아니라, 내면에서 구원을 찾는 불교방식에 관심을 갖는 것이다. 굴절어의 종족인 석가모니한테서 인본人本의 불교가 탄생한 것처럼, 긴 절망의 시련에서 만난 불교이므로 석가모니의 불교가 아니라 달마의 대승불교로 곧장 진입을 할 것이다. 그것은 샤카무니의 말씀이 아니라 샤카무니의 마음속으로 직접 들어가는 불교, 곧 직지인심 불교요 견성성불의 부처님이다. 수 천 년을 신을 믿으면서 그 신에게 의지했던 태도가 거짓말처럼 변해서, 스스로가 신이 아니라 부처님인 것을 깨닫게 된다.

그러나 이런 깨닫는 세계가 한꺼번에 이루어지기는 어려울 것이다. 그렇다면 그 전 단계로서 홍익인세의 세상이 되는 것은 어떨까? 마치 불교가 힌두교에서 나와 불교라는 독자적인 교단을 갖기는 하지만, 정작 인도사람들은 불교를 모르고 다시 태연히 힌두교로 돌아가 버리는 것처럼. 이 대목에서 『온빛경』을 펴낸 우림 선생의 말에 귀를 기울여보자. 선생은 이렇게 말하고 있다.

"우리는 지금 경이로운 시대에 살고 있다. 전 인류의 지식과 체험과 현상이 실시간으로 연결되고, 여러 학문의 전문적 경지가 하나의 인격체에 집적되는, 대융합 인류大融合人類의 시대가 시작되었다. 위대한 경전의 심오한 진리도, 선지자가 깨달은 삶의 지혜도, 전문적인 과학지식도, 현상의 숨겨진 실체도 언제 어디서나 즉시 이해할 수 있는 시대가 되었다. 불과 한 세대 만에 인류역사상 가장 큰 변화가 이루어졌다. 모든 사람이 엄청난 지식을 가진 신인류 시대가 열렸다.

지혜도 진화한다. 처음 돌그릇을 발명한 태고 천재의 지식은 다음 세대 모든 사람들의 상식이 된다. 당신의 지식은 위대한 학자나 천재적 발명가가 일생을 바쳐 이룬 결과물들을 바탕삼아 이루어졌다. 당신은 전 세대의 누구보다도 더 폭넓은 지식이 쌓인 사람이다. 지식이 쌓여 지혜가 생기는 법이니, 당신은 지난 시대의 누구보다도 더 지혜로운 사람이 될 수 있다.

그러나 성장을 국가의 목표로 삼고, 개인의 이익을 우선한 가치관 아래에서, 개인의 지식총량만이 획기적으로 늘어난 결과 환경도, 사람의 성품도 순수한 여백이 사라졌다. 합리성이라는 명분 아래, 자신의 이익을 위하여 거짓조차도 당연시하는 인지부조화認知不調和 사회가 되었다. 이대로 간다면 인류문명은 파국을 맞게 될 것이다. 인류가 존귀하게 진화할 것인지, 실패한 종種으로 될 것인지의 갈림길에 서 있다. 어느 길을 갈지는 우리가 선택하기에 달렸다.

인류의 역사는 양육강식이 바탕을 이루었다. 현시대 또한 그러하다. 하여 사람은 원죄를 갖고 태어나 고해에서 산다고 한다. 그러나 아니다. 당신이 얻은 사람으로서의 삶은 축복이요 행운이다. 인류는 태초의 기운에서 잉태되었으며, 이의 본성은 밝고 맑은 빛, 곧 온빛이다. 사람은 태초의 온빛이 자연의 섭리대로 물질로 응축되어 이루어진 최령자最靈者이다.

이에 무지함에서 깨어날 인류는 우여곡절 끝에, 궁극에는 자연적 단계의 인류로 살 것이다. 이는 자연과 더불어 자연스럽게 살 만큼의 부유함으로 만족하고, 천지만물을 스스로 잘 풀리게 하는 천부홍익天賦弘益의 철학으로 사는 인류를 말한다. 이로써 모두가 깨달음에 도달한 대통섭신인류大統涉新人類의 삶을 살게 될 것이다. 모두가 행복한 지상낙원에 사는 것이다."

우여곡절(지진과 쓰나미, 그리고 인류의 숫자를 줄여갈 각종 천재지변) 끝에 인류가 닿는 곳은 홍익천부의 세상이다. 마침내 바른 목적지에 도달한 것이다. 그 때는 너와 내가 모두 자연과 더불어서 하나가 되는 세상이므로, 부유하고 만족할 뿐 아니라 함께 사는 만물도 저절로 잘 풀려가는, 더 바라는 것도 미진한 것도 없는 세상이다. 신시 초기의 살림처럼 새둥지에까지 마실을 도는 세상이다. 그 세상을 대통섭의 신인류라고 한 것이다. 정치가 없으니 통치라는 말이 없고, 이것과 저것이 조화를 이루었으니 서로 다툴 것이 없는 세계다.

그러나 이렇듯 높고 낮음이 없이 평등하다는 것은 엄격하게 말해 서구인들의 평등이다. 동양에서는 높고 낮은 것이나 먼저와 나중을 구별하지 않으면서 그것들이 어울리는 조화를 당연시 했고, 그 조화관계를 어리 무던하게 평등으로 여겨왔던 게 사실이다. 엄지손가락과 새끼손가락의 직분이 달라도 그것의 관계는 평등이었다는 말이다. 이런 조화로서의 평등은 하늘과 땅의 관계일 수가 있다. 서로가 존중되는 탓이다.

주역에서는 이렇게 되는 세상을 머리 – 首 – 가 없는 것으로 표현했다. 이것은 하늘이 중첩되어 있는 중천건重天乾 괘 중, 맨 위를 차지하는 임금 자리에서 그렇게 말했다. 인류사가 시작된 이후로 아직 그런 세상은 없었다. 언제나 임금이나 대통령이 있어왔다. 늘 그들이 머리가 되어 우리들 삶을 간섭하고 관여를 해왔다. 그런데 그런 것을 초월하여 머리노릇을 하는 자가 없는 세상이 있음을 시사한 것이다. 이런 동양철학의 뚫어보는 지혜가 새삼 놀라울 뿐이다.

머리가 없는 세상이라면 일찍이 홍익인세를 말한 바이칼 흔국의 정치가 얼핏 떠오른다. 그 때의 오훈五訓 정치는 임검인 자가 늘 아래 백성을 어버이의 심정으로 가르치고 기르는 정치였다. 어리석은 백성을 강보襁褓에 싸인 어린아이로 여겨서 한없이 부드럽게 가르쳤던 것이다. 그에 대한 자세한 기록이 분명 있었을 터로되, 전쟁의 불길 속에서 다 없어지고 말았으니 이제는 오직 갑갑하고 아쉬울 뿐이다.

그러나 오는 미래의 세상은 어리석어서 가르침을 받는 것이 아니라,

사람들이 지혜롭고 영롱玲瓏해서 모두가 제 앞가림은 하기 때문에 가르침이 필요 없는 세상이다. 그럼에도 왜 그 시절이 떠오르는가? 그 시절이 너무 좋은 풍속으로 세상을 만들어가는 어진 정치였기 때문이다. 또 그 시절의 정치풍속을 지금도 핏줄로 기억하는 사람들이 바로 우리 민족이다.

지구촌의 인류가 장차 맞이해야 할 것은 정치가 끝난 이후의 홍익인세, 아니 천부홍익의 세상이다. 이제 인류는 일어서서 엄숙한 심정으로, 또 엄숙하고도 경건한 자세로 그 세상을 맞이해야 한다. 인류의 숫자가 많이 줄어들고, 그러는 과정에서 진한 참회로 반성을 하고, 그 후에 맞이할 세상인 것이다. 그 길의 목적지에서 인류를 기다리는 이들이 있다면 바로 자격을 갖춘 우리 민족이다. 한문정치 이후로 천 년 동안 숱한 착오를 겪으면서도, 모진 시련에 죽지 않고 살아온 것은, 하늘이 천손민족에게 이렇듯 부여할 목표의 과제가 있어서가 아닐까?

1판 1쇄 인쇄 2020년 9월 10일
1판 1쇄 발행 2020년 9월 15일

• 지은이 지승 • 고문 김학민
• 펴낸이 양기원 • 펴낸곳 학민사 • 등록번호제10-142호 • 등록일자 1978년 3월 22일
• 주소 서울시 마포구 토정로 222 한국출판콘텐츠센터 314호(04091)
• 전화 02-3143-3326~7 • 팩스 02-3143-3328
• 홈페이지 http://www.hakminsa.co.kr • 이메일 hakminsa@hakminsa.co.kr

ISBN 978-89-7193-258-2 (03200) , Printed in Korea

이 도서의 국립중앙도서관 출판사도서목록(CIP)은 CIP홈페이지(http://www.no.go.kr/ecip)와
국가자료공동목록시스템(http://nl.go.kr/kolisnet)에서 이용하실 수 있습니다.
(CIP제어번호: CIP2020036461)